RECUEIL

DE STATUTS ET DE DOCUMENTS

RELATIFS A LA CORPORATION

DES

TAPISSIERS

De 1258 à 1875.

RÉFLEXIONS

CONCERNANT CETTE CORPORATION

par l'auteur

J. DEVILLE

Président de la Chambre syndicale.

PARIS

IMPRIMERIE CENTRALE DES CHEMINS DE FER

A. CHAIX ET Cᵉ

Rue Bergère, 20, près du boulevard Montmartre.

Janvier 1875.

RECUEIL

DE DOCUMENTS ET DE STATUTS

RELATIFS A LA CORPORATION

DES TAPISSIERS

1258 à 1875

CORPORATION DES BANNIÈRES

PARIS.

Sᵗ LOUIS.

Sᵗ FRANÇOIS.

BORDEAUX

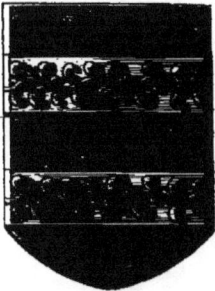

TOURS

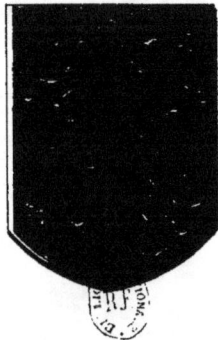

LYON.

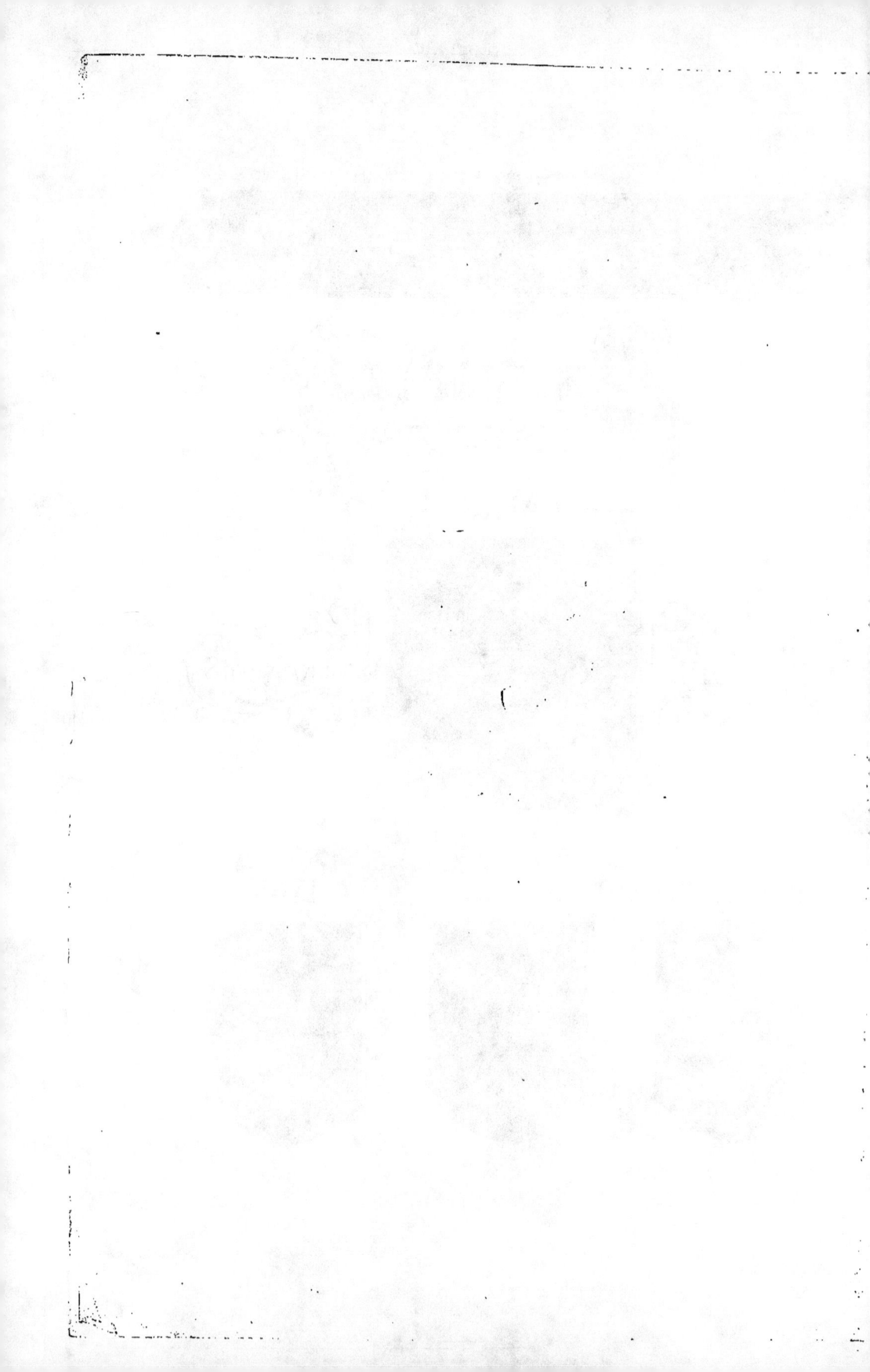

RECUEIL

DE DOCUMENTS ET DE STATUTS

RELATIFS A LA CORPORATION

DES

TAPISSIERS

De 1258 à 1875

RÉFLEXIONS

CONCERNANT CETTE CORPORATION

par l'auteur

J. DEVILLE

Président de la Chambre syndicale

PARIS

IMPRIMERIE CENTRALE DES CHEMINS DE FER

A. CHAIX ET Cie

Rue Bergère, 20, près du boulevard Montmartre.

Janvier 1875

PREMIÈRE PARTIE

———

DOCUMENTS

AVERTISSEMENT

Le livre présent est composé de deux parties :

La première contient les documents et statuts principaux concernant la Corporation des Tapissiers depuis le règne de saint Louis jusqu'à nos jours. C'est le résultat de longues recherches dans les Archives, dans les Bibliothèques et dans les Manuscrits.

La seconde partie contient des réflexions personnelles sur les diverses phases ou coutumes, sur les questions concernant la Corporation des Tapissiers depuis la Révolution de 1789.

MIEUX FAIRE QUE BIEN DIRE

Telle est la devise de Pierre Dupont, tapissier, fondateur de la Manufacture des Gobelins.

DÉFINITIONS

TIRÉES DE

DIVERS DICTIONNAIRES ET ENCYCLOPÉDIES

TAPISSIER

EXTRAIT DU DICTIONNAIRE ENCYCLOPÉDIE DE DIDEROT
ET DALEMBERT (T. XV, AN 1765.)

Tapissier, *s. m.* Marchand qui vend, qui fait ou qui tend des tapisseries et des meubles. (*Voy.* TAPISSERIE.)

La communauté des marchands tapissiers est très-ancienne à Paris; elle était autrefois partagée en deux, l'une sous le nom de maîtres-marchands tapissiers de haute lisse, sarazinois et rentrayure; l'autre sous celui de courtepointiers, neustrés et coustiers.

La grande ressemblance de ces deux corps pour leur commerce donnant occasion à de fréquents différends entre eux, la jonction et l'union en fut ordonnée par arrêt du Parlement du 11 novembre 1621, et par trois autres des 3 juillet 1627, 7 décembre 1629, et 27 mars 1630; il fut enjoint aux maîtres des deux communautés de s'assembler pour dresser de nouveaux statuts et les compiler de ces deux corps; ce qui ayant été fait, les nouveaux

1

statuts furent approuvés le 25 juin 1636 par le lieutenant civil du Châtelet de Paris, sur l'approbation duquel le roi Louis XIII donna ses lettres patentes de confirmation au mois de juillet suivant, qui furent enregistrées en Parlement le 23 août de la même année.

Ces nouveaux articles sont rédigés en cinquante-huit articles : le premier permet aux maîtres d'avoir deux apprentis, qu'ils ne doivent prendre toutefois qu'à trois ans l'un de l'autre, à la charge de les engager au moins pour six ans. Ce grand nombre d'apprentis étant devenu à charge à la communauté, et les maîtres ayant délibéré dans une assemblée générale sur les moyens de remédier à ce désordre, leurs délibérations présentées au lieutenant de police, il fut réglé, par jugement du 19 septembre 1670, qu'à l'avenir les maîtres ne pourraient engager qu'un seul apprenti, et non à moins de six ans.

Le xvııe parle de la réception des apprentis à la maîtrise, après avoir servi, outre leur apprentissage, trois ans de compagnons chez les maîtres, et après avoir fait chef-d'œuvre.

Le xxxııe et les suivants jusqu'au xlvıııe, inclusivement, règlent la largeur, longueur, manière et tissures des coutils dont le commerce est permis aux maîtres tapissiers.

Dans le xlvıııe jusqu'au lııe inclusivement, il est pareillement établi les qualités, longueurs et largeurs des mantes ou couvertures de laine dont le négoce est aussi accordé auxdits maîtres.

Le lvıe traite de l'élection des maîtres, de la confrérie le lendemain de la Saint-Louis, et de celle des jurés le lendemain de la Saint-François. Les jurés doivent être au nombre de quatre : un de haute lisse sarrazinois, deux courtepointiers et un neustré. Deux des quatre jurés sortent chaque année, en sorte qu'ils sont tous deux années de suite en charge. Ils sont obligés de faire leurs visites tous les deux mois.

Les autres articles sont de discipline, et marquent les marchandises que les maîtres tapissiers peuvent vendre et les ouvrages qu'ils peuvent faire.

Tapissier-lainier. — On appelle ainsi l'ouvrier qui, dans les manufactures où l'on fabrique les tapisseries de tonture de laine, applique cette laine réduite en poussière sur les parties de l'ouvrage du peintre à mesure qu'il le peint, et avant que la peinture soit tout à fait sèche. (*Voy.* Tonture.)

Tapissier en papier. — C'est une des qualités que prennent à Paris les dominotiers-imagers, c'est-à-dire ces sortes de papetiers imprimeurs qui font le papier marbré, ou qui en mettent en diverses autres couleurs. On les appelle tapissiers, parce qu'en effet ils gravent, impriment et vendent des feuilles de papier où sont représentés par parties différents dessins, dont on compose, en les réunissant et les collant ensemble, des tapisseries rehaussées de couleurs qui font un effet très-agréable. (*Voy.* Dominotier et Gravure en bois).

TAPISSIER (Art du)

EXTRAIT DE L'ENCYCLOPÉDIE MÉTHODIQUE, ARTS ET MÉTIERS MÉCANIQUES. (T. VIII, P. 61 A 87. — 1791, ÉDITION PANCKOUCKE. — BIBLIOTHÈQUE RICHELIEU, Z, 152/30.)

Le tapissier est le marchand qui vend, qui fait et qui tend des tapisseries et meubles.

La dernière partie de cet art est si compliquée, si sujette
aux variations de la mode, quelquefois même à la fantaisie
des particuliers, qu'un tapissier ne saurait trop s'appliquer
à bien connaître les propriétés des étoffes, la préférence
qu'elles ont les unes sur les autres, le parti qu'on peut
tirer de chacune, leur distribution dans les meubles,
l'union des fleurs, la séparation des lés dans les étoffes
à fleurs, à quadrilles, ou · rayées, l'emploi des bordures,
les coutures relatives aux étoffes et à la position des
clous dorés. Il doit aussi connaître la qualité, la largeur,
le prix des marchandises, la quantité qu'il doit en employer dans chaque espèce de meubles, afin qu'il puisse
rendre raison de leur valeur ; c'est ce qui a été parfaitement détaillé dans les *Principes de l'Art du Tapissier*, que
M. Bimont, maître et marchand tapissier, a fait imprimer
en 1744.

Qu'il nous soit donc permis d'emprunter de son ouvrage,
la doctrine que cet habile maître a développée dans l'intention, comme il le dit, de se rendre utile au public et
à ses confrères ; ce qui ne doit pourtant pas empêcher
de recourir à son livre si l'on veut joindre à la connaissance de l'art du tapissier, les détails et les calculs, en
quelque sorte de la pratique, avec ses tables toutes
dressées, tant pour l'achat que pour la coupe, la tenture
et l'emploi des marchandises.

Des différentes espèces d'étoffes et autres marchandises.

Il y a, dit M. Bimont, plusieurs espèces d'étoffes et
d'autres marchandises qui entrent dans les ameublements.
Je vais donner une idée générale des étoffes et de l'usage
que l'on peut en faire. Quant aux autres marchandises,
il suffira que j'en parle à mesure que j'en détaillerai
l'emploi.

L'étoffe qui est le plus en usage pour toutes sortes de meubles, c'est le damas. Il a par lui-même un brillant que les autres étoffes n'ont pas ; les couleurs en sont fines et par conséquent solides ; on peut le nettoyer quand il est enfumé, et le retourner quand il est gras ; alors il est bon pour des meubles de campagne et assez honnête. Quand il est fort, il a deux avantages, le premier d'être d'un meilleur usé pour les siéges ; le second est que ses fleurs paraissent mieux.

Dans le damas de deux couleurs, le fond est d'une couleur et la fleur d'une autre. Quand il est de trois couleurs, le fond est d'une couleur et les fleurs de deux.

Le damas des Indes peut servir aux meubles ; mais l'usage n'en est pas si commun.

Le damas fil et coton, dit d'Abbeville, est d'un usage plus étendu. On en fait des meubles de toute espèce, surtout pour la campagne.

Le damas de Caux, tout de fil, n'est bon que dans les chambres de domestiques, pour lits, tapisseries et rideaux. Ces deux derniers damas sont sujets à se gripper sur les côtés. Le lampas est une étoffe de soie propre à faire de beaux meubles de toute espèce.

On se sert du damas pour lits, tapisseries, siéges, portières, et même quelquefois pour rideaux de croisées ; quand il est de plusieurs couleurs ou d'une seule couleur, on le borde à plat et à l'endroit d'un galon or ou argent ; mais il est plus ordinaire qu'on emploie pour cela le gros de Tours, dit quinze-seize, le taffetas d'Angleterre ou autre.

Le gros de Tours à carreaux coton et soie, la toile anglaise à carreaux fil et laine, conviennent l'un et l'autre pour faire des rideaux de croisée.

Un meuble d'été se fait ordinairement en taffetas à fleurs ou chiné ; et les rideaux des croisées sont analogues au reste. Sur les siéges de tapisseries ou de damas qui servent l'hiver, on met ordinairement, pour l'été, des housses de taffetas, à moins que les bourgeois ne veuillent doubles siéges.

On emploie aussi le pékin ; il est même fort en usage.

Le velours ciselé ou uni, et même le velours ras de soie et coton, servent à faire des siéges ou des portières ; on en peut faire aussi des lits et des tapisseries ; mais l'usage n'en est pas commun. Le velours qui a servi pour robes de femmes ou d'habits d'hommes s'emploie pour des bergères, fauteuils à la reine, cabriolets, ou même pour des duchesses. On en fait rarement des fauteuils ou autres meubles à demeure, tels que ottomanes, sophas, canapés, etc.

Le velours d'Utrecht, fil et poil de chèvre, n'est d'usage que pour les siéges ; il est fort estimé quant au service, attendu qu'il est plus solide et de moins de dépense que le damas.

La moquette, fil et poil de chèvre, n'est propre qu'à faire des tapis de pieds et des siéges d'antichambres.

Le satin ne sert guère que pour des lits piqués.

La brocatelle à fleurs damassées et dont la fabrique est fil et soie, sert, aussi bien que la satinata de fil et soie, pour les tapisseries de cabinets ornés de tableaux et de bibliothèques.

La moire, ou de soie ou bien de fil et soie, est propre à des meubles de toute espèce ; mais les rideaux qu'on en fait sont sujets à se gripper sur les côtés où l'on porte la main pour les ouvrir et les fermer, surtout ceux de moire fil et soie.

Les siamoises, qui ont le même avantage de quelque espèce qu'elles soient, sont sujettes aussi au même inconvénient, et l'on ne peut l'éviter que dans les rideaux de croisées qu'on ouvre ou qu'on ferme avec des cordons, dont on ne se sert pas ordinairement dans les lits, et quand même on s'en servirait, comme on est obligé de mettre des mains pour arrêter les rideaux à côté du dossier, il en résulterait le même inconvénient.

La siamoise qui est appelée de la Porte et celle de la barrière du Temple, sont les plus fortes et les mieux fabriquées. On en fait des lits, tapisseries, rideaux de croisées, mais rarement des siéges, à moins qu'on ne s'en serve pour des carreaux à mettre sur des fauteuils ou des chaises de paille.

La siamoise de Rouen est du même usage que celle dont je viens de parler, et elles sont toutes en fil de coton. On en fabrique en fil et laine à la barrière du Temple. Il y a aussi des siamoises à carreaux qui imitent le taffetas et qui peuvent servir pour des rideaux de croisées.

Le camelot que nous employons pour les meubles est le moiré, plein ou rayé; il n'est que de laine, ou laine et fil. On s'en sert pour lits, rideaux de croisées, tapisseries et siéges. C'est l'étoffe la plus honnête après la moire ; mais elle est un peu sujette aux vers ainsi que la serge, qui n'est d'usage que pour les lits.

Les tapisseries de cuir doré ou argenté, les toiles cirées ou peintes en dessins de toute espèce, soit figures ou paysages, servent aux antichambres.

Il faut en dire autant de la tontisse, qui est une toile gommée sur laquelle on a formé un dessin de laine hachée et dont les couleurs sont différentes du fond, ou si c'est la même couleur, elle diffère dans les nuances des fleurs.

Les toiles peintes de toute espèce servent à faire de beaux meubles, surtout pour la campagne.

Il n'y a que deux sortes de bois, le noyer et le hêtre, qui soient bons à faire des couchettes et siéges de toute espèce. Le noyer est le meilleur ; mais quand les meubles sont en vernis ou autre couleur ou bien en dorure, il importe peu qu'ils soient de noyer.

Les châssis, impériales ou baldaquins sont toujours de hêtre. Observons que le noyer est plus cher que le hêtre, qui néanmoins sert également, et quoique le noyer soit plus beau, si l'on n'y fait pas attention, on prend souvent l'un pour l'autre.

On peut juger de toute autre étoffe propre à faire des meubles par celles ci-dessus.

Des assortiments d'étoffes.

En assortissant plusieurs pièces d'étoffe, soit en damas ou autres étoffes à fleurs, il arrive souvent que les dessins sont plus ou moins grands, ce qui rend difficile le rapport des fleurs.

Autre difficulté quand les nuances du fond et des fleurs diffèrent d'une pièce d'étoffe à une autre pièce : si on ne peut éviter ces inconvénients, il faut au moins examiner si ces pièces séparées pourront produire la quantité dont on a besoin pour les différentes parties des meubles, et si, étant réunies, elles ne présentent rien de choquant à la vue.

Avant que d'employer le damas, il faut l'étendre pendant plusieurs jours afin qu'il prenne l'air et se raccourcisse, ce qui arrive aux étoffes de soie. Faute de cette précaution, toutes les étoffes de ce genre que l'on aurait coupées se trouveraient trop courtes pour les meubles. On ne doit rien couper de son damas ou d'autre étoffe, que l'on n'ait trouvé le nombre des maîtresses fleurs dont on a besoin, tant pour les lits dans leur entier, que pour les meubles de toute autre espèce. Cette précaution est d'autant plus nécessaire, que si on ne trouve pas le nombre de ces fleurs, on prend d'autres arrangements.

En coupant son étoffe, il faut laisser, pour le raccourcissement, l'effilage, le rempli et le règlement haut et bas, deux à trois doigts de plus que la mesure.

De la distribution des fleurs.

Les maîtresses fleurs se mettent dans les milieux de la tapisserie et à portée de la vue.

Quoique les pièces se trouvent séparées les unes des autres, il faut néanmoins que le rapport des fleurs soit juste, et surtout que la maîtresse règne au pourtour de l'appartement et à égale hauteur; il en est de même pour les rideaux et portières.

Quant aux siéges de toute espèce, il est très-essentiel que la fleur principale soit dans le dossier. Celles qui approchent le plus de la principale servent pour les fonds; ou bien s'il arrive qu'elles soient d'une étendue suffisante pour le fond et le dossier, on met la tête au dossier et le pied au fond.

Quand on veut assembler les lés, soit de lits, tapisseries, rideaux ou siéges, et qu'il y a de la difficulté dans le raccord des fleurs, on fait un choix dans les lés pour les assortir le mieux qu'il est possible, et l'on donne des coups de ciseaux à la lisière la plus rude, afin qu'en la tirant, elle puisse plus aisément se joindre à l'autre.

N'oublions point que quand on assemble plusieurs lés, il faut non-seulement que les fleurs ordinaires se rapportent, mais encore que celles qui sont auprès des lisières et qui paraissent désœuvrées, répondent à quelqu'une du milieu dans les proportions du vis-à-vis, ce qui forme le corps du dessin.

Nous avons quelquefois sur les côtés des lisières un ou deux demi-cartouches qui, par le moyen des lés assemblés, forment le cartouche entier. Il ne suffit pas d'assembler ces demi-cartouches, ni même qu'ils s'accordent dans leur grandeur ou forme apparente; il faut encore avoir en vue la totalité du dessin quand les lés sont assemblés.

On est quelquefois obligé, surtout dans les toiles peintes, de lever une bande d'étoffe sur un côté de lisière pour pouvoir raccorder sa fleur avec celle d'un autre lé. Enfin il y a des dessins qui paraissent si baroques qu'on dirait que les fleurs sont sens dessus dessous. Alors on examine le dessin avec beaucoup d'attention, surtout ce qui regarde les terrasses, le gros des tiges, en un mot, l'on compare tous les objets ensemble ; et remarquons que ce qui décide pour le haut ou pour le bas n'est pas toujours ce qui frappe la vue, quoique le coup d'œil soit très-important, mais ce qui s'accorde dans les attributs les plus essentiels.

Il faut, autant qu'il est possible, raccorder les étoffes à quadrilles ou rayées en travers ; si les rayures sont en sens des lés, il faut prendre garde, en faisant la couture, qu'il n'y ait pas ensemble deux rayures d'une même couleur. Il arrive aussi qu'à côté des grandes rayures il y en a une petite ou même deux de différentes couleurs, c'est-à-dire une couleur d'un côté et une de l'autre, ce qui demande de l'attention, tant pour faire l'assemblage des lés que pour poser ses couleurs les unes au-dessus des autres.

J'en dis autant pour les placer dans le fond et le dossier d'un siége, et enfin dans un lit, à compter depuis la pente du pied jusqu'au soubassement du bas de la courte-pointe par devant.

Dans les étoffes de soie et à fleurs que l'on emploie pour les lits ou siéges, on ne met guère que du galon de soie ou de la crête pour ornement ; cette étoffe s'emploie seulement en raccordant bien les fleurs et en les posant dans leurs justes proportions.

Il dépend au reste du bourgeois de faire plus ou moins de dépense pour les ornements.

Des étoffes rayées et toiles peintes avec des encadrements et cartouches.

Dans les étoffes rayées, soit en taffetas ou autre chose, on met une bordure haut et bas à la tapisserie et aux rideaux. Cette bordure est souvent de la même étoffe; on la met en travers et on la prend dans un lé que l'on coupe en deux.

Pour les pentes, soubassements, plates-bandes d'impériales, l'on prend sur l'étoffe une partie de la rayure qui convient le mieux pour en faire le pourtour.

Les toiles peintes de toute espèce, même les moindres et les plus communes, servent à faire des meubles de goût, commodes et agréables à la vue. Il n'est question, pour cela, que de savoir distribuer toutes les parties de ces étoffes, soit en les unissant, soit en les séparant, dans les lits, siéges, tapisseries, rideaux de lit, croisées ou autres meubles.

Il y a tant de variétés dans ces sortes d'étoffes, qu'on peut en faire des meubles de goût, en partageant ou en variant les lés des tapisseries par des bandes qui soient en forme de bordures, et que l'on peut découper ou laisser telles qu'elles sont, ainsi que celles qui sont les bordures du pourtour. On peut même ajouter des cartouches aux coins et milieux des dites tapisseries, lits, rideaux de croisées, etc. Si l'on veut, on met aux bords du découpé une espèce de milleret. Tout cela dépend du plus ou moins de dépense qu'on veut faire.

Au défaut du milleret, on fait un rempli autour du découpé, et on le coud à points de côté assez près les uns des autres.

Ces sortes de meubles peuvent se faire avec des bordures fabriquées exprès pour encadrer les tapisseries, rideaux de lits et de croisées; mais, comme elles sont trop larges pour les pentes et soubassements de lits, on choisit ce qui convient le mieux, tant pour la largeur des bordures, que pour ce qui est plus analogue à tout le reste.

Il est plus difficile d'appliquer des fleurs d'étoffes de soie sur une étoffe aussi de soie, que les fleurs de toile sur une autre toile. Pour y réussir, on applique les fleurs de ces étoffes sur des étoffes unies en les brodant dessus, et on a grand soin de bien assortir les soies aux nuances des fleurs que l'on travaille ; ces sortes d'ouvrages se font plus correctement sur le métier qu'à la main.

Des différentes sortes de coutures.

Pour joindre toutes sortes d'étoffes ou les appliquer les unes sur les autres, on emploie treize différentes façon de coudre.

Premièrement. — Le SURJET, qui se fait en remplissant à droit fil les étoffes qu'on joint par les bouts, et qui se cousent avec de la soie plate ou de la soie fine ; mais, si faire se peut, on prend de la soie qu'on effile de l'étoffe même.

Il ne faut pas prendre beaucoup d'étoffe en la cousant, parce que la couture paraîtrait trop, et, d'une nuance à l'autre, il est nécessaire de changer les couleurs de la soie.

Secondement. — Le point ARRIÈRE est indispensable pour les coutils, sans quoi la plume passerait au travers des coutures. On doit l'employer aussi au damas, velours, moquette et autres étoffes dont on fait des tapisseries, siéges, tapis de pieds, enfin à tout meuble ou étoffe qui s'étend avec force. Dans les étoffes moins tirées, comme celles des pentes, dossiers de lits, courte-pointes, etc., on emploie bien le point ARRIÈRE, mais les coutures ne sont pas si pressées.

Troisièmement. — Le point DEVANT et ARRIÈRE est d'usage dans les toiles de coton, d'orange et autres toiles peintes, et enfin dans toutes les toiles fortes et destinées à faire des doublures de tapisseries, parties de lits, etc.

Quatrièmement. — Le point DEVANT est pour le satin, les toiles peintes et fines et toutes les étoffes sujettes à s'érailler ou à se regripper. On doit avoir soin que ces sortes de points soient près les uns des autres.

Cinquièmement. — Ils sont nécessaires dans tout ce qu'on appelle RABATTUE. On commence par cette sorte de points, en laissant un peu déborder un des deux lés que l'on rabat à points de côté après l'avoir remplié. Observez que cette couture, qui se fait pour l'ordinaire très-petite, doit être des plus solides.

Sixièmement. — Le point DE COTÉ se fait pareillement à ces mêmes ouvrages, et plusieurs tapissiers lui donnent la préférence, parce que la couture paraît moins. On s'en sert beaucoup dans les cartouches ou autres découpures, aussi bien que dans la tête de la crête et sa dentelure, dans les tire-bottes (espèce de ruban de fil) que l'on met à l'envers au bord des tapisseries, dans les galons posés à plat, enfin dans l'envers des rideaux de lit, et bonnes-grâces de damas, taffetas, gros de Tours, etc. N'oubliez point que dans les onglets on fait une couture ouverte aux étoffes épaisses.

Huitièmement. — Le point LACÉ se fait aux plus fortes étoffes, comme tapis de pieds, etc., etc., et tout ce qui y a rapport. C'est une espèce de point arrière. On passe son aiguille çà et là, et on met les points tout près les uns des autres.

Neuvièmement. — Le BORDÉ à une fois se fait en pliant son galon bien juste par le milieu ; le même point d'aiguille comprend le dessus et le dessous du bordé. On s'en sert pour les carreaux, les pentes, rideaux de lits, etc., etc.

Dixièmement. — Pour les nervures on emploie une bande
de maroquin ou autre étoffe pliée en deux : elle se met
dans la couture que l'on fait pour prendre la plate-bande
d'un carreau avec son dessus et son dessous. Cette bande
forme une espèce de languette; c'est ce qu'on appelle
communément NERVURE. Pour la faire dans des carreaux
d'étoffe, on passe une ficelle plus ou moins forte dans
une petite bande d'étoffe; on peut en faire autant dans
un galon de soie.

Onzièmement. — La couture FEUILLETÉE se fait en rem-
pliant également l'étoffe et la doublure sur les bords. On
les coud ensemble en points dessus et dessous.

Douzièmement. — Le GLACIS est un fil ou soie que l'on
passe entre l'étoffe et la doublure, à quatre doigts de distance ou environ en prenant très-peu d'étoffe pour le point.
Il faut tenir le fil ou la soie lâche.

Treizièmement. — Le point de PIQURE se fait en poussant
trois ou quatre fois son aiguille pour faire plusieurs points
d'un même coup, après quoi on tire son fil ou sa soie, ce
qui forme beaucoup mieux la piqûre, et la rend plus grai-
neuse que si l'on ne faisait que deux points à la fois, ou
même si l'on employait des points dessus et dessous.

De la manière de poser le clou doré.

Pour poser le clou doré, il faut que la différence des
clous entre eux soit comme des clous à la baguette, ce
qui assujettit à faire les trous avec le poinçon à distance
égale, premièrement pour ne pas égratigner les moulures
du bois des fauteuils, et en second lieu, afin que les clous
ne soient pas trop serrés les uns contre les autres ; on
doit même laisser entre eux un très-petit jour pour les
faire paraître dans toute leur grosseur. On doit observer
que le trou doit être plus ou moins creux selon que le clou

l'exige, afin qu'il puisse tenir, et qu'on ne soit pas non plus obligé de le frapper trop fort pour l'enfoncer, ce qui pourrait endommager sa tête.

Suivent une quantité d'articles concernant les diverses dénominations de fournitures, façons, outils, etc., concernant la corporation, tels que :

Lit à la polonaise.

Lit en niche.

Lit à tombeau.

Lit à double tombeau.

Lit à colonnes.

Façon d'appliquer le satin, le galon et la milanaise sur un lit en serge ou autre.

Lit à l'anglaise.

Garniture de lit.

Façon de la paillasse.

Façon des matelas.

Façon des lits de plumes, traversins et oreillers.

Fauteuils.

Façon des bras.

Façon du bourrelet.

Façon du fond.

Façon du dossier.

Façon de la chaise.

Façon du sopha.

Façon du canapé.

Façon de l'ottomane.

Façon de la duchesse.

Façon du confessionnal.

Façon du fauteuil à poches.

Façon du fauteuil à cartouche.

Façon du fauteuil d'étoffe encadré de bordure.

Façon du fauteuil de maroquin.

Façon du fauteuil garni en forme à carreau.

Façon du fauteuil en cabriolet.

Façon de la chaise en prie-Dieu.

Façon du fauteuil de canne.

Façon des banquettes et tabourets.

Façon de la chancelure.

Façon de la housse ajustée.

Façon de la housse en forme de fourreau.

Des paravents, écrans, etc.

Façon de l'écran.

Façon de la porte battante.

Façon de la porte garnie en paille.

De la doublure et encadrement des rideaux.

Façon des rideaux à l'italienne.

De la tenture.

Tenture de lit à la duchesse.

Position des glaces.

Position des rideaux en portières.

Position des cordons de croisée.

N. B. — Il faut, pour le complément de l'art du Tapissier et pour l'explication des planches qui y sont relatives, consulter les excellents traités de M. Roland de la Platière insérés dans le tome II des *Manufactures et Arts*, page 190 et suivantes :

Communauté.

Vocabulaire.

Aiguille à matelas.

Bâton de croisure.

Bergame.

Bourre-tontisse.

Broquettes de tapissier.
Camperche.
Courte-pointe.
Embourrure.
Garniture de chambre.
Goberges.
Housser.
Housses.
Houssoir.
Neustré.
Paillasse.
Pan.
Pante ou pente.

Placet.
Rembourrer.
Rideau de fenêtre.
Sangles de tapissier.
Soubassement.
Tapisser.
Tapisserie.
Tenture de tapisserie.
Tire-bottes.
Tombeau.
Tenture de laine.
Verge de fer.

En tout soixante pages que l'espace ne permet pas de reproduire, d'autant plus que ces détails de façons sont devenus inutiles avec la nouvelle manière de faire ou fabriquer.

TAPISSIER

EXTRAIT DU DICTIONNAIRE DE LITTRÉ (FOL. 2147).

Tapissier, ère (Ta-pi-sié, siè-r'), *s. m. et f.* —
1° Celui, celle qui fait ou qui vend toute sorte de meubles
de tapisserie et d'étoffe, et qui se charge aussi de tendre
les tapisseries dans une maison, de garnir les fauteuils. —
Dans les grandes maisons il y a des valets de chambre
tapissiers. || Fig. Le prince de Conti appelait le maréchal
de Luxembourg le tapissier de Notre-Dame [à cause des
drapeaux ennemis qu'il prenait et qu'on y suspendait].
VOLT., *Louis XVI*, 16. || Tapissier-décorateur, celui qui
pose les tapisseries ou tentures d'appartement, les rideaux,
les dais de lit, les portières, recouvre les meubles, tend
les tapis sur le parquet, et s'occupe, en un mot, de toutes
les parties de l'ameublement.

2° *S. f.* Tapissière, ouvrière qui fait de la tapisserie,
qui travaille en tapisserie à l'aiguille. Ainsi... Se plaignait
l'araignée autrefois tapissière, Et qui lors, étant filan-
dière, Prétendait enlacer tout insecte volant. LA FONT.,
Fabl. X, 7.

3° Tapissière, voiture légère ouverte de tous côtés, qui
sert principalement au transport des meubles ; on l'emploie
aussi pour les déménagements, pour les transports de
certaines marchandises ; elle s'emploie aussi pour les
promenades populaires dans les environs de Paris.

4° *Adj.* Maître tapissier. Garçon tapissier. || Marchand
tapissier, celui qui vend des tapis. — La communauté

2

des marchands tapissiers est très-ancienne à Paris ; elle était autrefois partagée en deux, l'une sous le nom de maîtres marchands tapissiers de haute lisse, l'autre sous celui de courtepointiers. (Dictionnaire des arts et métiers. Tapissier.) — Jean Poquelin, maître marchand tapissier et bourgeois de Paris, tapissier ordinaire de la maison du roi, Eud. SOULIÉ, *Recherches sur Molière, inventaire* (page 130). || Terme de zoologie. Abeilles tapissières, Abeilles qui coupent les pétales des fleurs pour en tapisser leur nid. = *S. f.* pl. Tapissières, tribu de la famille des aranéides.

Hist. XIIIe s. Quiconques veut estre tapicier de tapiz sarrazinois à Paris, estre le puet franchement, pour tant que il cuvre as us et aus costumes del metier, *Liv. des mét.* 126. || XVe s. Estienne Boutet, tappicier de la feue royne, *Bibl. des ch.*, 6e série, t. 1er, p. 353.

ÉTYM. *Tapisser*.

TAPISSERIE

EXTRAIT DU DICTIONNAIRE RAISONNÉ DU MOBILIER FRANÇAIS
(VIOLET-LE-DUC, 1858).

A voir les tapisseries qui, dans les peintures ou les bas-reliefs, décorent les murs ou qui drapent les grands meubles, pendant le moyen âge, comme les lits, les dais, les trônes, il est facile de reconnaître qu'à cette époque les tapissiers avaient acquis une grande habitude pratique de tailler des étoffes de manière à produire certains effets de plis, de chutes, très-mesquinement rendus de notre temps, non pas tant à cause de l'économie apportée dans l'emploi de la matière que par un défaut d'instruction première. Beaucoup de personnes seraient fort étonnées si on leur disait qu'un bon tapissier doit posséder à fond la géométrie et l'art de développer les surfaces ; rien cependant n'est plus certain. Nous voyons tous les jours des pentes de lit, des tentures qui, malgré l'abondance de l'étoffe mise en œuvre, sont maigres et d'un aspect pauvre ; c'est que la plupart de nos tapissiers ne se rendent pas un compte exact de l'effet que doit produire la coupe de l'étoffe avant de la mettre en place, qu'ils tâtonnent et emploient des surfaces considérables en pure perte. Avec un même aunage d'étoffe, on peut faire une tenture ample ou mesquine ; le tout est de savoir tailler. On reconnaît de suite, en voyant les plis d'un rideau, par exemple, si le tapissier est géomètre ou s'il n'est qu'un artisan ignorant.

Pendant le moyen âge et plus tard, dans le dernier siècle encore, les tapissiers avaient conservé certaines traditions de coupes qui produisaient toujours un effet sûr. Ces traditions ont été perdues, et il serait à désirer pour nos bourses, aussi bien que pour l'effet de nos tentures d'appartements, que les tapissiers voulussent bien apprendre la géométrie. Mais nous avons l'occasion de revenir sur cet objet dans notre résumé historique.

PRÉFACES DE DEUX LIVRES

contenant

LES PIÈCES ET STATUTS DE LA CORPORATION

DES TAPISSIERS

PRÉFACE DU NOUVEAU RECUEIL

des Statuts et Règlements du corps et communauté des maîtres marchands tapissiers, hautelissiers, sarrazinois, rentrayeurs, courtepointiers, couverturiers, coûtiers, sergiers de la ville, fauxbourgs et banlieuë de Paris; ensemble, de plusieurs Arrêts et Sentences intervenus en conséquence et pour l'exécution d'iceux; avec une préface qui contient l'histoire des six communautés dont ce corps a été formé, celle de leurs Statuts et Priviléges etc., et deux tables : la première, qui contient l'indication de toutes les pièces par leurs dates, et la seconde celle des matières. (A Paris, de l'imprimerie de Gissey, rue de la Vieille-Boucherie, à l'Arbre de Jetté. MDCCLVI.)

ARMOIRIES DU CORPS ET COMMUNAUTÉ DES MAITRES ET MARCHANDS TAPISSIERS (1).

Par ordonnance rendue le 26 du mois de septembre de l'an 1698, par Messieurs les commissaires généraux du Conseil députés sur le fait des armoiries, celles de la communauté des tapissiers, telles qu'elles sont ici peintes (2) et figurées, après avoir été reçues, ont été enregistrées à l'Armorial général dans le registre cotté Paris, en consé-

---

(1) Paris. — Registre second. — N° 782.
(2) Voir 1ʳᵉ page.

quence du payement des droits réglés par les tarif et arrêt du Conseil du 20 de novembre 1696, en foi de quoi le présent brevet a été délivré à Paris par nous Charles d'Hozier, conseiller du roi et garde de l'Armorial général de France, etc. *Signé :* D'HOZIER.

PREFACE

Formation du corps des marchands tapissiers.

§ 1. — Le corps des marchands tapissiers, qui est un des plus anciens et des plus nombreux qu'il y ait dans cette capitale de Paris, a été formé par des incorporations successives de six communautés anciennement distinctes, et tellement séparées l'une de l'autre qu'elles avaient chacune leurs statuts et règlements particuliers. Ces six communautés sont : 1° celle des TAPISSIERS-HAUTELISSIERS, marchands et fabricants de tapisseries de haute-lisse et basse-lisse, qui faisaient aussi la rentraiture (1) ; 2° celle des TAPISSIERS-SARRAZINOIS, fabricants de tapis à la façon du Levant ; 3° celle des TAPISSIERS-NOSTREZ (2), fabricants et marchands de serges, tiretaine, couvertures de soie, coton, laine et façon de Marseille ; 4° celle des TAPISSIERS-COURTE-POINTIERS (3), marchands de toutes sortes de meubles et tapisseries et fabricants des meubles de garnitures, comme lits, éperviers, pavillons, siéges, tentes et autres équipages de guerre en toutes sortes d'étoffes, de coutils et de toiles teintes et non teintes ; 5° celle des COURTEPOINTIERS, faiseurs

---

(1) Nous expliquerons ci-après ce que c'est que la rentraiture prise dans toute son étendue.

(2) Nôtrés, et non pas neutrés, mot inintelligible parce qu'en effet il n'est qu'une corruption de celui de nôtrés ou de nœtrés, sur l'étymologie desquels nous aurons occasion de dire un mot ci-après.

(3) Contrepointiers et non courtepointiers, mot forgé sur la fin du siècle dernier, ou même au commencement de celui-ci, et vraisemblablement dérivé de courtepointe, mais pour lequel l'usage a prévalu.

de tentes, pavillons et autres meubles de coutils et de toiles sans teinture seulement ; 6° enfin celle des COUSTIERS, fabricants de coutils.

La grande ressemblance des arts exercés par quelques-unes de ces différentes communautés, la connexité de leurs commerces, et principalement le droit de visite que plusieurs avaient sur les mêmes marchandises, occasionnèrent entre elles des différends et des procès, qui ne furent terminés que par leurs incorporations successivement ordonnées. *Raisons générales des incorporations de ces différentes communautés.*

Celle des tapissiers sarrazinois avec les tapissiers hautelissiers ayant été chergée par deux articles préliminaires dont ils convinrent entre eux sous les yeux de la justice, le samedi après les Brandons de l'an 1301 (4), fut entièrement consommée par la confection d'un nouveau statut qui leur est devenu commun, ayant été fait de concert, en la présence et avec l'approbation des magistrats, et inscrit dans le registre du Châtelet le samedi après les Brandons (5) de l'année suivante, 1302. *Incorporation particulière des sarrazinois avec les hautelissiers.*

Les tapissiers nôtrés et les courtepointiers s'unirent aussi en 1490, par la confection d'un nouveau statut (6) qui leur est devenu commun, après avoir été confirmé le 25 mars de cette même année par le prévôt de Paris, sur les conclusions du ministère public, et inscrit dans les registres du Châtelet. Cette espèce d'incorporation est demeurée assez imparfaite jusqu'en 1568, qu'elle fut entièrement consommée et confirmée par les lettres patentes registrées au Parlement, dont nous rendrons compte dans un moment (7). *Incorporation des tapissiers nôtrés avec les contrepointiers.*

(4) et (5) C'est-à-dire le premier samedi de Carême.

(6) Voyez cette pièce.

(7) Voyez aussi l'avis de M. le lieutenant civil, lesdites lettes patentes et arrêt d'enregistrement d'icelles.

Cinquante-huit ans après, un arrêt de la Cour, du 12 avril 1548, ordonna définitivement l'incorporation des courtepointiers faiseurs de meubles de toile sans teinture, avec les tapissiers contrepointiers, faiseurs de ciels, tentes et pavillons, garnitures de chambre de toutes sortes d'étoffes, etc. (8).

Ces courtepointiers ne formaient apparemment qu'une très-petite communauté, car aussitôt après leur réunion ils se confondirent tellement avec les contrepointiers qu'il n'en est resté aucune trace ; en sorte que vingt ans après on ne comptait plus que deux communautés (celle des contrepointiers et des nôtrés) dans cette partie des tapissiers de Paris.

Incorporation des coustiers avec les contrepointiers.

On ne sait pas précisément si les coustiers s'étaient volontairement unis avec les contrepointiers et les nôtrés avant 1568. Ce qu'il y a de certain c'est que les uns et les autres requirent également la confirmation de cette incorporation, qui leur fut accordée par lettres patentes du mois de mars de la dite année (9), qui ordonnent « que dorénavant les dits trois mestiers de maîtres tapissiers, contrepointiers et coustiers, ensemble des tapissiers nôtrés, seront confondus ensemble et ne fera qu'un seul métier juré, « suivant leur consentement »; mais on ne voit ce consentement que dans l'avis de M. le lieutenant civil sur un nouveau statut présenté au roi par les seuls tapissiers-contrepointiers, ce qui fait qu'on ignore si l'incorporation des coustiers a précédé l'obtention de ces lettres, patentes ou non. Ce qu'il y a de certain, c'est que depuis leur enregistrement en la Cour, ces trois ou plutôt ces quatre communautés n'ont plus fait qu'un seul et même corps.

---

(8) Voyez les mêmes pièces citées ci-dessus, note
(9) Voyez les mêmes pièces citées ci-dessus, note 7.

Cependant il y avait toujours à Paris deux communautés de tapissiers ; celles des tapissiers hautelissiers et des sarrazinois, réunies ensemble dès l'an 1302, firent après cela corps à part pendant plus de trois cent trente ans ; ainsi elles demeurèrent encore séparées de celle-ci pendant plus de soixante années. Leur incorporation avec les autres communautés de tapissiers précédemment réunies ne fut consommée qu'en 1636 par l'enregistrement en Parlement des lettres patentes confirmatives d'un nouveau statut composé des anciens, en exécution des arrêts de la Cour, pour être commun à tous les tapissiers de Paris, et dans lequel on a énoncé une partie des droits de chacune des six communautés dont le corps est à présent composé (10).

Nous n'avons presque remarqué que les dates de leurs diverses réunions, parce que nous aurons incessamment l'occasion d'en rapporter les principales circonstances. On s'est fait une loi de ne rien avancer que d'après les titres et les pièces authentiques qui sont conservées dans les archives de la communauté et dans les dépôts publics. On a même conservé partout le langage et l'orthographe des différents siècles qui ont vu naître ces pièces vraiment respectables par leur ancienneté et par l'autorité souveraine dont elles sont émanées ; en sorte qu'il est égal de lire dans les originaux ou dans cette collection celles qu'on y a imprimées.

----

§ 2. — Le corps des marchands maîtres tapissiers est, sans contredit, un des plus anciens qu'il y ait à Paris ; celui de la draperie est le seul qui puisse dater à peu près du même temps ; mais il ne peut remonter plus haut que l'an 1188, et l'on trouve dans un ancien manuscrit de la bibliothèque de Sorbonne, fol. III, v°, un statut des

----

(10) On peut voir ce nouveau statut imprimé.

tapissiers sarrazinois d'avant 1200, suivi d'une espèce de
requête qu'ils présentèrent au roi saint Louis, par laquelle
ils se plaignent d'un nommé « Jehan de Champieux qui
les a fait quittes, disent-ils, contre droit et contre raison, » quoiqu'ils eussent été quittes ʹdu guet sous son
règne, « ainsi qu'ils l'avaient été au temps de son père le
roi Louis (1) et son bon ayeul le roi Philippe (2). »

C'était apparemment vers 1258 que ce « Jehan de Champieux » voulut assujettir les tapissiers sarrazinois à faire
le guet de nuit, car un autre statut, de ce même temps,
porte expressément que « Li tapissier de Paris doivent le
guet, la taille et les autres redevances que li bourgeois
doivent au roi » ; on n'excepte de l'obligation de faire le
guet que « li deux preudehommes qui gardent le mestier,
li homme qui ont passé soixante ans, et ceux à qui leurs
fames gissent d'enfant (3) »; mais il faut bien que le roi
saint Louis ou son successeur Philippe III, ayant égard
à leur requête, les ait maintenus dans cette exception de
faire le guet, car un nouveau statut de l'an de grâce
MCCLXXVII « au mois de juingnet, » ne leur impose
point cette obligation ; ceux de 1290 et 1302 n'en parlent
point non plus (4), et l'ordonnance faite à ce sujet le 8 février 1484 les en déclare francs et quittes, sans qu'ils
soient tenus de rien payer pour jouir de cette exemption (5).

On voit encore, par le statut transcrit en tête de la requête des sarrazinois dont on vient de parler, et par

---

(1) Louis VIII, père de Louis IXᵉ du nom.

(2) Philippe II, surnommé Auguste, père de Louis VIIIᵉ du nom.

(3) Ce statut est la seconde pièce du premier cahier de la cotte première.

(4) Ces trois statuts expédiés de suite forment la troisième pièce du
premier cahier de la cotte première.

(5) Cette pièce a été imprimée dans le Recueil des Ordonnances de
la Ville, en 1528.

d'autres pièces postérieures, qu'ils ne devaient rien au roi
de tout ce qu'ils achetaient et vendaient de leur métier,
qu'ils étaient exempts de toutes charges autres que celles
qui leur étaient communes avec tous les bourgeois de
Paris; mais nous ignorons absolument à quel titre ils
jouissent de cette faveur d'autant plus singulière à leur
égard qu'il ne paraît pas non plus qu'ils aient jamais été
hautbanniers (6); ce ne pouvait donc être que par un
privilége spécial et extraordinaire, et, comme ils s'expri-
ment eux-mêmes dans ladite requête, parce que « leur
mestier n'appartient que aux yglises et aux gentizhommes,
comme au roi et à comtes »; cela est d'autant plus
croyable, qu'en effet nos rois ont toujours favorisé les
beaux-arts et comblé de bienfaits ceux qui se sont efforcés
d'exceller dans les fabriques des tapis sarrazinois et des
tapisseries.

Cet art est en effet digne de la protection royale, sans
laquelle il ne peut absolument se soutenir; l'éducation de

---

(6) On appelait autrefois hautbanniers ceux qui payaient le hautban. Ce droit était d'un muid de vin dû au roi par les bourgeois,
marchands et artisans de la ville de Paris, payable à la Saint-Martin
d'hiver de chaque année.

Par une charte de l'an 1201, le roi Philippe-Auguste fixa le prix
de ce muid de vin à six sols parisis.

De ce droit de hautban, les uns n'en devaient que moitié, c'est-à-
dire trois sols parisis, d'autres l'entre-six sols parisis et quelques-uns
l'entier et demi, c'est-à-dire neuf sols parisis.

Tous les marchands ni tous les artisans de Paris n'étaient pas
hautbanniers; nul ne le pouvait être, suivant une ancienne ordonnance de la Ville, s'il n'était d'un métier qui ait hautban ou si le roi
ne lui accordait par vente ou par grâce, et c'était assurément une
grande faveur, car tous ceux qui en jouissaient ne devaient rien au
roi de tout ce qu'ils achetaient et vendaient de leur métier et marchandises, car le hautban les en acquitte, disent les statuts des quelques anciens corps hautbanniers. Voyez Ducange; les ordonnances du
Louvre, les statuts des parfumeurs de 1656, article xxxii, la fin de celui
des bonnetiers de 1608, etc.)

ceux qu'on y destine est trop dispendieuse et les chefs-
d'œuvre qui sortent ensuite de leurs mains sont d'un trop
grand prix, pour qu'il soit possible à des particuliers d'entretenir un établissement d'où il ne sortirait rien que de
parfait.

Talents
nécessaires à un
habile maître
tapissier
hautelissier.

Toutes les professions supposent dans celui qui les
exerce des talents relatifs et proportionnés ; quelques-
unes même en exigent d'assez distingués ; mais combien
en faut-il réunir pour former un habile tapissier, un grand
maître ? De quelque manière qu'il travaille, en tapis sarrazinois, en tapisserie de haute et basse lisse, ne fût-ce
même qu'en rentraiture, il doit posséder toutes les règles
de proportion, principalement celles de l'architecture et
de la perspective, quelques principes d'anatomie, le goût
et la correction du dessein, des coloris et de la nuance,
l'élégance de l'ordonnance et la noblesse de l'expression
en tous genres et en toutes espèces : figures humaines,
animaux, paysages, palais, bâtiments rustiques, statues,
vases, bois, plantes et fleurs de toutes espèces. Il doit
joindre encore à ces connaissances celles de l'histoire
sacrée et profane (7), faire une juste application des règles
de la bonne fabrique, et le discernement de ce qui opère
la beauté du grain et des coloris, c'est-à-dire les diverses
qualités des soies, laines et teintures, qu'il faut souvent
rabattre, rehausser ou changer d'œil (8), raison pour laquelle il leur a toujours été permis de teindre eux-mêmes
les étoffes qu'ils emploient (9).

(7) Voyez un avis de M. le lieutenant civil au roi, du 3 mars 1656,
imprimé.

(8) On appelle rabaisser ou rehausser, brunir ou éclaircir des laines
et soies déjà teintes. On appelle changer d'œil, donner par exemple
à un jaune citron un œil plus oranger, plus verdâtre.

(9) Un de leurs statuts de vers 1258, cité ci-dessus note 7, y est
formel. Les hautelissiers appellent étoffes leurs chaînes, laines, soies,
or et argent, fils et tout ce qu'ils emploient dans leurs fabriques.

Quand un marchand tapissier se bornerait entièrement au commerce, ces connaissances ne lui seraient pas moins utiles pour le mettre en rapport et en état de distinguer les diverses fabriques, les auteurs, et de juger du prix des tentures qu'il veut acheter ou vendre. On ne dit rien de trop ici ; ce n'est que par le concours de ces talents réunis et mis en œuvre que les tapisseries de tapis fabriqués par les maîtres tapissiers de Paris (10), sous les règnes de Henri IV, de Louis XIII et de Louis XIV, ont mérité l'admiration de toute l'Europe ; il est impossible d'y réussir autrement ; c'est pour cela que les anciens statuts fixaient à huit années le temps des apprentissages.

La continuité des guerres étrangères, et plus encore le malheur des guerres civiles dont ce royaume fut affligé, ont fait longtemps négliger tous les arts et principalement celui de la tapisserie, qui aurait infailliblement disparu en France, si le roi Henri IV n'eût employé les moyens les plus efficaces pour le ressusciter de nouveau, en comblant d'honneurs et de bienfaits ceux qui s'efforçaient de le perfectionner.

Cet art est négligé en France et rétabli par Henri IV.

A peine fut-il tranquille sur le trône, que, par un édit du mois de janvier 1607, il rétablit les manufactures de toutes sortes de tapisseries dans cette capitale et dans toutes les autres villes qui s'y trouveraient propres (11). Il en confia la direction aux sieurs Marc de Commans et François de la Planche, à qui ce prince accorda les plus grands priviléges. En logeant dans sa gallerie les plus excellents

---

(10) Maurice Dubout, Girard Laurent, Pierre Dupont, Simon Lourdet, Jean Lefevre, Louis Dupont, les Macé, Dulaurent, Creffis, les Férot, Enguerrans, Huldebourg et grand nombre dont la liste serait trop longue.

(11) Voyez l'édit du mois de novembre 1667 pour l'établissement de la manufacture royale des Gobelins, imprimé dans la collection de 1718.

artistes, il n'oublia pas les plus habiles tapissiers (12) de haute lisse et de tapis sarrazinois, et, par édit du 22 décembre 1608 (13), il fournit aux uns et aux autres tous les moyens de se procurer des aides et de faire de bons élèves. En 1610, au mois de mars, il accorda de nouvelles lettres patentes de priviléges au sieur Fortier, premier inventeur en France de l'art de faire des tapis de Turquie et autres à fond d'or, de soie et de laine (14). Enfin ce monarque n'oublia rien de ce qui pouvait contribuer à la perfection et à l'extension des arts, et même il accorda des lettres de noblesse à ceux qui s'y distinguèrent le plus (15).

Histoire de Pierre Dupont.

Pierre Dupont, tapissier ordinaire du roi, logé dans sa gallerie, entra parfaitement dans les vues d'un si bon maître; et, dans le fait, il était bien capable d'y répondre ; touché du grand effet des belles couleurs employées dans les tapis sarrazinois, et en même temps dégoûté avec raison de la distribution imbécile que les Asiatiques en font et de ces figures bizarres et sans goût dont ils remplissent leurs

---

(12) Maurice Dubout, Girard Laurent, tapissiers de haute lisse, et Pierre Dupont, tapissier de tapis sarrazinois.

(13) On peut avoir cet édit imprimé dans la collection de 1718.

(14) On peut voir ces lettres patentes aux archives de la communauté, cotte des Privilégiés et des Priviléges.

(15) M. Rouget avance, page 6 de la Préface de la collection imprimée à Paris en 1718, que pour faire refleurir l'art de la tapisserie *et animer les ouvriers au travail, Henri IV les agrégea eux et leur postérité au rang des nobles, leur accordant les mêmes droits, priviléges et exemptions.* Il ajoute que *ce fut au mois de janvier 1607, qu'il leur en donna ses lettres.*

Nous ne pouvons garantir cette assertion, qui paraît douteuse, si on l'entend de tous les tapissiers hautelissiers et de tapis sarrazinois : Marc de Commans, François de la Planche, Pierre Dupont et Simon Lourdet ont été du nombre de ceux qui ont reçu cet honneur. Quant aux priviléges et exemptions, il est vrai qu'ils étaient communs à tous, des plus magnifiques et des plus étendus.

tapis, cet habile homme ne se proposa rien moins que d'imiter la nature même par son travail, et il réussit très-bien. Nous parlerons dans un moment de son origine et de ses grands succès sous Louis XIII.

Ce fut vraisemblablement dans les commencements de son règne, que Pierre Dupont écrivit son traité intitulé : *De la Stromatourgie* (16), ou de l'excellence de la manufacture des tapis dits de Turquie.

La stromatourgie.

Ce petit ouvrage, qui est des plus rares à présent, contient 36 ou 38 pages in-4°. Celui que j'ai vu à la Bibliothèque du roi a été imprimé en 1632 à l'Imprimerie royale ; mais je crois qu'il y en a une édition plus ancienne.

L'auteur y prend pour devise au frontispice : *Mieux faire que bien dire*, et divise ensuite son ouvrage en quatre parties, dont la première ne contient que la définition et la signification relative du mot *stromatourgie ;* dans la seconde, il traite de l'antiquité et de l'ancienneté de l'art de la tapisserie, qu'il appelle, avec plusieurs anciens statuts, l'art de tistre. Considérant les choses dans le principe, il en fait Dieu même auteur, suivant ces paroles de l'apôtre saint Jacques (17) : *Omne datum optimum et omne donum perfectum desursum est, descendens a Patre luminum.* Il cite pour en faire voir l'ancienneté, les chapitres xxxv et xxxviii de l'*Exode* et grand nombre de passages des Pères et des poëtes grecs et latins. Comme il prend l'objet en grand, selon l'énergie de ces mots : *tegmen, operimentum, aragutum, velum, cortina, lodix,* il trouve de grandes ressemblables entre ces ouvrages et les tapis, couvertures, voiles et tapisseries des anciens, et il est vrai qu'ils représentaient, comme les autres, des fleurs et des fruits, des animaux, des anges, des hommes et quel-

(16) Ce mot qui est grec, signifie proprement mélanges, bigarrures, et par analogie tapisseries ou parterres.
(17) Epit. cath. de saint Jacques, chap. i, v. 1.

quefois même des sujets historiques (18). Dupont fixe l'é-
poque de l'introduction de son art en France à la mémo-
rable et entière défaite des Sarrazins, près de Tours, par
Charles Martel, vers l'an 726; en sorte qu'il paraît que les
sarrazinois ont précédé les hautelissiers dans ce royaume,
qu'ils ont eu des statuts avant eux et qu'ils n'ont disparu
que dans le cours du xıve siècle, après leur avoir donné
la loi, transmis leur art et leurs droits.

Dupont parle du statut de 1295, comme l'ayant vu sur
les registres du Châtelet, où il se trouve en effet ; mais il
ne paraît pas avoir connu ceux du siècle précédent ou les
postérieurs.

Plein du grand et louable dessein d'établir une ou plusieurs manufactures dans lesquelles on pût élever et instruire les pauvres enfants infirmes, il fait dans la troisième
partie de son livre l'énumération des qualités et des dispositions nécessaires aux maîtres, chefs des manufactures,
aux compagnons et apprentis, tant pour bien apprendre
que pour bien exercer cet art, le perfectionner et même y
exceller. Il exige préalablement la sagesse et la piété dans
les uns et dans les autres; il demande de grandes connaissances dans les maîtres, beaucoup de douceur, une
vigilance et des soins continuels pour former de bons élèves ;
un grand respect, une grande confiance, beaucoup de sou-
mission et d'application au travail de la part des apprentis. Il fait ensuite la description des outils nécessaires, et
porte l'attention jusqu'à prescrire la manière de s'habiller

---

(18) Il ne prétend point que les voiles faits par Bézéléel et Oliab,
pour le service du tabernacle, dont il parle, ressemblassent parfaitement à nos tapisseries et tapis sarrazinois, non plus que beaucoup
d'autres tapisseries et couvertures dont les anciens se servaient. On
aurait en effet bien de la peine à se le persuader, au moins quant à
la fabrique ; car il paraît certain qu'ils étaient faits de broderies et
de points à l'aiguille.

pour travailler commodément ; puis il traite des matières premières, de la manière de les apprêter, de les teindre et de les employer ; il parle aussi de l'emplacement et des bâtiments nécessaires à un établissement de cette importance, et finit en proposant des règlements capables d'y entretenir le bon ordre, la subordination et la paix.

Il nous apprend, dans la quatrième partie, qu'il était le fils de François Dupont, de son vivant trésorier de France et payeur de la gendarmerie ; que l'absence de son père fut cause qu'il quitta ses études aussitôt après les barricades de Paris ; que, pour lutter contre la misère, générale alors en cette ville, autant que pour éviter l'ennui, il s'adonna à l'enluminure et à toutes sortes de tapisseries, tant à l'aiguille que faites sur les métiers, et à la pourtaicture, ce qui lui réussit assez heureusement, principalement en la manufacture de tapis de Turquie et autres ouvrages du Levant qui se font avec l'aiguille (19) ; desquels il inventa même (à ce qu'il assure) les outils et la vraie méthode pour y faire travailler les enfants.

Pendant cette infortune, il fit un tableau qui représentait la Vertu voilée assise sur un tas de fumier, sans pieds et sans mains, tendant les bras au ciel, avec cette devise : *Virtus invisa vilescit*. Mais ayant perdu toute espérance de fortune après la mort de son père, il se donna tout entier à l'enluminure, talent apparemment plus lucratif alors que celui des ouvrages du Levant.

La dame de Chateauneuf le prit (dit-il) à son service pour lui faire quelques paires d'Heures d'enluminures et autres ouvrages. Bientôt il lui fit voir des échantillons de toutes sortes d'ouvrages de Turquie faits d'or, d'argent, de

---

(19) Il semble qu'on soit ici forcé d'entendre non-seulement les aiguilles qu'on appelle vulgairement à tapisserie, mais aussi les aiguilles tranchantes qui forment le velours des tapis sarrazinois, en coupant également la passée d'un bout à l'autre de la pièce.

3

soie et de laine, que cette dame présenta à la reine mère, qui les montra au roi Henri IV. Ce grand prince fut si touché de leur beauté, qu'il fit venir Dupont pour l'établir au plus tôt chef d'une manufacture de ces sortes d'ouvrages dans sa gallerie, où il le logea, comme nous avons dit, et l'honora du titre de son tapissier ordinaire par brevet du 4 janvier 1608. Il s'appliqua donc d'une manière toute particulière à perfectionner de plus en plus cet art, et comme il n'avait point d'enfants, il n'épargna ni soins ni peines pour mettre les plus capables de ses élèves en état de le remplacer.

Il s'associe avec Simon Lourdet.

Simon Lourdet fut sans doute un de ceux qui profitèrent le plus ; après avoir été reçu dans le corps des maîtres marchands tapissiers hautelissiers de Paris, il devint l'associé et le successeur de son maître et un de ceux à qui le roi accorda des lettres de noblesse.

Fondation de la Savonnerie.

La mort de Henri IV apporta comme nécessairement quelque retardement à l'établissement d'une manufacture en grand ; mais voulant être, comme son illustre père, le protecteur des arts, particulièrement de celui de la tapisserie, Louis XIII n'eut pas plus tôt appris le dessein que son père avait eu d'établir une grande manufacture où l'on montrerait à travailler aux pauvres enfants, qu'il ordonna à Dupont de présenter à cette fin sa requête au Conseil, et ce ne fut pas en vain ; car Sa Majesté lui donna en 1631 la maison de la Savonnerie, conjointement avec Simon Lourdet, où ils fondèrent la manufacture royale de tapis sarrazinois.

C'est là que, méditant à loisir les beautés dont leur art est susceptible, les ressources qu'il fournit, et ce qu'ils avaient encore appris par l'expérience, ils joignirent à la vivacité des plus belles couleurs le goût et la correction du dessin, l'ordonnance et la proportion des figures entre elles et avec la grandeur des pièces ; enfin ils le portèrent à un si haut degré de perfection que tout ce qu'ils ont représenté, principalement les fleurs, les fruits, les plantes et les animaux, pourrait tromper les yeux du spectateur étonné (20).

Cette manufacture royale soutient encore sa première splendeur et la grande réputation qu'elle s'est si justement acquise, et le feu roi Louis XIII a confirmé tous ses anciens priviléges en lui accordant les mêmes avantages qu'à celle des Gobelins par édit du mois de janvier 1713, enregistré en Parlement le 24 février suivant.

Louis XIII ne se borna pas à prodiguer ses soins et ses faveurs aux seuls tapissiers de sa gallerie; les troubles dont les commencements de son règne furent agités n'empêchèrent point qu'il ne les répandît aussi sur le corps des maîtres et marchands tapissiers hautelissiers de Paris dont ces grands maîtres étaient membres. Obligé de parcourir toute la Normandie pour la confirmer dans le devoir, il leur accorda pendant ce voyage des lettres patentes en forme de déclaration, signées de sa main, datées de Lisigny, dernier juin 1618, et scellées du grand sceau, par lesquelles « Sa Majesté déclare son vouloir et intention être que ores ni pour l'advenir il n'y ait ni ne puisse avoir aucuns maîtres tapissiers suivant la cour autres que les siens, » ceux de la reine de son épouse, de monseigneur et des dames ses sœurs, couchés et employés es états de leurs maisons, nonobstant toutes déclarations, vérifications et provisions, — qui pourraient en avoir été

Déclaration du roi en faveur de la communauté des tapissiers hautelissiers sarazinois

---

(20) L'effet naturel du velours donne de l'éclat aux couleurs et aide beaucoup à l'imitation parfaite des plumes des oiseaux, du poil des animaux, du velouté des fleurs et de certains fruits et d'une espèce de fleur qui se fait remarquer sur tous ceux qui sont fraîchement cueillis; on voit, dans les ouvrages sortis de cette manufacture, des raisins, des oranges, des citrons ouverts à demi écorcés qui paraissent transparents, et les draperies imitent parfaitement le coup d'œil du velours.

obtenues, lesquelles dès à présent Sa Majesté révoque, *faisant défenses aux pourvus d'icelles de s'en aider, à peine de faux*, etc., et cette déclaration a reçu sa pleine et entière exécution, ayant été vérifiée et registrée en Parlement et au Châtelet (21).

Nouveau statut en 1618.

De retour à Paris le roi leur accorda, au mois d'août suivant, de nouvelles lettres patentes confirmatives de xxvii articles d'un nouveau statut très-nécessaire pour maintenir leur art dans sa perfection l'étendre, et en prévenir le dépérissement. Ils les présentèrent à la Cour à fin de vérification et enregistrement; mais les corps des tapissiers courtepointiers et autres précédemment réunis y formèrent une opposition par des motifs qu'il est aisé de pénétrer.

Opposition formée à son enregistrement par le corps des autres tapissiers.

1° Les plus anciens statuts des sarrazinois et des hautelissiers ne parlent point de la rentraiture, et conséquemment aucun ne leur donne la qualité de rentrayeurs : celui qui confirma leur incorporation en 1302 n'en parle point, non plus; et comme ils n'en ont point obtenu depuis ce dernier jusqu'à celui dont nous parlons (22), il paraissait leur accorder un droit nouveau qui ne leur appartenait point au moins exclusivement, en les appelant maîtres tapissiers de hautelice (23) sarrazinois de rentraitures; mais point, du tout, pendant ce laps de temps plusieurs des maîtres hauteliciers et sarrazinois s'étaient adonnés à la rentraiture et y excellèrent facilement, parce qu'ils y apportèrent les

---

(21) Cette pièce, les arrêts et sentences d'enregistrement sont les premières du septième cahier de la cotte première. On peut les voir imprimées ci-après à la suite du statut de la même année 1618. Elles doivent naturellement le précéder ; c'est une erreur qu'on pourra corriger.

(22) C'est-à-dire pendant plus de trois cents ans.

(23) Les sarrazinois étaient anciennement nommés les premiers; dans ce nouveau statut ce sont les hauteliciers qui ont succédé à leurs droits et priviléges après qu'ils ont disparu, comme nous avons dit plus haut.

lumières qu'ils avaient acquises dans la fabrication du neuf; mais ils ne furent pas les seuls qui s'y appliquèrent : les tapisssiers contrepointiers commencèrent à y travailler aussi vers la fin du quatorzième siècle ou le commencement du quinzième siècle. Les articles xviii, xiv et xv de leur statut de 1456, les ix et x de celui de 1568 (24), contiennent même quelques règles touchant ce travail dont ils avaient été privés par l'enregistrement pur et simple du nouveau statut des hauteliciers.

2ᵒ Les articles xiv et xxxiii de ce nouveau statut confirmèrent aux tapissiers hauteliciers-sarrazinois-rentrayeurs le droit de visiter et marquer tous les tapis et toutes les tapisseries foraines et celui d'en faire le commerce tant en neuf qu'en vieux ; et les courtepointiers prétendaient que ces mêmes droits leur appartenaient exclusivement, à titre de marchands de meubles et en vertu des articles xxiii de leur statut de 1456, xxv de celui de 1568, xlii et xlvii de celui de 1594 (25).

Tels furent les principaux motifs de cette opposition, sur laquelle intervint arrêt le 11 décembre 1621 par lequel la Cour a ordonné que « les dits maîtres-tapissiers de haute-lice-sarrizinois dits de rentraiture jouiront de l'effet contenu aux dites lettres... et qu'icelles seront registrées es registres de la Cour, si mieux les dits maîtres tapissiers-contrepointiers et neustrés n'aiment les incorporer dans leur corps, etc. (26). »

Arrêts qui ordonnent l'incorporation.

Ces derniers ayant opté pour l'incorporation, autre arrêt

(24) Voyez ces deux pièces, la première aux archives de la communauté, et la seconde ci-après.

(25) (Voy. ces trois pièces, la première aux archives, et les deux suivantes ci-après.)

(26) Cet arrêt, les significations, les réponses des parties étant ensuite forment la sixième partie du premier cahier de la cotte première. On peut les voir imprimés ci-après.

du 23 mai 1622, qui donne acte aux parties de cette option
et ordonne en conséquence que les tapissiers-hauteliciers
« seront incorporés au corps des tapissiers-contrepointiers (27). »

Cet arrêt fut exécuté, mais ce ne fut pas sans beaucoup
de contestations et de débats. Les contrepointiers, qui n'a-
vaient peut-être pas senti toutes les conséquences de leur
option, commencèrent bientôt à les appercevoir. Plusieurs
des hauteliciers joignirent après cet arrêt la fabrication et
le commerce des meubles de toutes sortes à leur premier
état.

Traité
de
Simon Lourdet
avec les
administrateurs
de la Trinité.

Dès le 9 février 1624, Simon Lourdet, quoique associé
avec Pierre Dupont, fit avec les administrateurs des Pauvres
enfermés (28), un traité ou contrat par lequel il s'obligeait
de montrer à ceux des pauvres enfants qui étaient ou
seraient ses apprentis, « à faire toutes sortes d'ouvrages
de tapis de Turquie, de tapisserie de haute-lice, à les
rentraire et les mettre en couleur, et à faire lits, matelas,
contrepointes et tous autres ouvrages de son art et métier
de tapissier (29). »

Une telle conduite ne manqua pas de donner de l'om-
brage aux contrepointiers-coûtiers-nôtrés, qui présentèrent,
le 16 juillet 1625, une requête à la Cour, tendante à ce
qu'en interprétant le dit arrêt du 23 mai 1622, « il fût fait
défenses aux tapissiers-hauteliciers d'entreprendre sur la
fonction des tapissiers-contrepointiers. » Cette demande
ne fut pas jugée d'abord. Pierre Dubourg, tapissier ordinaire du roi, l'un des cinq jurés en charge de la commu-

---

(27) Celui-ci, qui est la septième pièce du dit cahier de la dite cotte
première, est pareillement imprimé ci-après.

(28) C'est-à-dire les administrateurs de l'hôpital de la Sainte-Trinité,
ainsi appelé dans le temps.

(29) Voy. l'arrêt de la cour rendu entre la communauté de Simon
Lourdet, le 23 décembre 1636, aux archives.

nauté et des hauteliciers (30), s'était pourvu devant le procureur du roi au Châtelet, qui ordonna « que les statuts
des dits mestiers seraient compilés et renouvellés pour en
former un nouveau qui serait commun à tous » ; mais les
contrepointiers n'ayant pas voulu y acquiescer, les hauteliciers en demandèrent la confirmation, qui leur fut accordée par sentence prononcée par forclusion le 6 août de la
dite année 1625 (31).

Sentence qui ordonne la compilation des statuts.

Les contrepointiers en interjettèrent appel, et, se fondant
sur l'article XII de l'édit de 1581 et sur un usage qu'ils
disaient s'être conservé dans la communauté depuis l'incorporation des nôtrés en 1490, ils obtinrent même en la
Chancellerie des lettres datées du 8 mai 1628 (32), au moyen
desquelles ils pouvaient, indépendamment des dits arrêts
(des 11 décembre 1621 et 23 mai 1622), faire valoir contre
les hautelissiers le dit article XII de l'édit de 1581, et le
prétendu usage de leur communauté ; mais ils n'étaient
pas dans le cas ; car il est visible que le *mentem* de ces
arrêts était, non que l'on pût exercer ces différents arts
en demeurant dans l'un ou l'autre corps, mais que les deux
états de tapissiers-hautelissiers-sarrazinois-rentrayeurs et
de tapissiers-contrepointiers-nôtrés-coûtiers n'en fassent
qu'un seul et même à l'avenir. Or en n'exigeant plus de
ceux qui veulent exercer deux métiers qu'ils fassent
« chefs-d'œuvre » séparés pour l'un et pour l'autre, l'édit

---

(30) C'est ainsi que Pierre Dubourg est qualifié dans la sentence
du 6 août 1625, ce qui fait voir que depuis l'arrêt du 23 mai 1622,
il y avait cinq gardes jurés en charge, apparemment un contrepointier, un nôtré et un coûtier d'une part, et de l'autre, un haute-
lissier-sarrazinois et un rentrayeur, et ce jusqu'à l'entière perfection
du nouveau statut de 1636, dont l'article LXVI les réduit au nombre
de quatre.

(31) Cette sentence est la neuvième pièce du premier cahier de la
cotte première.

(32) Ces lettres sont la dixième du même cahier de la dite cotte.

ne parle que « de métiers qui ont été de tous temps tenus et réputés pour séparés » ; ce qui n'empêche point qu'ils ne puissent devenir un seul et même, par l'incorporation réelle et effective, que le roi ou ses cours peuvent ordonner quand ils le jugent à propos.

De plus, cet usage prétendu relatif à l'incorporation des nôtrés n'existait plus (33), et il n'aurait eu aucune application dans l'espèce, quand il aurait existé : il n'existait plus, puisque les lettres patentes de 1568 avaient consommé cette incorporation en ordonnant que les trois métiers de contre-pointier, de couverturier-nôtré et de coûtier seraient confondus ensemble et ne feraient à l'avenir qu'un seul métier juré. Mais cet usage n'aurait point eu d'application, quand bien même il aurait existé, parce que les contre-pointiers qui faisaient le commerce de tapisseries et tapis, sur lesquels ils prétendaient le droit de visite, s'étaient encore adonnés à les rentraire et remettre en couleur, et faisaient presque tout ce qui est de l'état des haute-liciers.

Or ils auraient été forcés d'y renoncer, s'ils n'avaient pas opté pour l'incorporation, et à cela les hauteliciers auraient tout gagné, puisqu'avant l'arrêt du 25 mai 1622, ils ne se mêlaient en aucune manière du commerce, ni de l'état des contre-pointiers. C'est pour cela que sans s'arrêter à la dite requête (des contre-pointiers) du 16 juillet 1625 ni aux dites lettres, la Cour, par son arrêt du 3 juillet 1627, a mis l'appellation au néant, et ordonné que la dite sentence du 6 août 1625 dont avait été appelé sortirait son plein et entier effet (34).

Arrêt définitif.

(33) Nous avons remarqué plus haut que l'incorporation des nôtrés avec les contre-pointiers est demeurée fort imparfaite depuis le règlement de 1490 jusqu'aux lettres patentes de 1568, qui l'ont entièrement perfectionnée.

(34) Cet arrêt est l'onzième pièce du premier cahier de la cotte première.

Enfin après cet arrêt on pensa sérieusement à compiler les anciens statuts de toutes ces anciennes communautés réunies, pour en former un nouveau qui leur fût commun ; mais leurs intérêts particuliers furent cause qu'on n'y parvint qu'avec beaucoup de peine. Pour accélérer ce travail, on en chargea Pierre Dupont de la part des hauteliciers, et Adrien Cuavet de la part des contre-pointiers, tous deux anciens gardes jurés de leur communauté, et très au fait de leurs droits respectifs. Ce ne fut néanmoins qu'au commencement de 1636 qu'il fut achevé. On convint enfin des LXVIII articles qui le composent. On les fit voir à Messieurs les lieutenant civil et procureur du roi au Châtelet, qui donnèrent un avis favorable à la confirmation d'iceux, pour laquelle le roi accorda au mois de juillet de la dite année 1636 des lettres patentes confirmatives des dits statuts et incorporation, qui furent vérifiées et registrées en Parlement le 23 août suivant (35). Statuts de 1636.

C'est ainsi que fut à jamais consommée l'incorporation réelle et effective des tapissiers-hauteliciers-sarrazinois-rentrayeurs, avec les quatre communautés précédemment réunies. Nous ne ferons pas ici l'analyse de ce nouveau statut, dont nous aurons encore l'occasion de parler plus d'une fois ; mais avant de finir ce paragraphe, on nous permettra d'expliquer ce que c'est que la rentraiture proprement dite et prise dans toute son étendue. Consommation de l'incorporation.

Cet art consiste à remettre presque dans leur premier état les tapisseries et tapis que les ans ou quelque accident ont en partie rompus ou décolorés. En quoi consiste la rentraiture

Il a été fait et il se fait encore des chefs-d'œuvre de cet art comme de celui de la haute-lice proprement dite. Quelquefois on coupe dans la même pièce de tapisserie un ou plusieurs morceaux considérables, parce qu'ils sont

---

(35) Toutes ces pièces sont imprimées.

défectueux ou qu'ils déplaisent, on les refait autrement; quelquefois même on y substitue des choses très-différentes de celles qu'on a ôtées, sans que l'on puisse ensuite retrouver les endroits où l'on a travaillé. On a vu des portraits de personnes vivantes emportés en tout ou en partie dans des tapisseries neuves, et refaits à l'aiguille avec tant d'art et de justesse qu'on les y reconnaissait comme auparavant. On a vu de grands morceaux de tapis de Savonnerie et autres à fond d'or ou de soie, d'autres seulement rehaussés d'or, dévorés par les flammes ou par des animaux destructeurs, si parfaitement rétablis en leur premier état, que le velours, les fleurs, les fruits, les animaux ni les ornements ne différaient en rien de ceux du corps de la pièce.

Couleur.   Les rentrayeurs redonnent pour ainsi dire une nouvelle vie à des têtes et autres carnations d'hommes, de femmes et d'enfants devenus semblables à des esquisses tracées sur le papier; les fleurs et les fruits entièrement décolorés retrouvent leur premier éclat entre leurs mains; les animaux et les plantes sortent de la terre, avec laquelle ils étaient confondus, des arbres morts annoncent un nouveau printemps, les oiseaux paraissent sur leur cime et dans le ciel, les eaux semblent jaillir et couler naturellement, les vues et les lointains se détachent de l'horizon, dans lequel ils avaient disparu.

Comment donc est-il arrivé que le public, si judicieux et si amateur des arts utiles, a conçu de si grandes préventions contre celui de remettre les tapisseries en couleur? N'en cherchons pas d'autre cause que la mauvaise foi de quelques gens également ignorants et intéressés, toujours hardis à se vanter de savoir ce qu'ils n'ont pas appris; ils ont trompé sa confiance en substituant témérairement leurs conjectures aux vrais principes et aux règles de cet art, d'où il est arrivé que leurs opérations,

loin d'embellir, n'ont servi qu'à défigurer les belles tapisseries qu'on leur a confiées ; mais le plus grand mal qu'ils
aient fait au public, c'est la naissance qu'a donnée leur
conduite à cette prévention, qui lui est si préjudiciable,
« que c'est achever de gâter une tapisserie que d'essayer
de lui rendre ses premières couleurs. »

Combien de belles tapisseries et de beaux tapis sont
relégués, en conséquence, comme des meubles inutiles,
parce que, étant éteints et décolorés, ils ne peuvent parer
un appartement où l'or et l'azur brillent de toutes parts !

De là, peu de personnes s'appliquent sérieusement à un
art également décrié, difficile et dispendieux; car il ne
peut être porté à sa perfection si l'on veut y épargner :
il faut un temps considérable et de grandes précautions
pour le déroussi (36), l'apprêt des couleurs, et beaucoup
plus encore pour les applications. Mais quel seigneur ne
voudrait bien en faire les frais, si un artiste également
habile et sincère, lui assurait que ses belles tapisseries,
ses beaux tapis, qu'il ne conserverait pas avec tant de
soin s'il ignorait que ses pères les ont reçus de la libéralité de nos rois, peuvent être remis en état pour servir
dans ses appartements? que non-seulement il est possible
de rétablir parfaitement ce qui est usé ou même détruit,
mais encore de leur rendre à peu près leurs premières
couleurs, et cela sans altérer en rien le grain de fabrique
des unes ou le velours des autres, on pourrait dire, sans
que ceux qui ne le connaissent pas s'aperçoivent de l'art

---

(36) Le *déroussi* est la première opération qu'il faut faire sur une
tapisserie qu'on veut remettre en couleur : elle consiste à ôter, autant
qu'il est possible, tout ce que les vapeurs de l'air et les fumées des
appartements ont attaché de saletés à sa surface; il se fait de plusieurs manières, suivant les diverses qualités des tapisseries et du
roux qu'on en veut ôter : il s'en trouve qu'on ne peut déroussir
entièrement; mais il ne faut jamais altérer le grain de fabrique.

qui les aurait ressuscités ? Si le public, détrompé, se prê-
tait à des expériences, il est sans doute qu'il se trouverait
encore quelque artiste dont il aurait lieu d'être satisfait ;
d'autres s'y appliqueraient ; on ferait des découvertes et
des élèves, et cet art utile se perfectionnerait. Au surplus,
les dépenses nécessaires seraient fort inférieures à celles
qu'il faudrait faire pour se procurer du neuf d'une égale
beauté.

Reste l'inconvénient de l'eau ; mais les tapisseries ne
sont point faites pour être exposées aux injures de l'air :
une tapisserie neuve ne serait-elle point gâtée par une
pluie abondante? l'éclat de ses couleurs n'en serait-il point
terni ? D'ailleurs, il est possible d'assurer si bien les hautes
couleurs qu'on y emploie, comme les cramoisis, les couleurs de feu, les écarlates, les violets, les bleus et les verds
même, qu'ils soient à l'épreuve de l'eau : cela augmente
la dépense, il est vrai, mais cela est possible.

———

Ancienneté
des tapissiers
nôtrez.

§ 3. — *Ancienneté des tapissiers-couverturiers-nôtrez-ser-*
giers ; leurs droits et priviléges. — La communauté des tapis-
siers-nôtrez-sergiers est peut être aussi ancienne que celle
des sarrazinois; mais on ne peut l'assurer, parce qu'il est
prouvé que les sarrazinois formaient un corps de communauté sous le règne de Philippe-Auguste, ce qui ne paraît
point des nôtrez, dont le premier statut qui soit connu est
bien postérieur au règne de ce prince (1), quoique antérieur
à l'an 1258 (2). Il est vrai cependant que les *nôtrez* sont
plus anciens que les *sarrazinois*, si on les considère comme
des particuliers qui fabriquaient certaines étoffes sans for-

———

(1) Décédé en 1223.
(2) Ce statut est sans date ; mais il a certainement été fait avant
la dite année 1258. On peut le voir aux archives de la communauté,
cotte première, 11e cahier, première pièce.

mer néanmoins un corps de communauté. Ces deux sortes de tapissiers faisaient des tapis nouës, les uns à la façon des Sarrazinois, ce qui les a fait nommer sarrazinois, les autres selon notre ancienne manière de travailler, ce qui les a fait appeler nôtrez (3). Or il est évident que les anciennes coutumes d'un pays, les anciennes manières de travailler, ont précédé tout nouvel usage quelqu'ancienneté qu'il ait acquise par la suite des temps.

Le premier statut connu des tapissiers-nôtrez, qui est sans date, fixe à deux le nombre des apprentis que chaque maître peut avoir, et le temps de l'apprentissage à quatre ans au moins ; il contient aussi tous les règlements sur les longueurs et largeurs des ouvrages de leur fabrique, leur permet de teindre leurs laines eux-mêmes en leurs maisons et fait défense d'apporter du dehors aucune chose, pour vendre dans Paris, qui ne soit bonne et loyale. *Premier statut des tapissiers nôtrez.*

Leur second statut, qui est aussi sans date, leur a été accordé par M. Étienne Boileau, prévôt de Paris, vers *Second statut.*

---

(3) C'est ainsi qu'on orthographiait alors ce pronom possessif pluriel, les *nôtrez* pour *nôtres*; de là furent appelés *tapissiers nôtrez* ceux qui travaillaient selon notre ancienne manière. Il est vrai cependant que l'orthographe de ce mot varie dans les deux premiers statuts de cette communauté de tapissiers. Le premier appelle tapis nœtrez ceux qu'ils fabriquaient, nom qui dérive de *nœud*, ou du verbe *nouër*, car on se servait indifféremment dans ces temps anciens du verbe, *nouër* qu'on écrivait aussi *noer*, pour signifier l'action de nager ou de nouer quelque chose.

Le second statut, qui n'est postérieur au premier que de quelques années, les appelle tapissiers notrez sans l'accent circonflexe, et l'addition de 1295 tapissier nostrez avec l's, et nôtrez avec l'accent, et cette dernière orthographe est suivie dans toutes les autres pièces jusques et y compris des lettres patentes de confirmation qu'ils obtinrent en 1635, ce qui prouve que nous donnons ici la vraie étymologie et l'unique signification de ce surnom qu'on avait déjà commencé d'oublier, car on lui substitua peu à peu depuis ce temps, celui de neutrés, que personne n'a jamais entendu ni expliqué, parce qu'en effet il est sans étymologie.

l'an 1258 (4). Il contient des dispositions à peu près semblables à celles du précédent. On y voit de plus qu'ils avaient des *places es halles de Paris* et ailleurs pour vendre leurs marchandises, qu'ils ne devaient rien au roi de tout ce qu'ils achetaient ou vendaient de leurs marchandises, fors tant seulement le « passage » du fil (5); mais ils devaient le guet, la taille et les autres redevances que les autres bourgeois de Paris doivent au roi. Au mois de janvier 1295 il y fut ajouté par le commandement de M. Guillaume de Hangest, lors prévôt de Paris, deux articles, dont le premier défend de travailler de nuit, et le second porte « que nul ne puisse gaangner argent, s'il n'a été apprentif de tistre (6), quatre ans. »

Addition de 1295.

Non-seulement ces anciens statuts des tapissiers nôtrez prescrivaient des règles pour la fabrique des ouvrages de leur profession, comme nous l'avons remarqué, mais ils défendaient aussi d'en apporter du dehors pour vendre dans Paris, s'ils n'étaient pas conformes aux leurs; c'était donner, quoiqu'indirectement à leurs jurés le droit de visiter ces sortes de marchandises, et ils l'exerçaient en effet non-seulement dans cette capitale, mais encore dans toutes les autres villes, foires et marchés de la prévôté et vicomté de Paris. Deux sentences rendues par M. Guillaume Gormont, prévôt de Paris, nous en fournissent les preuves. La première, du samedi après les Brandons de l'an 1342 (7), déclare valable une saisie qu'il avait faite dans Paris;

Droit de visite.

(4) C'est la seconde pièce du 2e cahier de la cotte première aux archives de la communauté.

(5) *Sic*, dans le registre et expédition; mais il est visible que c'est une faute et qu'il faut lire le *pesage du fil*, comme il est porté par un statut des tapissiers sarrazinois, qui est d'environ 1258, et la seconde pièce du premier cahier de la cotte première.

(6) *De tistre* c'est-à-dire *tisserand,* ou plutôt *tisseur.*

(7) C'est-à-dire le premier samedi de carême; cette pièce est la quatrième du second cahier de la cotte première.

mais la seconde, du mardi après la Saint-Leu, Saint-Gilles de l'an 1347, prononce sur une autre saisie par eux faite dans une foire près la ville de Corbeil, et contient le *vidimus* de lettres patentes accordées par le roi Philippe VI, aux tapissiers-nôtrez le 2 août de la même année, qui les autorisent à exercer ce droit de visite dans toute son étendue (8). Voici quelle en fut l'occasion.

Plusieurs fabriquants et marchands des villes de Beauvais, Pontoise et autres avaient surpris, sur un faux exposé des lettres du roi, qui leur permettaient de vendre dans Paris des marchandises défectueuses et fabriquées en contravention aux règlements, avec défenses à ceux de Paris de les y troubler ; mais la surprise et le mensonge ne peuvent subsister devant la majesté de l'autorité souveraine : dès que la vérité fait entendre sa voix l'illusion est dissipée, et la justice, usant de ses droits, fait tout rentrer dans l'ordre. Les tapissiers nôtrez y eurent recours, ils furent écoutez et par de nouvelles lettres patentes, le roi déclara subreptices celles que les marchands et fabriquants des provinces avaient obtenües, manda au prévôt de Paris de n'y avoir aucun égard s'il lui apparaissait de la vérité des faits allégués par ceux de Paris, et, tout mûrement examiné, ces lettres furent enregistrées, constamment exécutées, et les tapissiers nôtrez maintenus en conséquence dans le droit et possession où ils étaient de visiter toutes les marchandises foraines de leur profession, dans toutes les villes, foires et marchés de la prévôté et vicomté de Paris, et celles qu'ils avaient fait saisir et condamnées au feu.

Plus d'un siècle après, M. Robert d'Estouteville, prévôt de Paris, leur accorda par sentence du 15 février 1465 l'homo-

Confirmation du droit de visite.

Troisième statut des tapissiers nôtrez.

---

(8) Nous n'avons plus ces lettres patentes ; mais on peut voir aux archives de la communauté la sentence dans laquelle elles sont vidimées ; c'est la septième pièce du second cahier de la cotte première.

logation de vingt-quatre articles de nouveaux statuts qui renouvellent et confirment toutes les dispositions des précédents, auxquels ils furent ajoutez (9). Ils contiennent aussi plusieurs règlements touchant les apprentis, les compagnons, les maîtres, le privilége des veuves, les ouvriers forains, les qualités, longueurs et largeurs des serges, tiretaines, couvertures et autres ouvrages de leur fabrique, les visites et ventes des marchandises foraines de leur profession (10).

L'érection du corps de la mercerie en 1407, n'empêcha pas, comme on voit, les tapissiers nôtrez de continuer à user de leurs droits comme auparavant, puisque l'article xxi de ce nouveau statut postérieur de cinquante-huit ans à cette nouvelle érection, défend à tous marchands forains de délier et poser leurs marchandises en vente *qu'elles n'ayent été vues et visitées par les jurés et gardes du dit métier* (11).

Cependant les marchands tapissiers, faiseurs de ciels, tentes et pavillons, appelés depuis contre-pointiers, prétendaient avoir aussi le droit de visiter, acheter et vendre des serges, tiretaines, couvertures et autres marchandises foraines de la profession des tapissiers nôtrez. Loin d'en convenir, au moins quant au droit de visite, les tapissiers nôtrez ne manquaient pas de saisir dans toutes les boutiques et magasins des tapissiers contre-pointiers celles qu'ils n'avaient point visitées, ou qu'ils trouvaient fabri-

---

(9) Le *vidimus* de cette pièce est la neuvième du second cahier de la cotte première. On peut le voir imprimé ci-après.

(10) On voit par les articles iv, xvii et xviii que les tapissiers nôtrez ont toujours fabriqué des serges et tiretaines. Si on en voulait d'autres preuves, on pourrait consulter les XXI, XXII, XXIII et XXIVᵉ pièces du second cahier de la cotte première, aux archives de la communauté.

(11) Voyez cet article, ci-après.

quées en contravention avec leurs règlements, ce qui pouvait nuire considérablement au commerce en général en occasionnant tous les jours de nouveaux procès entre les deux communautés, au grand dommage des particuliers. Ce fut pour en tarir la source qu'ils convinrent, sous les yeux de la justice, avec l'approbation du ministère public, d'un règlement contenant sept articles touchant les chefs-d'œuvre des deux professions, les visites et marques des marchandises et ouvrages de tapisseries, serges et couvertures, sur lesquels ils avaient un droit commun.

Règlement commun entre les tapisssiers-nôtrez et les contrepointiers.

Ce règlement ayant été ajouté aux anciens statuts des deux communautés par sentence du 25 mars 1490 (12), fut toujours appelé et regardé depuis comme l'acte ou le statut solennel de leur incorporation; parce qu'en effet son exécution les a toujours maintenus en paix, comme s'ils n'eussent plus qu'une seule et même communauté, et que la concurrence de leurs jurés était absolument nécessaire pour plusieurs fonctions essentielles à un corps; mais la seule lecture de cette pièce suffit pour reconnaître qu'elle n'était qu'une bonne préparation à l'incorporation véritable et parfaite de ces deux communautés, qui fut consommée environ soixante-dix ans après avec celle des coûtiers, par lettres patentes du roi Charles IX, confirmatives d'un nouveau statut, vérifiées et registrées au Parlement le 13 mars 1568 (13).

Quatrième statut. Regardé comme l'acte solennel de leur corporation.

Les contestations qui s'élevèrent entre les tapissiers-hautelissiers-sarrazinois-rentrayeurs et les tapissiers-contre-pointiers-coûtiers, au sujet de l'incorporation des premiers, et plus encore la confection du nouveau statut auquel ils travaillaient depuis 1627, causèrent de l'inquiétude aux

(12) Ce règlement, qui est la XIIe pièce du second cahier de la cotte première, est imprimé ci-après.

(13) Ces statuts, lettres patentes et arrêts d'enregistrement sont imprimés ci-après.

4

tapissiers-nôtrez, qui, craignant qu'on ne donnât quelque
atteinte à leurs droits et priviléges, prirent le parti de
présenter au roi Louis XIII une requête et tous leurs
anciens statuts, afin d'obtenir la confirmation qu'il leur
accorda par lettres patentes du mois de juillet 1635, adressantes au prévôt de Paris, et qui furent enregistrées es
registres ordinaires du Châtelet par sentence du 28 septembre suivant. Mais leurs inquiétudes et leurs craintes se
renouvelèrent lorsqu'ils virent l'incorporation des tapissiers-
hauteliciers, et le nouveau statut confirmé par lettres
patentes registrées au Parlement le 23 août 1636 pour être
commun à tous les tapissiers réunis en un seul corps. Ils
demandèrent donc et obtinrent, le 4 décembre suivant, des
lettres de relief, d'adresse et de surannation adressantes à
la Cour, en vertu desquelles les précédentes et leurs statuts,
dont elles portent la confirmation, furent enregistrés par
arrêt du 22 des dits mois et an (14). Tranquilles sous les
règnes les plus favorables aux arts, n'ayant de discussion
ni de procès avec personne, les tapissiers-nôtrez se sont
appliqués si efficacement à perfectionner les ouvrages de
leurs manufactures, qu'ils ont surpassé de beaucoup les
fabriques étrangères et nationales.

---

§ 4. — *Ancienneté des coûtiers et leurs règlements.* — Si
l'on avait à parler des coûtiers en général, il faudrait
etablir leur ancienneté par celle de leur ouvrage, et conséquemment on la ferait remonter jusqu'aux temps voisins
du déluge. Ce fut après ce terrible événement que
l'industrie des malheureux humains, devenue plus néces-

Premier usage du coutil.

(14) Ces lettres patentes, sentences, arrêt d'enregistrement d'icelles,
qui sont les XIVᵉ, XVIᵉ, XVIIᵉ et XIXᵉ pièces du second cahier de
la cotte première, sont imprimés ci-après.

saire et plus active que jamais, donna ses premiers soins
à les préserver des insultes des animaux et des injures
de l'air, suites naturelles des changements que le Créateur
avait faits dans l'univers. Quelques-uns s'enfermèrent
dans des baraques pour reposer en sûreté; mais la plupart
habitèrent sous des tentes faciles à transporter et à dresser
partout. Or il est certain que ces premières maisons de
nos pères étaient faites d'une toile très-forte et très-serrée,
et le coutil n'est autre chose qu'une toile très-forte, plus
ou moins fine, fabriquée avec l'élite du chanvre et à
passées croisées, pour la rendre plus impénétrable à l'eau
quand on l'y expose, ainsi qu'à la plume et au duvet
qu'on y renferme à présent. La profession de coûtier est
donc une des premières que les hommes ayent exercées ;
mais puisque nous n'avons à parler que des maîtres
coûtiers de Paris en particulier, c'est uniquement d'après
leurs titres que nous le ferons.

Le plus ancien statut des maîtres coûtiers que l'on connaisse à présent leur fut accordé par Me Jehan Ploye-
banch, prévôt de Paris entre 1310 et le mois d'août 1314 (1);
il défend les mélanges des mauvaises plumes avec les
bonnes, du bon duvet avec le mauvais, et des moindres
qualités de ces sortes de marchandises avec les mauvaises ; il contient encore quelqu'autres dispositions
touchant les poids et l'équité, si nécessaires au commerce. De plus, il y est ordonné qu'il sera établi « deux
preud'hommes qui garderont le mestier » ; mais on
n'y parle point des lettres patentes accordées le 19 janvier 1347 par le roi Philippe VI, que les coûtiers
avaient un statut enregistré au Châtelet de Paris, par
lequel les apprentissages de leur métier étaient fixés à

Premier statut connu des coûtiers de Paris.

Second statut des coûtiers, inconnu.

---

(1) Cette pièce est la première du troisième cahier de la cotte première, aux archives de la communauté; on ne peut lui assurer
d'autre date, parce qu'elle n'en porte aucune.

deux ans, ce qui fait croire que celui dont nous parlons
fut bientôt suivi d'un second, quoique nous retrouvions
cet article dans celui dont nous allons parler, qui doit
être le troisième, puisqu'il est postérieur de quatre années
aux lettres patentes du roi Philippe.

*Troisième statut
des coûtiers.*

A ces précédents statuts il en fut ajouté un troisième
par messire Guillaume Gormont, prévôt de Paris, le
20 octobre 1351, qui fixe à deux ans le temps des apprentissages, règle les réceptions des fils de maîtres coûtiers, des apprentis de cette ville et des étrangers qui
voudront y exercer le métier (2).

*Lettres
de confirmation.*

Les coûtiers obtinrent ensuite du roi Jean de nouvelles
lettres patentes confirmatives de tous leurs statuts; nous
n'avons plus ces lettres, qui furent données à Passy le
17 août 1353, mais il nous en reste une du roi Charles V,
datée de Paris le 15 octobre 1372, et scellée du grand
sceau dans le mois de novembre suivant (3), qui contient
le *vidimus* de celles du roi Jean, dans lesquelles sont
aussi vidimées celles du roi Philippe VI. Depuis ces dernières lettres patentes, qui ordonnent l'exécution des deux
précédentes, il ne se trouve plus d'autre statut pour les
coûtiers jusqu'à celui de 1568, par lequel ils ont été réunis
aux tapissiers-contrepointiers-nôtrez, dont nous parlerons
dans le paragraphe 6.

En rapprochant ces anciens statuts des coûtiers de
ceux qui ont suivi leur incorporation, il semble qu'ils
fabriquaient des coutils, faisaient le commerce des plumes

---

(2) Cette pièce est la troisième du troisième cahier de la cotte
première, aux archives de la communauté.

(3) Celle-ci est la seconde du dit cahier de la dite cotte. — Ces
statuts et lettres patentes sont au Trésor des chartres, registre 103,
page 325. Ils se trouvent imprimés dans le recueil des ordonnances
des rois de la troisième race, IVe volume, p. 136, et au Ve volume,
p. 547-549.

et duvets, qu'ils tiraient des provinces de France et des pays étrangers, et que du tout, ils formaient des lits de plumes, des traversins, oreillers et carreaux de toutes grandeurs et de tous prix qu'ils tenaient prêts et vendaient tout faits pour la commodité publique.

Ce qu'il y a de certain, c'est que actuellement, les tapissiers-couverturiers-nôtrez savent encore assez bien faire le coutil pour en fabriquer de très-parfait. Cependant, on ne peut rapporter, ce semble, à l'époque de la réunion des coûtiers au corps des marchands tapissiers de Paris, le droit qu'ils ont de visiter et marquer les coutils, puisqu'il est certain d'ailleurs qu'ils le possèdent de toute ancienneté (4).

---

§ 5. — *Ancienneté des coustepointiers et leurs priviléges.* — Pour ne rien laisser à désirer touchant la formation du corps des marchands-maîtres tapissiers, nous dirons un mot des coustepointiers; vraisemblement les coustepointiers n'ont jamais eu de statuts; car il n'est parlé d'aucun ni dans une transaction faite entre eux et la communauté des tapissiers-contrepointiers le 4 avril 1491, ni dans les arrêts postérieurs dont nous parlons ci-après : il est remarquable que ces artisans n'ont jamais pris la qualité de tapissiers.

Cependant cette transaction nous apprendrait le droit de faire toutes sortes de tentes, pavillons et chambres (1) de toile blanche et teinte, même celui d'en faire de serges

---

(4) Voyez les pièces citées ci-dessus, notes 1, 2, 3, le statut de 1594, imprimé ci-après, principalement la requête au roi, p. 42, les articles 1ᵉʳ, p. 44; xviii et xix, p. 47 et 48, et l'article L, p. 54.

(1) C'est-à-dire l'ameublement complet d'une chambre, lit et tapisserie, etc.

et draps, concurremment avec les coustepointiers ; nous y voyons aussi que ces derniers soutenaient au contraire que les coustepointiers n'avaient tout au plus que le droit de faire des tentes, pavillons et chambres de toile blanche (2), par concurrence avec eux, et qu'ils ne pouvaient en faire de toile peinte ni d'aucune autre étoffe.

Transaction
entre
les tapissiers
contrepointiers
et les
coustepointiers

De là une multitude de saisies et de procès toujours préjudiciables au bien public par leur grand nombre, et souvent aux intérêts particuliers des communautés respectives. Ce fut pour les terminer à l'amiable et en tarir la source, que, par transaction passée le 4 avril 1491 (3), les coustepointiers convinrent et accordèrent d'une part que les maîtres jurés-tapissiers pourraient faire tentes, pavillons et chambres, tainctes et à taindre.... sans que les dits jurés coustepointiers ayent aucune visitation sur eux, et que si aucuns ouvrages étaient trouvés en cette ville de Paris, ils seront subjets à la visitation des dits tapissiers. Les tapissiers contrepointiers consentirent et accordèrent de leur côté, que les dits maîtres coustepointiers faiseurs de loudiers joyssent et puissent faire chambres, pavillons et tentes de toile blanche seulement, sinon que se aucuns seigneurs voulaient avoir pour leur plaisance sur leurs tentes de toile aucunes devises en toiles teintes, les dits coustepointiers le pourront bien faire... sans que les dits tapissiers ayent aucune visitation sur lesdits coustepointiers, ni sur les dits ouvrages : le tout sous cette condition que les dits coustepointiers ne pourront faire ne mettre monstres en leurs ouvroirs de ciels, tentes et pavillons de couleur, etc.

---

(2) C'est-à-dire toutes sortes d'équipages de guerre et meubles de toile blanche et de coutil sans teinture.

(3) Cette pièce est la première du quatrième cahier de la cotte première, aux archives de la communauté.

Quoique consignée dans les registres du Châtelet de Paris, cette loi commune des parties ne fut pas longtemps exécutée : elle accordait trop ou trop peu aux parties : elle accordait trop aux coustepointiers, s'ils n'avaient point de statuts, parce qu'en ce cas ils n'avaient aucuns droits pour faire même des meubles de toile blanche seulement ; ils ne pouvaient en faire aucun. Cependant les coustepointiers la violèrent les premiers, et cette infraction fit naître de nouvelles contestations qui furent portées devant les premiers juges, et bientôt après soumises à l'autorité de la Cour, qui, n'ayant aucun égard à ladite transaction, contre laquelle les coustepointiers eux-mêmes avaient obtenu des lettres de rescision, ordonna, par arrêt du 14 mars 1544, qu'ils pourraient besongner et œuvrer en ciels, tentes et pavillons, tant blancs que de couleur, et tant en toile que serge et tous autres draps, ainsi et par la forme et manière que les dits tapissiers ont accoustumé faire, pourveu toutefois que ceux qui vouldront ci-après être reçus maistres-coustepointiers seront tenus de faire chef-d'œuvre et expérience des dits ouvrages et pour lesquels chefs-d'œuvre veoir, visiter et juger seront appelés deux maistres jurés de chacun des dits deux métiers... et que les dits maîtres tapissiers pourront besongner et œuvrer es ciels, tentes et pavillons de toile blanche, tout ainsi que les dits coustepointiers, etc., etc. (4).

Arrêt qui prépare l'incorporation des coustepointiers avec les tapissiers contrepointiers

Cet arrêt ne fut apparemment regardé par les parties que comme un provisoire, ou quelqu'une des parties se pourvut en interprétation ; il paraîtrait que ce furent les maîtres tapissiers eux-mêmes, car on leur donne, dans un autre arrêt rendu entre les mêmes parties le 12 avril 1548, avant Pâques, la qualité de *demandeur et requérant l'enté-*

Autre arrêt qui ordonne l'incorporation susdite.

---

(4) Cet arrêt est la deuxième pièce du quatrième cahier de la cotte première, aux archives de la communauté.

rinement d'une requête par eux présentée à la Cour ; et aux coustepointiers celle de *défendeurs et empêchant l'entérinement de la dite requête*, dont nous ignorons le contenu, parce que l'arrêt ne l'apprend pas. Quoi qu'il en soit, la Cour a ordonné par cet arrêt que « les dits deux métiers de tapissiers et courtepointiers (5) seront unis ensemble, de manière que dosrénavant les maîtres de chacun des dits métiers pourront besongner et ouvrer indistinctement de tous ouvrages et besongnes appartenant à l'un et à l'autre des dits mestiers, etc. » (6).

C'est ainsi que les coustepointiers furent réunis au corps des maîtres et marchands tapissiers et contrepointiers, avec lesquels ils se mêlèrent et se confondirent si parfaitement et si promptement, que vingt ans après on se souvenait à peine qu'ils eussent existé séparément.

Cependant cet arrêt porte que, pour « les dits métiers ainsi réduits à un, y aura quatre jurés qui seront élus en la forme et manière accoutumée pour veoir, visiter et juger le chefs-d'œuvre et ouvrages d'iceux métiers, et aussi faire toutes autres choses à iceux jurés appartenantes, etc. » Il semble même que l'intention de la Cour était qu'il fussent élus partie d'entre les tapissiers-contrepointiers et partie d'entre les coustepointiers, car il ajoute que « où les dits jurés ne se pourraient accorder des dits chefs-d'œuvre, visitations d'ouvrages, etc., en ce cas sera pris et élu par iceux jurés *un bon et notable bourgeois marchand de cette ville,* pour leur tenir lieu de tiers expert ; » mais ces précautions n'empêchèrent pas les coustepointiers de disparaître presqu'aussitôt après leur incorporation, sans doute

(5) *Sic,* dans la grosse de l'arrêt; mais c'est une faute de copiste, car le mot de *courtepointier* n'était pas encore en usage, et d'ailleurs il est évident qu'il faut lire *coustepointiers.*

(6) Cet arrêt est la troisième pièce du quatrième cahier de la dite cotte première.

à cause de leur petit nombre et de la grande ressemblance
de leurs ouvrages avec ceux des courtepointiers ; et comme
les titres postérieurs à l'arrêt dont nous venons de rendre
compte n'en parlent plus, nous finissons ici leur histoire.

---

§ 6. — *Ancienneté des tapissiers contrepointiers marchands
de tapisseries et meubles, faiseurs de ciels, éperviers, tentes,
pavillons, etc., et leurs priviléges.* — Tout ce qu'on a dit
de l'ancienneté des coûtiers en général convient aussi aux
contrepointiers considérés sous le même point de vue : si
les besoins et les infirmités du genre humain ont rendu
le métier de coûtier si nécessaire, et peut-être dès le
premier âge du monde, il est certain, par la même raison,
qu'il a presque toujours été impossible de se passer entièrement des faiseurs de tentes et pavillons, matelas, som-
miers ; car cette partie du métier de tapissier contrepointier
est assurément la plus ancienne : après la construction
des premiers édifices, ils firent des ciels, des épreviers (1),
« des custodes et chambres de toile, puis de serge, de
drap, » puis ensuite de certaines espèces de « tapisseries
de laine, » des siéges garnis et beaucoup d'autres ouvrages
de courtepointerie, qui se sont multipliés en raison de la
multiplication des hommes et de leurs besoins réels ou
imaginaires, et surtout de leurs richesses. Après la formation des sociétés, la différence des conditions et l'amour
des distinctions contribuèrent plus que tout le reste à
multiplier et diversifier les ouvrages de meubles, et le
nombre des ouvriers s'est augmenté de siècle en siècle à

---

(1) *Épreviers* (sic) dans les anciens titres; c'est l'orthographe du
temps qui les a vus naître ; à présent, on écrit et on prononce éperviers : des *ciels, éperviers* et *custodes* sont des ciels de lits de différentes formes. On appelait anciennement *chambre* la housse de lit,
la tapisserie et les couvertures de siéges faits de pareille étoffe qu'on
a nommée depuis garniture de chambre.

proportion de la multiplication des productions de leur art.

Les contrepointiers étaient en assez grand nombre à Paris au commencement du xve siècle : on les y nommait déjà tapissiers, mais il ne paraît pas qu'ils eussent encore de statut ; le premier et le plus ancien qu'on leur connaisse leur fut donné le 14 août 1456 par maître Robert d'Estouteville, prévôt de cette ville ; il contient vingt-quatre articles, par les Ier, XIIIe, XIVe et XVe desquels on voit qu'ils faisaient aussi la rentraiture des *serges, tapis, couvertures, tapis à images* et de toutes sortes (2). L'article II fixe le temps des apprentissages à six années ; le VIe article porte que chaque maître ne pourra avoir qu'un apprenti ; le VIIe soumet les enfants des maîtres à faire le même apprentissage de six années, au moyen de quoi ils pourront être reçus et passés maîtres sans faire aucun chef-d'œuvre ; l'article VIII défend de détourner et d'attirer les apprentis et les compagnons de chez leurs maîtres pendant le temps de leur apprentissage ou louage, et le IXe permet aux veuves des maîtres de tenir et continuer leur métier et marchandise.

Le vingt-deuxième contient un tarif des longueurs et largeurs que doivent avoir les courtepointes foraines (3) ; et le vingt-troisième soumet à la visite des jurés tous les

Premier statut connu des tapissiers contrepointiers.

---

(2) Cette expression *tapis à images* ne peut être entendue que des tapissiers et des tapis sarrazinois ; les deux articles dont il s'agit le prouvent ; le premier porte *que nul ne rentraye tapis velus, qu'ils ne soient noués et souldés comme il appartient, et ouvrez de couleurs sortissables*, etc., et le second s'exprime de manière à ne laisser aucun doute : *Que nul (y est-il dit) ne rentraye tapis à images, qu'il ne le fasse ainsi qu'il appartient, c'est assavoir le visage, les mains, armoiries*, etc. Voilà qui est bien clair.

(3) Ces courtepointes qu'on apportait de la ville de Troyes et d'autres en celle de Paris, étaient de toiles doublées vraisemblablement et piquées ainsi que de toutes grandeurs.

ouvrages du métier qui seront apportés du dehors en cette ville. Enfin le vingt-quatrième et dernier fixe à trois le nombre des jurés et règle leur changement et élection, qui se faisait tous les ans. Les autres articles regardent les différentes parties de cette profession, prescrivant la manière d'y travailler, défendant certains mélanges des matières premières, et ne contiennent rien de remarquable au surplus (4).

Devenu plus nombreux que jamais par l'incorporation des tapissiers nôtrez, commencée avec le règlement de 1490, dont on a rendu compte (5), et par la consommation de celle des courtepointiers, qui se fit en exécution d'un arrêt de la Cour du 12 avril 1540 (6), dont nous avons rapporté le dispositif, le corps des maîtres et marchands tapissiers contrepointiers présenta une requête au roi afin d'obtenir de Sa Majesté la confirmation des dix-neuf articles de nouveaux statuts, ensemble des incorporations précédentes et de celle des coûtiers, dont il n'avait pas été question.

Les coûtiers y donnèrent volontiers les mains, et néanmoins on ne voit ni la demande ni le consentement des uns et des autres à fin d'incorporation ; mais ils ont été suffisamment constatés par l'avis que messire Miron, lieutenant-civil, donna au roi (7) sur lesdits articles et incorporations requises et exécution des lettres de renvoi du 12

Confirmation des incorporations précédentes et celle des coûtiers.

---

(4) Cette pièce est la première du cinquième cahier de la cotte première, aux archives de la communauté.

(5) Imprimé ci-après.

(6) Les *coustepointiers* ayant disparu dans l'espace de vingt ans après leur incorporation avec les *contrepointiers*, on désigne le corps indifféremment par l'un des deux noms dont on a fait depuis celui de *courtepointiers* qui a prévalu par l'usage. Ces trois noms au reste sont également analogues à plusieurs ouvrages du métier des courtepointiers.

(7) Voy. l'avis de ce magistrat et lettres de confirmation.

octobre 1566, à lui adressantes, consentement, information
juridique et avis fait et donné par ce magistrat et par les
impétrants, que le roi Charles IX accorda au mois de mars
de la dite année 1568, ses lettres patentes de confirmation,
adressantes à la Cour du parlement, qui a ordonné l'enregistrement par arrêt des dits mois et an.

Il y a quelque incertitude sur la date précise de cet
arrêt, qu'on croit avec beaucoup de fondement être du
13 mars 1568. Ce qui pourrait faire difficulté c'est que
Blanchard date les lettres patentes du 15, et l'arrêt d'enregistrement du 23 de ce même mois, et qu'on n'a pu le
trouver sur les registres de la Cour sous l'une ni sous
l'autre de ces deux dates ; mais voici ce qui a déterminé :
1° sur les registres du Châtelet, les lettres patentes dont il
s'agit n'ont d'autre date que celle du mois de mars, dans
lequel elles ont été expédiées, et trois mentions de l'enregistrement qui en a été fait en Parlement y sont datées
du 13 du dit mois de mars 1568 ; 2° on trouve cet arrêt
en entier sur la même date au folio 219 d'une bonne
copie manuscrite des registres du Parlement, intitulée :
« Registre du Conseil, cotté C, L, E, commençant en novembre 1567 et finissant le 13 avril 1568 (8).

C'est ainsi que la communauté des maîtres coûtiers, qui
avait eu jusques là ses statuts particuliers, a été unie
et incorporée au corps des maîtres et marchands tapissiers-contrepointiers-nôtrez. Les dix-neuf articles de ce
statut ne contiennent rien au reste de plus remarquable
que ceux du précédent, si ce n'est que le premier interdit
absolument le commerce des meubles aux marchands

(8) Ce manuscrit fait partie de la bibliothèque du feu cardinal de
Gesvres, qui l'a léguée au monastère de Saint-Germain-des-Prés, où
il est cotté tome XXXVIII. Toutes les pièces qui composent ce statut
sont la IIe, IIIe, IVe et Ve du cinquième cahier de la cotte première,
aux archives de la communauté. On peut les voir imprimées ci-après.

fripiers (9), et que le dix-huitième contient la première confirmation solennelle du droit que les marchands tapissiers ont de vendre des meubles de bois.

Les fabriques des provinces de France se relâchaient cependant de jour à autre; les mantes et couvertures ni les coutils n'avaient plus les longueur et largeur accoutumées; on employait de mauvaises étoffes dans les tapis et tapisseries, en un mot, les marchandises foraines n'avaient plus les qualités ni les mesures conformes aux ordonnances, et néanmoins elles ne laissaient pas de se vendre dans Paris comme auparavant, par les intelligences que les marchands forains avaient avec quelques marchands de cette ville, autres que les tapissiers. Pour remédier à cet abus, ceux-ci présentèrent une requête au roi, par laquelle ils supplièrent Sa Majesté de vouloir bien autoriser cinquante articles de règlement touchant les longueurs, largeurs, qualités et visites des dites marchandises tant des fabriques du royaume qu'étrangères (10).

Cette requête et les articles du statut y joints ayant été renvoyés au prévôt de Paris ou son lieutenant civil pour en informer conjointement avec le procureur du roi, et donner ensuite leur avis, messire Pierre Séguier, lieutenant civil, et Charles de Villemontée, procureur du roi au Châtelet, firent le 18 avril 1573 cette information, dans laquelle ils entendirent juridiquement les plus considérables des deux communautés de la draperie et de la mercerie. Tous reconnurent la nécessité d'autoriser les articles proposés, et de les faire exécuter. Le seul Jacques Vivien,

Troisième statut des maîtres et marchands tapissiers-contre-pointiers, etc.

---

(9) Le commerce des meubles a été permis depuis aux marchands tapissiers sous les conditions portées par les articles xv et xxi de leurs statuts de 1665, et par les arrêts de la Cour.

(10) Nous ne ferons pas ici l'analyse des cinquante articles de ce nouveau statut, qu'on peut voir imprimés ci-après.

Opposition du corps de la mercerie. garde de la mercerie, s'opposa en cette qualité à ce que la visite des marchandises y mentionnées fût faite par les gardes-jurés tapissiers, soutenant que ce droit d'inspection n'appartenait qu'à ceux de son corps (11).

Rien n'était absolument plus mal fondé que cette opposition, car il est évident, par les titres dont nous avons fait l'analyse, en parlant des diverses communautés dont le corps des marchands-tapissiers est composé, qu'elles ont toujours joui et usé du droit de visiter toutes les marchandises foraines de leurs diverses professions, et qu'elles l'ont exercé dans tous les temps, chacune en droit foi, d'où il résulte que loin de leur accorder un droit nouveau, ce règlement les confirmait seulement dans leurs anciens priviléges ; aussi cette opposition n'empêcha point le souverain législateur, sous les yeux de qui le tout fut remis, d'accorder au mois d'août suivant **Confirmation par le roi Charles IX.** ses lettres patentes confirmatives des cinquante articles proposés, par lesquelles il déroge « à tous autres édits, ordonnances, mandements, restrictions, défenses et autres lettres... contraires, » déclarant au surplus qu'il veut que les dits articles soient exécutés « nonobstant oppositions, ou appellations quelconques, et sans préjudice d'icelles », ce qui laissait néanmoins au corps de la mercerie le moyen de se pourvoir de nouveau aux fins de son opposition.

Ces lettres n'étant point adressantes au Parlement, mais seulement au prévôt de Paris, les marchands tapissiers demandèrent et obtinrent, le 13 mars 1574, des lettres de relief d'adresse, qui ne furent point encore registrées en la cour : apparemment que la mort du roi Charles IX, qui arriva le 30 mai suivant, les troubles dont le règne d'Henri III et les commencements de celui

---

(11) On peut voir cette apposition ci-après.

d'Henri IV ont été agités, en furent les principales causes ; peut-être aussi que le corps de la mercerie renouvella son opposition ; ce qui donne lieu de le penser, c'est qu'à son avénement à la couronne, Henri III confirma ce nouveau statut par de nouvelles lettres patentes qui eurent le même sort que les précédentes (12).

Nouvelle confirmation par le roi Henri III.

Quoi qu'il en soit, à peine Henri IV fut-il paisible possesseur du trône, qu'il se hâta de confirmer ce nouveau statut par de nouvelles lettres patentes données à Paris au mois d'août 1594, par lesquelles il relève les impétrants du défaut d'enregistrement des précédentes et de la surannation ; mande à la Cour de les faire jouir pleinement et paisiblement eux et leurs successeurs, « de tout le contenu aux dits articles, règlemens et lettres précédentes, sans leur faire ou donner, ne permettre être fait, mis ou donné, aucun trouble ni empêchement au contraire, lequel si fait, mis ou donné leur étoit ou avoit été fait, l'ôtent et mettent incontinent et sans délai au premier état et deub..... nonobstant oppositions ou appelations, et quelconques édits, ordonnances et défenses à ce contraires, » ce qui emporte la révocation de tout ce qui aurait été fait en Parlement de ces nouveaux statuts et lettres-patentes, sans aucune charge ni modification, par arrêt du 27 août 1594 (13).

Troisième confirmation par le roi Henri IV.

Jusqu'alors les gardes-jurés tapissiers avaient été obligés d'aller visiter et marquer les marchandises foraines de

---

(12) On n'a pu jusqu'ici recouvrer ces lettres patentes, dont on n'aurait même aucune connaissance si elles n'étaient visées dans celles d'Henri IV ; mais la date qu'on leur donne au mois d'août 1573 est visiblement fausse, puisque Henri III n'est parvenu à la couronne que le 30 mars 1574. C'est donc un vice de clerc.

(13) Toutes les pièces qui composent ce nouveau statut sont les VIe, VIIe, VIIIe, IXe, Xe, XIe et XIIe du cinquième cahier de la cotte première, aux archives de la communauté. On peut les voir imprimées ci-après.

leur commerce dans les halles, foires et marchés où elles
étaient exposées en vente ; mais ce devoir leur devint à
charge et comme impraticable par les grands et continuels
accroissements de la ville et du commerce de Paris ; la
facilité d'éviter leurs visites fomentait des abus, et l'on
avait peine à savoir s'il était possible de se procurer à
prix raisonnable les marchandises dont on avait besoin
pour l'emploi. Obliger tous les marchands forains à faire
descendre leurs marchandises en un même lieu où elles
seraient vûes, visitées et marquées dans les vingt-quatre
heures pour être ensuite vendues à prix défendu et loties
entre les maîtres qui en auraient besoin (14), c'était le
moyen de remédier aux abus, de procurer l'abondance en
facilitant le débit des marchandises foraines et d'empêcher les monopoles. En se conformant aux règlements, le
marchand forain ne risquait rien ; emportant avec lui ses
fonds, il épargnerait au moins les frais du séjour ; sûr
d'un prompt débit, il reviendrait plus volontiers et plus
souvent ; un clerc de communauté, chargé par état d'avertir tous les maîtres de l'arrivage de marchandises foraines
après qu'elles seraient visitées, en accélérerait la vente et
serait utile aux acheteurs.

Établissement
du bureau
des marchands-
tapissiers,
de la
Rose-Rouge.

Ces bonnes raisons mûrement examinées déterminèrent
enfin l'établissement du bureau des marchands tapissiers,
qui fut fait conformément à l'avis de toute la communauté, en la maison de la *Rose-Rouge*, rue Troussevache,
à Paris, par Me François Miron, lieutenant civil, et François
de Villemontée, procureur du roi au Châtelet, qui se trans-
portèrent le 25 octobre 1598 en la dite maison, où ils

---

(14) Par sentence du 10 novembre 1627, il a été ordonné que les
marchandises foraines resteraient deux fois vingt-quatre heures au
bureau avant d'être loties entre les maîtres. Voyez cette pièce, qui
est la septième cotte du sixième cahier de la cotte première imprimée
ci-après.

rendirent à cet effet leur sentence (15), dont ils ordon-
nèrent en même temps la publication par les « carrefours
de cette ville et lieux accoutumés à faire proclamation, »
ce qui fut exécuté le 19 novembre suivant. On y renouvella les défenses d'aller au devant des marchands forains,
acheter leurs marchandises et en avoir chez soi qui
n'aient pas été visitées et marquées (celles qui peuvent
porter marques), la liberté demeurant au surplus à tous
les marchands tapissiers d'aller comme auparavant « sur
les lieux où est la dite marchandise et où elle descend des
royaumes et pays étrangers, de icelle faire venir en cette
ville à leurs risques »; mais à deux conditions nouvelles,
la première, « de rapporter certificat du lieu où ils l'auront
achetée eux-mêmes ou leurs facteurs », pour justifier
qu'elles n'auront point été achetées en fraude à quelque
distance de Paris, de quelque forain ou commissionnaire
qui l'aurait fait arriver au bureau, afin qu'elles y soient
visitées et marquées comme les autres ; après quoi elles
leur seront rendues, n'étant point sujettes au lotissement,
parce que la justice et la vérité ne permettent pas de les
regarder comme faisant partie de l'approvisionnement
ordinaire de Paris.

Cette sentence, qui n'est qu'une suite de l'exécution des
statuts précédents, a toujours été soigneusement et ponc-
tuellement exécutée, et l'enregistrement en Parlement du
nouveau statut de 1636 a rendu son exécution plus certaine et plus nécessaire que jamais en confirmant de la
manière la plus solennelle toutes les dispositions qu'elle
contient (16), et tout ce qu'il y a d'essentiel dans les

Quatrième statut de 1636, commun à tous les maîtres marchands tapissiers.

---

(15) Cette pièce, qui est la seconde du sixième cahier de la cotte
première, est imprimée ci-après.

(16) Voyez les articles XLVII, LXII, LXIII, LXIV et LXV du dit statut de
1636, imprimés ci-après.

anciens statuts des différentes communautés dont il a
confirmé ou consommé les incorporations. Il ne faut, en
effet, que le comparer avec les précédents pour se con-
vaincre par ses propres yeux qu'au moins il n'y a rien
été ajouté (17). On y verra d'abord quelques règlements tou_
chant les apprentissages, les compagnons, les ouvrages de
la profession et le commerce intérieur des meubles neufs
et vieux ; ensuite on y verra des tarifs sur les longueurs
et largeurs des coutils, couvertures, tapisseries en lez,
tapis damassés et autres marchandises ; des injonctions à
tous marchands forains amenant en cette ville des tapisseries de haute-lice et tapis sarrazinois de toutes fabriques,
tapisseries de Bergame, de Lyon, de Rouen, Beauvais,
Angleterre et autres, des coutils, couvertures de toutes
sortes, des laines, crins, bourres, lavetons, plumes, duvets
et généralement toutes sortes d'autres marchandises dépendantes de l'état des marchands tapissiers, de les faire
descendre à leur bureau pour y être vues, visitées et marquées par leurs gardes-jurés ; des défenses de les détourner
de la dite visite et de les acheter avant qu'elle soit faite :
c'est tout ce que contiennent d'intéressant pour le commerce
et le bien public les soixante-huit articles de ce nouveau
statut ; tout ce qui était déjà ordonné et exprimé avec
plus ou moins d'énergie et de détail par les précédents.

Devenu la loi commune de tous les tapissiers de Paris,
le roi ordonna plusieurs fois par les déclarations et arrêts
de son conseil qu'il serait exécuté non-seulement par eux,
mais encore par tous autres, défendant à tous juges
et officiers d'avoir égard à aucuns édits, arrêts et lettres
contraires, en sorte qu'il est devenu en quelque manière
le règlement général de tous les tapissiers fabriquants du

---

(17) On se dispensera de faire ici cette comparaison, que tout le
monde peut faire au moyen de ce nouveau recueil.

royaume (18). Si quelques fabriquants, commissionnaires ou marchands forains s'en sont écartés, leurs contraventions ont été punies par des confiscations et des amendes ordonnées en justice (19). Ceux d'Aubusson et Feuilletin compris dans l'article xxi sous le nom d'Auvergne, y ont été longtemps soumis comme ceux d'Elbeuf et autres fabriquants.

Les fabriquants d'Aubusson obtinrent cependant, au mois de juillet 1660, des lettres patentes du roi, par lesquelles, en confirmant une délibération de la communauté de leur ville du 18 mai précédent, qui forme leurs statuts, Sa Majesté, pour des raisons supérieures, les dispensa de l'obligation qui leur était imposée (20) de faire visiter et marquer leurs tapisseries par les gardes-jurés tapissiers de Paris avant de les exposer en vente en les déclarant « exemptes de toutes marques et visites par toutes les villes du royaume où elles pourront être transportées, débitées et vendues, à condition qu'elles seront visitées et marquées d'un plomb aux armes du roi et de la ville d'Aubusson, » par les quatre personnes préposées sur les lieux.

Statuts et priviléges des manufactures d'Aubusson.

Ces lettres patentes furent registrées en Parlement le 13 août 1665, apparamment à l'insçu du corps des marchands tapissiers de Paris, sans aucune charge ni modification autres que celles qui intéressent l'ordre judiciaire; ceux de Feuilletin obtinrent bientôt après la même grâce, qui leur fut accordée aux mêmes conditions par lettres

Et de Feuilletin.

---

(18) Voyez ci-après le dispositif de la déclaration du roi en forme de lettres patentes du mois de mai 1656, et celui de l'arrêt du conseil du 6 septembre 1672.

(19) On peut voir une très-petite partie des sentences et arrêts qui ont prononcé des confiscations et amendes contre les délinquants, ci-après.

(20) Voyez l'article xiv des statuts des hauteliciers. Loin de diminuer cette obligation, le statut de 1636 l'avait rendue plus nécessaire.

patentes données à Versailles au mois de novembre 1689, et pareillement registrées en la Cour le 25 février 1692.

Les nouveaux statuts de ces deux manufactures demeurèrent néanmoins sans exécution pendant assez longtemps. Les règlements généraux ayant été publiés en 1669, avec des clauses dérogatoires à tout ce qui aurait précédé de contraire, les marchands tapissiers de Paris y remarquèrent facilement des dispositions qui feraient rentrer vis-à-vis d'eux les fabriquans et marchands forains d'Aubusson dans leur premier état. Les statuts d'Aubusson paraissaient abrogés ; ceux de Feuilletin, postérieurs, se trouvaient en contradiction avec une loi générale et précise. De plus, la déclaration du roi du 9 novembre 1691, registrée en Parlement le 20 du même mois, portant réunion au corps et communauté des maîtres et marchands tapissiers de Paris de charges de jurés créées par édit du mois de mars précédent, soumettait de nouveau les tapissiers d'Auvergne à leurs visites; s'appuyant donc sur cette loi récente et sur les articles XXXIX, XL et XLII du premier de ces règlements, sur le XXXIII et XL du second, sur le XXXII et autres du troisième (21), ils continuèrent à saisir toutes les tapisseries de ces deux manufactures qui n'avaient point été descendues à leur bureau pour y être vües, visitées et marquées conformément au dit article XXI de leur statut de 1636, à la dite déclaration du roi et autres règlements, et attendu que toutes ces tapisseries étaient fabriquées avec des laines de faux teint, les saisies qu'ils en faisaient étaient déclarées valables par des sen-

Publication des règlements généraux.

Les statuts des marchands tapissiers de Paris s'exécutèrent contre les fabriquants et marchands forains d'Aubusson indépendamment des leurs.

---

(21) On cite les règlements généraux qui ont tous la même date, selon l'ordre dans lequel ils ont été imprimés in-12 en 1727 chez la veuve Saugrain.

La déclaration du roi du 9 novembre 1691 et l'arrêt d'enregistrement d'icelle sont la troisième et la quatrième pièce du premier cahier de la cotte seconde, aux archives de la communauté.

tences et arrêts qui faisaient en même temps des injonctions à ces marchands forains de faire descendre leurs tapisseries au bureau des marchands tapissiers pour y être vûes, visitées et marquées par leurs gardes-jurés.

En 1718, ils firent saisir sur Bourguignon, marchand tapissier de Paris, soixante-neuf pièces de tapisseries des manufactures d'Aubusson et de Feuilletin qu'il tenait de Jean Dumonteil, marchand forain de ces deux manufactures, qui fit valoir les priviléges tout semblables de l'une et de l'autre. L'intention et le but principal du corps et des gardes-jurés des marchands tapissiers étaient d'obliger les fabriquans d'Aubusson et de Feuilletin à n'employer dans leurs tapisseries que des laines et soies du bon et grand teint ; mais les magistrats, craignant, avec raison, que la rigueur de cette loi ne fit tomber du même coup ces deux manufactures nécessaires à la province et utiles au public, et attendu que dans le cas particulier dont il s'agissait, les pièces de tapisseries saisies paraissaient avoir été marquées sur les lieux où elles avaient été fabriquées, la saisie qui en avait été faite fut déclarée nulle par sentence du 24 octobre 1721. Les saisissants interjettèrent appel de cette sentence ; la question du faux teint, qui était la principale, fut traitée en grand et instruite à fond relativement aux règlements généraux, aux statuts des appelants, à ceux des deux manufactures et aux tapisseries de leurs fabriques, et néanmoins la Cour confirma la sentence dont était appel par arrêt du 28 juillet 1724. C'était autant que dispenser d'une manière claire et précise les fabriquans de ces deux manufactures de se conformer aux dispositions des règlements généraux de 1569, ou plutôt déclarer qu'ils ne les regardent point et leur permettre d'exposer leurs tapisseries en vente dans Paris et dans toutes les autres villes du royaume, sans être tenus de les faire visiter et marquer une seconde

Raisons qui ont déterminé les Cours à maintenir les statuts et priviléges de ces deux manufactures.

Deux arrêts célèbres terminent à jamais ces contestations.

Premier arrêt.

fois par les gardes-jurés tapissiers, en se conformant à ce qui leur est prescrit par leurs statuts touchant les visites et les marques qui doivent en être faites sur les lieux. Mais recevons de la cour elle-même l'interprétation de son arrêt.

En même temps il s'éleva une contestation entre les nommés Mercier, forain d'Aubusson, la veuve et les enfants (par tuteurs) de feu Deschazeaux, vivant fabriquant de la dite manufacture d'une part, et M. Louis d'Hozier de Serigny, auditeur des comptes, qui refusait de tenir un marché, suivant lequel le dit Mercier devait lui fournir à prix convenu une tenture de tapisserie dont il avait déjà reçu partie. Le prétexte de son refus était qu'il avait reconnu, par les pièces que M. Mercier lui avait déjà livrées, que les laines et soies qu'on y avait employées étaient de faux teint et contraires aux règlements généraux de 1669.

Jugée en première instance, cette contestation fut portée en appel à la Cour : les lieutenant de police, consuls, jurés et tous les fabriquans de la ville d'Aubusson y intervinrent ; ceux-ci déclarèrent sans détour qu'ils n'étaient dans l'usage « d'employer dans aucune des trois sortes de tapisseries qui se fabriquent dans la dite manufacture aucunes laines et soies du grand et fin teint, à la réserve seulement des soies de couleur verte et bleue, qui sont toujours du grand et fin teint. Ils demandèrent à être maintenus et gardés dans l'usage et possession où ils étaient « de fabriquer leurs tapisseries... avec les laines et soies qu'ils sont accoutumés d'y employer », en se conformant, comme ils avaient toujours fait, à leurs statuts, règlements et priviléges, etc.

Les magistrats et officiers de cette ville appuyèrent cette demande de tout leur pouvoir et de si bonnes raisons, que la Cour, faisant droit sur le tout, par arrêt du 19 dé-

Déclaration des fabricants d'Aubusson.

cembre 1724, condamna le sieur d'Hozier de Serigny à tenir le marché fait avec Mercier ; à recevoir en conséquence les quatre pièces restantes de la dite tenture, payer, en les recevant, ce qui restait dû pour le prix d'icelles ; et, faisant droit sur les dites interventions et demandes, « a ordonné que l'arrêt du 28 juillet précédent sera exécuté selon sa forme et teneur ; ce faisant, maintient et garde les marchands, fabriquans, ouvriers de la ville d'Aubusson dans l'usage et possession où ils sont d'ouvrager et fabriquer leurs tapisseries... avec les laines et soies qu'ils ont accoutumé d'y employer en se conformant aux statuts et règlements accordés en faveur de la dite fabrique, et notamment à l'article III des dits statuts et règlements confirmés par lettres patentes enregistrées en la Cour, etc. (22).

Second arrêt.

Aussi sages qu'ils sont respectables, ces deux arrêts ont porté la lumière sur un objet ténébreux en coupant le germe des contestations que son obscurité faisait renaître tous les jours ; en conséquence, les deux manufactures d'Aubusson et de Feuilletin jouissent pleinement et paisiblement de leurs priviléges : une fois marqués du plomb de la visite qui s'en fait sur les lieux, leurs tapisseries et tapis ne sont plus saisis pour être fabriqués avec des laines et soies de faux teint, ou pour n'avoir pas été portés au bureau des marchands tapissiers ; à cela près, les statuts de ceux-ci n'en ont pas moins reçu leur pleine et entière exécution en tous points. Presque aussitôt après son avénement à la couronne, le feu roi les confirma de

---

(22) On peut voir les dits statuts et lettres patentes des manufactures d'Aubusson et de Feilletin, plusieurs pièces analogues, et notamment les deux arrêts de la Cour des 28 juillet et 19 décembre 1724, aux archives de la communauté.

Les statuts et lettres patentes d'Aubusson ont été imprimés dans la collection de 1718.

nouveau par lettres patentes données à Paris au mois de mai 1644 (23); mais elles ne furent point registrées en Parlement, on ne sçait pourquoi, car elles ne contiennent rien de plus que la simple confirmation d'un statut qui avait déjà force de loi : il faut qu'elles n'ayent point été présentées à la Cour; quoi qu'il en soit, ce défaut fut bientôt réparé. Douze ans après, au mois de mai 1256, ce monarque leur en accorda de nouvelles, par lesquelles, sur la remontrance des gardes-jurés et l'avis du lieutenant civil, Sa Majesté décharge le corps et communauté des maîtres marchands tapissiers « de toutes lettres de maîtrise octroyées en faveur et pour quelque cause que ce soit », et confirme en même temps les statuts de 1636. Ces dernières furent registrées en Parlement par arrêt du 1er juillet de la dite année 1656, et ensuite au bailliage du palais, au Châtelet de Paris, et au bailliage de Saint-Germain des Prés, de Saint-Victor et de Sainte-Geneviève (24).

(marginal note:) Nouvelles confirmations des statuts des marchands tapissiers de Paris, qui s'exécutent au surplus en tous points.

Un arrêt du conseil du 16 septembre 1656, décharge le corps et communauté des marchands tapissiers, de toute taxe faite ou à faire en exécution de l'édit du mois d'août 1657 sur les corps et communautés pour être maintenus en l'exemption de toutes lettres de maîtrises; fait défense à Terlet, traitant des dites taxes, de faire contre eux « aucunes poursuites ni contraintes pour raison de ce, à peine de tous dépens, dommages et intérêts ».

Par autre arrêt du conseil, du 4 février 1667, toutes

---

(23) Ces lettres patentes sont la XIXe pièce du septième cahier de la cotte première, aux archives de la communauté; on peut les voir imprimées ci-après.

(24) L'avis de M. le lieutenant civil, cette déclaration du roi en forme de lettres patentes et l'arrêt d'enregistrement d'icelles, font les XXIe, XXIIe et XXIIIe pièces du septième cahier de la cotte première. Elles se trouvent imprimées ci-après.

lettres de maîtrises de tapissier qui avaient été précédemment accordées à l'occasion du baptême de monseigneur le Dauphin furent déclarées nulles et de nulle valeur, avec défenses à tous les pourvus d'icelle de s'en aider, à peine de quinze cents livres d'amende, et de tous dépens, dommages et intérêts (25).

C'est ainsi que le corps des maîtres et marchands tapissiers a été formé, s'est accru et perfectionné par la protection singulière de nos rois ; en même temps que le commerce et les arts commençaient à refleurir partout sous le règne d'Henri IV, celui des tapissiers prit aussi l'essor ; les contrepointiers donnèrent aux meubles une forme plus supportable et plus gracieuse ; les mélanges d'étoffes devinrent plus raisonnables, et les ornements mieux entendus ; ensuite ils se dépouillèrent peu à peu de ce goût antique et bizarre qui régnait dans tous les ouvrages ; ils se perfectionnèrent encore sous le règne de Louis XIII ; mais ce ne fut qu'après l'incorporation des hauteliciers et la confection du statut de 1636, que, s'appliquant au dessin par une heureuse émulation, les tapissiers-courtepointiers se mirent en état d'inventer et de tracer eux-mêmes les modèles qu'ils voulaient imiter ; chaque jour en enfanta de nouveaux, et bientôt ils acquirent la facilité de les diversifier autant que le demandaient les différentes étoffes dont les meubles devaient être composés et la diversité des places destinées à les recevoir.

Les ameublements prirent encore un nouveau lustre sous le règne glorieux de Louis XIV. La protection singulière que ce grand prince accordait aux arts et aux artistes, et surtout les récompenses honorables dont il favorisait les plus habiles, ouvrirent une ample carrière à

Progrès de l'art de contrepointiers.

Ils se perfectionnent de plus en plus.

(25) Ces deux arrêts sont les XXVe et XXVIe pièces dudit septième cahier de la dite cotte première, aux archives de la communauté.

tous : les tapissiers-courtepointiers s'y distinguèrent en
faisant briller comme à l'envi leur génie déjà cultivé ; ils
montrèrent une plus grande capacité que jamais. Les
tapisseries composées d'étoffes, les lits de découpures et
de piqûre, les siéges, tout fut ramené à des contours
nobles et gracieux, tout fut dirigé par les règles de l'art
et du bon goût. Ils ont encore surpassé tout cela sous les
yeux du monarque qui fait aujourd'hui la gloire et les
délices de ses peuples ; ils ont porté si loin la perfection
de leur art, que les heureux mélanges et le bel effet des
découpures, compartiments, fleurs et cartouches de diverses étoffes, les ornements de toutes sortes, tant en
ouvrages de boutonnerie que rubannerie qu'ils ont inven-
tés, l'élégante distribution qu'ils en font, et surtout la dé-
licatesse avec laquelle ils imitèrent le tout sur le métier,
ont excité la jalousie des brodeurs, qui n'ont rien oublié
pour leur interdire ce genre d'ouvrage. Mais tous leurs
efforts ont été rendus inutiles : un arrêt de la Cour, du
5 septembre 1735, a maintenu les tapissiers dans le droit
qu'ils ont de les faire (26).

Contestations avec les brodeurs, terminées par arrêt de la Cour.

§ 7. — *État du corps et communauté des maîtres marchands tapissiers depuis 1636 jusqu'à présent.* — Après avoir
remarqué ce qu'il y a de plus essentiel et de plus certain
touchant l'origne des six communautés dont le corps des
marchands maîtres tapissiers a été formé, leurs priviléges
particuliers, leurs ouvrages et leurs droits sur le commerce ;
après avoir vu les raisons qui ont déterminé leur réunion,

(26) Les contestations ont commencé de la part des brodeurs avant
1670, et se sont renouvellées de temps en temps, à mesure que l'art
de courtepointerie s'est perfectionné. On peut voir l'arrêt qui les a
terminées ci-après.

après en avoir fixé l'époque et considéré les heureuses
suites; cette foule de procès terminés ou prévenus, l'émulation réveillée, leurs arts multipliés et portés à la dernière
perfection, la liberté d'un commerce dont les avantages
croissent à mesure qu'ils se communiquent, il est temps
d'arrêter nos regards sur le corps entier tel qu'il est
aujourd'hui.

Trois des six communautés qui ont contribué par leur
incorporation à l'agrandissement du corps des marchands
tapissiers, ne paraissent plus depuis longtemps; mais le
corps qui les a reçues n'en possède pas moins tous leurs
droits qu'il exerce journellement; les trois qui existent
sont celles des tapissiers hauteliciers sarrazinois rentrayeurs, celle des couturiers nôtrez sergiers et celle des
tapissiers courtepointiers coûtiers; ces trois communautés
ne sont à proprement parler que trois différentes classes
d'un même corps, qui jouissent individuellement de tous
les droits et priviléges les unes des autres, en conservant
néanmoins toujours le caractère distinctif de leur premier
état, parce que la différence des arts auxquels elles s'adonnent et du commerce qu'elles font relativement à leurs diverses professions, empêche à leur égard l'effet du mélange et
de la confusion qui a fait disparaître les autres; en sorte
qu'elles subsisteront autant que le corps.

Trois des six communautés dont le corps a été formé existent encore.

Elles ne peuvent se confondre.

Cependant il est permis à un tapissier hautelicier, à un
couverturier, d'établir une manufacture de tapis sarrazinois, de tapisserie de haute et basse lice, de Bergame et
autres, de coutils, de couvertures, de serges et tiretaines,
de faire la rentraiture, de faire fabriquer des meubles
neufs et de joindre encore à tout cela le commerce de toutes
sortes de tapisseries, tapis et autres meubles neufs et vieux;
de même un tapissier contrepointier a le droit de joindre
ces différentes fabriques aux ouvrages de sa profession
particulière et au commerce des meubles proprement dit.

Les tapissiers
sont
essentiellement
marchands
de meubles. Les tapissiers sont tout à la fois artisans, fabriquants et marchands ; comme artisans et fabriquants, les ouvrages de leur profession se réduisent à peu près à l'énumération sommaire qu'on vient d'en faire ; mais en qualité de marchands, tout ce qui peut recevoir le nom de meubles, c'est-à-dire tout ce qui fait partie des « meubles meublants, » tout ce qui peut entrer dans l'ameublement le plus complet, et le plus magnifique ressortit à leur commerce ; seulement ils sont obligés d'acheter les meubles qu'ils ne fabriquent pas, des maîtres reçus dans les autres corps et communautés d'arts et métiers de Paris, à qui la fabrication et la vente primitive en appartiennent.

C'est à eux
seuls qu'il
appartient de
faire les loyers
des
ameublements. Les seuls maîtres et marchands tapissiers ont droit de faire les loyers des ameublements, même de deuil, au mois ou à l'année ; eux seuls ont des règlements sur cette partie du commerce, et si quelque chose a jamais été dit ou écrit touchant cet objet, ç'a été pour les mettre à couvert des risques qu'ils courent en donnant leurs meubles à loyer et pour conserver le droit de le faire (1).

La location des meubles leur appartient donc essentiellement ; c'est en effet une fonction mixte de leur état, par laquelle ils exercent en même temps les deux qualités d'artisan et de marchand qui s'unissent en eux. Un tapissier ne fabrique point les armoires, les commodes, les glaces, les grilles de feu, et autres meubles semblables ; il faut donc qu'il puisse « commercer » l'ouvrage d'autrui,

(1) Voyez l'arrêt de la cour rendu le 14 août 1638 entre le corps des marchands tapissiers et les jurés crieurs.

Voyez aussi l'article III des statuts de 1719 touchant les marchands d'Aubusson.

Il faut encore y joindre les articles IV et VIII d'une délibération de la communauté, du premier octobre 1733, homologuée par sentence du 10 novembre suivant, confirmée par arrêt de la Cour du 17 août 1734. Ces pièces, qui ont été imprimées dans le temps, sont les XVIIe, XVIIIe et XXIIIe de la première partie du douzième cahier de la cotte Ire.

c'est-à-dire qu'il soit marchand pour être en état de donner un ameublement complet à loyer; mais pour faire jouir le locataire d'un ameublement il faut l'ajuster, souvent façonner les principales pièces sur les places et quelquefois en fabriquer plusieurs exprès; il faut donc être artisan.

C'est en qualité de marchands que les tapissiers ont droit de visiter et marquer toutes les marchandises foraines énumérées dans leurs statuts, qu'ils ont droit d'acheter partout dans les manufactures, dans les foires et des marchands forains, toutes celles dont ils peuvent fabriquer les semblables, celles qui sont nécessaires à la confection des meubles et autres ouvrages de leur profession, comme des tapisseries de haute lice, Bergame, point de Hongrie et autres de toutes sortes, des coutils, des serges, couvertures, laines, crins, plumes, duvets, bourre et autres, et les faire venir ensuite à leur adresse en les faisant passer par leur bureau; inutilement leur a-t-on contesté ces prérogatives essentielles à leur état, elles leur ont été confirmées autant de fois qu'ils ont été obligés de les défendre; mais, à l'exception des tapisseries de toutes sortes, des tapis, couvertures et autres marchandises semblables, ils ne peuvent plus en vendre aucune en nature; il faut absolument qu'ils les convertissent en meubles pour s'en défaire.

Leurs droits sur le commerce.

Les causes qui empêchèrent à jamais la confusion des trois seules classes dont est à présent composé le corps des maîtres et marchands tapissiers, exigent, pour la sûreté publique et l'exécution des règlements, qu'il y ait toujours des gardes-jurés en charge qui soient en état de juger de la qualité des diverses sortes de marchandises foraines, de la bonté des différentes fabriques et de la perfection ou des défauts qui peuvent se rencontrer dans les divers ouvrages auxquels les sujets de ces différentes classes s'adonnent plus particulièrement; c'est pour cela que l'article LXVI

Nombre et élection des officiers de leur corps.

du statut de 1636 (2 et 3) ordonne qu'il y en aura toujours quatre en charge ; sçavoir, un hautelicier, deux courtepointiers, parce que cette classe est la plus nombreuse, et un couverturier, qui exerceront la dite charge pendant deux années consécutives ; mais obligés de veiller en même temps au bien public, aux intérêts de leurs corps, et d'en administrer les revenus, les gardes-jurés sont également comptables de l'un et de l'autre envers l'État et envers la communauté ; en conséquence, on élit toujours pour deux ans six d'entre les anciens gardes-jurés, et six d'entre les maîtres modernes de ces trois différentes classes, dont la fonction principale consiste à examiner, débattre, clore et arrêter les comptes de confrérie et de jurande qui se rendent par-devant eux, conformément à l'article LXVII de ce même statut, ce qui les a fait nommer « les douze auditeurs des comptes. »

Douze auditeurs de comptes.

Droits de l'Ancien des douze.

Pour mettre l'Ancien des douze auditeurs des comptes, qu'on a depuis appelé syndic, en état de veiller d'une manière toute particulière à l'exécution des statuts et règlements, la Cour ordonna, par arrêt du 27 mai 1641, qu'il aurait une clef du coffre où étaient les papiers de la communauté, concurremment avec les jurés, qui seraient tenus de prendre son avis pour résoudre les affaires de conséquence et pour assembler la communauté, ce qu'on a toujours exécuté depuis (4). Dans la suite, on multiplia les officiers de la communauté sur les demandes et requêtes respectives des gardes-jurés en charge, des anciens et des maîtres modernes ; il fut ordonné, par sentence du 9 août 1712, que de la même manière qu'on a coutume de procéder à l'élection des gardes-jurés, il serait élu six

Commencement des petits jurés.

(2 et 3) Voyez cet article imprimé ci-après.

(4) Cet arrêt est la première pièce de la deuxième partie du douzième cahier de la cotte première.

petits jurés d'entre les maîtres modernes, « sans qu'ils puissent aller en visite chez les maîtres de la communauté ni chez les autres des différentes communautés, mais seulement saisir sur les colporteurs, chambrelans et autres personnes sans qualité » (5), ce qui a été exécuté d'un commun accord; en sorte que, indépendamment des quatre gardes-jurés, il y avait encore dix-huit autres officiers dans le corps des marchands tapissiers, savoir : douze auditeurs des comptes et six petits jurés; mais ces deux charges ne demeurèrent pas longtemps séparées. Bientôt après, on jugea qu'il serait plus avantageux de les réunir sur les mêmes têtes. Il y eut à cet effet une délibération de toute la communauté, reçue par Gaschier et son confrère, notaires au Châtelet de Paris, le 16 octobre 1717 (6), dans laquelle on adopta toutes les dispositions de la sentence du 9 août 1712, en y ajoutant quelques conditions, au moyen desquelles on y donnait également, aux douze auditeurs des comptes en charge et anciens et aux petits jurés en charge et anciens et à leurs successeurs qui exerceraient ces deux charges ensemble, l'espérance de parvenir un jour à celles des gardes-jurés. Ceux qui étaient alors en charge demandèrent l'homologation de cette délibération par une requête; le juge de police répondit par un « soit montré » au procureur du roi, et cependant il ne paraît point qu'elle ait été homologuée, mais il suffit que les articles xviii, xix et xxxix du nouveau statut de 1719 ayent érigé toutes ces dispositions en autant de loix; les articles xvii et xx y ont même ajouté en ordonnant qu'on n'employerait dans les listes sur lesquelles on élit les gardes-jurés, que les noms de ceux qui auraient passé

Réunion des charges d'auditeurs des comptes et de celles de petits jurés sur les mêmes têtes.

(5) Cette sentence est la cinquième pièce de la deuxième partie du douzième cahier de la cotte première, aux archives de la communauté.

(6) On peut voir cette pièce dans la collection de 1718.

les charges de douze auditeurs des comptes petits jurés. sans qu'il en puisse être élu d'autres (7). En conséquence, ils doivent être choisis de la même manière que les douze anciens gardes dans les différentes classes qui composent le corps des marchands tapissiers, conformément au dit article xvii, et à une sentence de police du 11 mai 1723 (8), qui renouvelle et ordonne au surplus l'exécution de toutes les dispositions de l'arrêt de la Cour du 27 mai 1641, à l'égard de l'Ancien des douze auditeurs des comptes, anciens gardes.

Analyse
du statut de 1719.
Nous ne pouvons nous dispenser de dire un mot des quarante-quatre articles qui composent le nouveau statut de 1719, parce qu'ils dérogent en quelques points à celui de 1636, et qu'ils contiennent tous quelques dispositions particulières dont la plupart sont si essentielles, qu'un garde en charge ne doit jamais les perdre de vûe. Par exemple, le premier article du statut de 1636 permet aux maîtres de prendre un second apprenti à moitié de temps, c'est-à-dire trois ans après avoir obligé le premier, et ne parle point des alloués (9). Le premier article de 1719 défend, au contraire, de prendre plus d'un apprenti à la fois, si ce n'est un second par transport de son brevet, et de faire des alloués. Le troisième prescrit une nouvelle forme pour la passation, l'enregistrement et la validité des brevets d'apprentissage ; l'article v porte que ceux qui, étant mariés, se mettront en apprentissage, ne donneront aucune qualité à ceux de leurs enfants qui seraient nés

---

(7) Voyez ces articles ci-après.

(8) Cette sentence, qui est la huitième pièce de la seconde partie du deuxième cahier de la cotte première, est imprimée ci-après.

(9) On appelle *alloué* un garçon que prend un maître pour lui montrer sa profession en vertu d'une convention faite avec les parents ou autres, ayant droit de stipuler pour lui, sans l'obliger du bureau et dans la forme prescrite par les règlements.

avant le dit apprentissage, en sorte qu'ils seront obligés d'être apprentis et compagnons tout le temps ordinaire, s'ils veulent un jour parvenir à la maîtrise. Le vi^e permet à un maître tapissier de prendre un apprenti sous le nom de son fils reçu maître, pourvu qu'il soit âgé de quinze ans au moins et demeurant actuellement avec lui. Le viie fixe à vingt ans accomplis l'âge auquel les fils de maîtres parvenus à la maîtrise pourront tenir boutique ouverte, faire le commerce et travailler à leur compte, conformément à un arrêt de la Cour du 6 juin 1657 et à l'article iii de l'ordonnance du commerce. L'article viii soumet les fils de maîtres nés avant la maîtrise de leurs pères, à faire chef-d'œuvre avant d'être reçus marchands tapissiers. Les ixe et x^e articles défendaient aux maîtres et veuves de louer et transporter leur privilége pour quelque prétexte que ce puisse être. Le xie défend à tous marchands tapissiers de faire société de commerce avec d'autres que leurs confrères, à peine de deux cents livres d'amende. Les xiie et xiiie défendent aux compagnons forains de travailler dans Paris, et aux maîtres de les employer, avant qu'ils aient obtenu des gardes en charge une lettre de permission. Les xive, xve et xvie articles jusqu'au xxiie contiennent des dispositions dont nous avons déjà parlé, touchant les marchands forains ouvriers d'Aubusson; le faux teint, le nombre, les devoirs et les prérogatives des officiers de la communauté.

Les articles xxiii, xxiv et xxv ordonnent l'assemblée du premier lundi de chaque mois, et qu'il sera distribué un jeton d'argent à chacun des anciens gardes qui y assisteront et règlent la forme des délibérations. Les articles xxvi, xxvii et xxviii permettent aux gardes-jurés tapissiers d'aller en visite dans tous les lieux privilégiés, même « dans les maisons privilégiées de la prévôté de l'hôtel des maisons royales, » en se faisant assister des officiers ordinaires de police, après en avoir obtenu permission du magistrat, sans que, pour raison des saisies qu'ils y auraient faites, ils soient obligés de se pourvoir, ni qu'ils « puissent être traduits ailleurs » que par-devant le lieutenant général de police du Châtelet de Paris par appel au Parlement, à peine de nullité et de tous dépens, dommages et intérêts.

L'article xxix et les suivants, jusques et compris le xxxvi, règlent ce qui concerne les chefs-d'œuvre, ce que doivent payer pour leurs réceptions les aspirants à la maîtrise, selon leurs différentes qualités, ce qui est dû pour l'enregistrement des brevets d'apprentissage et ce qui doit être payé par les maîtres et veuves, tant pour le droit de visite que pour la confrérie. Les articles xxxvii et xxxviii renouvellent les dispositions des statuts précédents touchant les marchandises foraines, et ce dernier contient le tarif des droits dus à la communauté pour les visites et marques de chaque espèce de marchandise. Le xxxix prescrit ce que les gardes-jurés et les douze auditeurs des omptes petits jurés sont obligés de payer à la caisse commune en faveur de leur élection. Le xlii rend les gardes jurés seconds « solidairement responsables de l'administration des comptables » ; mais le xliii ne leur permet de prendre aucun engagement ou de faire aucune démarche tant soit peu importante ni de dépenser aucune somme au-dessus de 30 livres sans y être autorisés par une délibération des anciens mandés et assemblés à cette fin, précaution essencielle et très-suffisante pour prévenir les fausses démarches, les engagements téméraires, et empêcher absolument toute distraction des deniers communs. Enfin le xliv et dernier article indique la réduction de tous les droits à moitié après l'entier acquittement des dettes de la communauté.

Après avoir été adoptées par arrêt du Conseil du 13 février 1719, ces quarante-quatre articles de nouveaux

statuts ont été homologués et confirmés par des lettres
patentes données à Paris au mois de mars suivant, dans
lesquelles le roi ordonne au surplus l'exécution des statuts
anciens et nouveaux, en sorte que ce dernier statut est en
même temps un renouvellement, le complément et une
confirmation selennelle de tous les précédents (10), ayant
été registré au Parlement sur les avis des juges de police
et les conclusions du ministère public par arrêt du 29 août
de la même année (11).

Les dispositions des arrêts, sentences, et des articles
des statuts qui ont ordonné les fonctions et prérogatives
du syndic, ne permettaient pas de douter qu'il ne fût un
des principaux officiers de la communauté; rien n'est plus
conforme à leur esprit ; considérant néanmoins qu'il ne
prenait point de lettre pour exercer sa charge, et que, se
conformant à l'usage des temps, il cédait en toute occasions le pas et les honneurs à tous les gardes-jurés en
charge, un doyen des anciens, se fondant sur son ancienneté
dans la compagnie, s'avisa le premier de contester la préséance au syndic de l'année 1724. Celui-ci soutint son
droit en justice, et il fut ordonné, par sentence du 21 janvier
de la dite année, que le doyen prendrait place après le
syndic (12).

L'Ancien
des douze appelé
syndic
reconnu pour
officier
de
la communauté

Et pour
le premier.

(10) On entend de ceux qui sont imprimés dans ce recueil, qui ont
tous été confirmés par lettres patentes registrées en la Cour. Voyez
l'avis de MM. les lieutenant de police et procureur du roi au Châtelet sur l'enregistrement des dites lettres patentes ci-après.

(11) Voyez cet arrêt ci-après.

(12) L'élection des officiers de la communauté se faisait autrefois le
plus prochain jour possible après la Saint-François d'Assise, qui
arrive le 4 octobre; ainsi les parties ont en tout le nécessaire à l'instruction de leur cause jusqu'au 21 janvier suivant.

La sentence qui a terminé leur différend est la IXᵉ pièce de la seconde
partie du XIIᵉ cahier de la cotte première, aux archives de la communauté; elle est imprimée ci-après.

Ce jugement, conforme aux vœux de tout le corps en faveur de son syndic, ne les remplissait pas encore entièrement. Dans une assemblée générale tenue trois ans après, il fut arrêté, sur la remontrance des gardes-jurés en charge, que le syndic aurait à l'avenir le pas et tous les honneurs de la préséance avant eux dans toutes les assemblées, fêtes, délibérations de la communauté, listes, requêtes, lettres de maîtrise et autres actes publics et particuliers, et qu'à cette fin les remontrants feraient toute diligence pour obtenir l'homologation de cette délibération, qui fut en effet homologuée par sentence de police du 24 novembre 1727, et toujours depuis exécutée sans aucune contradiction, en sorte que le syndic est toujours le premier officier de la communauté (13).

Le nouveau statut de 1719 semblait avoir tout réglé ; mais il est des inconvénients qu'on ne peut prévoir, dont la seule expérience fait connaître les vraies causes et les remèdes. Depuis cette époque il ne laissa pas de s'élever de temps en temps dans la communauté des différends qui auraient eu des suites funestes s'ils n'avaient été promptement terminés à l'amiable et par l'entremise du corps dans le sein duquel ils avaient pris naissance. La préséance et la « solidité » entre les gardes-jurés en charge, la forme de l'administration des affaires et des deniers communs, la disette des sujets dans une classe et leur grand nombre dans une autre, le fréquent retour des uns aux charges et la difficulté que les autres éprouvaient pour y parvenir, le choix libre et volontaire d'un représentant accepté ou refusé par les classes qui manquent quelquefois de nouveaux sujets pour remplir la charge de

(marginal note:) Plusieurs différends s'élèvent dans la communauté.

(13) Cette sentence, qui est la dixième pièce de la seconde partie du dit cahier de la dite cotte première, est imprimée ci-après.

garde-juré : tout cela fut autant d'occasions de mécontentement et de disputes ; mais les partis sages et modérés que la communauté a toujours pris dans ces conjonctures critiques et surtout la maturité de ses délibérations ont produit des règlements dictés par l'esprit de paix et l'amour du bien commun, qui ont mérité l'approbation de la Cour et des premiers juges et dont l'exécution, aussi volontaire que nécessaire, a tout pacifié (14).

On n'entreprendra point ici l'histoire de tous ces différends, mais pour donner quelques exemples, on parlera seulement des deux qui paraissent avoir été les plus considérables.

Les deux plus célèbres de ces différends.

L'occasion du premier fut l'élection qui se fit l'un des premiers jours d'octobre 1732. Ennuyés de voir souvent repasser par les charges des anciens gardes de la classe des couverturiers-nôtrez, qui tous, à la tête d'une fabrique plus ou moins considérable avaient très-peu de temps à donner aux affaires de la communauté ; préoccupés de la disette de sujets qui régnait dans cette classe et considérant, d'ailleurs, que plusieurs de ceux même qui avaient passé les charges de douze auditeurs des comptes, petits jurés, dans celle de contrepointiers, ne pouvaient, à cause de leur grand nombre, arriver à celle de garde-juré, quelques-uns imaginèrent qu'ils pourraient, sans consulter les parties intéressées, faire élire un ancien douze petit juré contrepointier pour garde-juré-couverturier, au lieu d'un ancien garde-juré de cette classe qui devait repasser cette année ;

Histoire et occasion du premier.

(14) La crainte de grossir ce volume nous empêche d'imprimer toutes les délibérations de la communauté qui ont été homologuées pour servir de règlements touchant les élections, rangs et fonctions de ses officiers, l'administration de ses deniers communs, le commerce et les divers ouvrages de la profession. C'est néanmoins une érudition très-nécessaire à ceux qui se trouvent à la tête de ce grand corps ; mais ils peuvent se la procurer en consultant les archives et surtout les cottes première et deuxième du nouvel inventaire.

bien entendu qu'on en userait de même à l'avenir si l'on réussissait ; un dessein si flatteur ne manqua point de trouver des partisans ; plusieurs entrèrent dans les vues de ceux qui en étaient les auteurs. Ce coup d'État fut médité à loisir, habilement concerté et bien exécuté ; mais un projet qu'on exécute en violant la loi peut-il avoir une heureuse issue ? Dès qu'elle fait entendre sa voix, ne faut-il pas avouer ses torts et lui rendre tôt ou tard le tribut d'obéissance qui lui est dû ?

C'est précisément ce qui arriva dans l'affaire dont nous parlons : les couverturiers protestèrent contre cette élection d'un garde-juré couverturier-nôtré, choisi dans les sujets de leur classe, avec défenses de récidiver, et ils auraient infailliblement obtenu l'effet de leurs conclusions si on n'avait eu recours au concert et à l'expédient pour terminer cette contestation à l'amiable : après quelques conférences, chacun relâchant de ses prétentions, on convint enfin dans une assemblée générale tenue le 1er octobre de l'année suivante 1733, qu'il serait incessamment procédé à l'élection d'un garde-juré que l'on choisirait dans les sujets de la classe des couverturiers-nôtrés ; que le courte-pointier qui avait été élu l'année précédente en son lieu et place, contre toutes les règles, resterait néanmoins en charge, pour cinquième garde-juré en prenant la dernière place ; « que tous les deux ans alternativement il serait élu trois gardes-jurés, sçavoir, un courtepointier, un couverturier-nôtré fabriquant, et, pour troisième, un courte-pointier » ; que tous les deux ans, aussi alternativement, il en serait élu deux autres, savoir, un hautelicier sarrazinois et un courte-pointier. Cette délibération (15)

(15) Cette délibération, la sentence homologative et l'arrêt confirmatif font les XVIIe, XVIIIe et XIXe pièces de la première partie du douzième cahier de la cotte première.

fut homologuée par une sentence de police du 20 novembre suivant qui a été confirmée par arrêt de la Cour du 17 août 1734.

Ce nouveau règlement fit naître le calme pour un peu de temps, mais il ne rétablit point la bonne intelligence, si nécessaire entre les membres d'un même corps. Les couverturiers ne tardèrent pas à se repentir d'y avoir donné un consentement arraché par l'amour de la paix et du repos ; ils se plaignirent hautement de l'usage qu'on en faisait contre leur intention pour fixer sans distinction et à perpétuité le garde-juré de leur classe à la seconde place ; ce qui était d'autant moins dans l'intention bien connue, que les exclure pour toujours de l'administration réelle des deniers communs ; car on pensait alors comme à présent qu'entre des co-élus tous égaux, la première place est due à l'ancienneté dans le corps dont ils sont membres ; mais on croyait presque universellement que l'administration réelle des deniers communs en était inséparable, en sorte que renoncer à l'une était en même temps renoncer à l'autre ; or, il n'était pas juste d'en exclure à jamais tous les couverturiers nôtrés ; il n'était pas naturel qu'un ancien garde, qui ne prétend rien à cette administration lorsqu'il repasse par cette charge, cédât encore le pas et les honneurs à un Douze moderne qui y parvient pour la première fois. Dans le fait la délibération du 7 octobre 1733 ne portait pas expressément une fixation si désavantageuse, mais elle se trouve exprimée on ne sait pourquoi ni comment dans la sentence homologuée qui porte que le « fabriquant de couvertures sera toujours le second garde. » Les couverturiers auraient pu s'en relever il est vrai, mais il aurait fallu de nouveau troubler la paix, essuyer un procès peut-être long et dispendieux : ils se contentèrent de réclamer contre en toutes occasions ; ce qui n'empêcha pas qu'elle ne fût constamment exécutée

Histoire et occasion du second.

jusqu'à l'avénement du second différend, dont nous allons rendre compte.

Celui-ci ne fut ni médité ni concerté. Les couverturiers-nôtrés ayant jugé à propos de se choisir pour cette fois un représentant dans les anciens Douze de la classe des courte-pointiers, suivant un usage reçu mais libre et volontaire, ils jettèrent les yeux sur un bon marchand nommé Main-hulle, et ce choix ayant été universellement approuvé, il fut élu tout d'une voix l'un des dix premiers jours de décembre 1751, pour garde-juré couverturier, avec les sieurs Masson et David, courtepointiers, pour leur classe. En rédigeant la mention ordinaire de cette élection sur les registres de la communauté, on reconnut que Mainhulle était le plus ancien maître entre ses co-élus ; ce qui donna lieu à bien des réflexions : on pensa qu'il pouvait et même qu'il devait avoir l'administration réelle des deniers communs, et il est vrai qu'on ne fit pas assez d'attention à sa qualité de représentant ; néanmoins les couverturiers saisirent avec joie cette occasion de se relever des torts qu'ils souffraient en conséquence de l'arrangement de 1733. Ils soutinrent donc, et leur représentant avec eux, « que, n'ayant jamais exercé la charge de garde-juré, l'administration réelle des deniers communs lui appartenait à cause de son ancienneté. » Masson et les courtepointiers soutinrent au contraire « que cette administration étant inséparable de la première place, le garde-juré couverturier ne pouvait y prétendre, puisqu'il avait été fixé à la seconde par la délibération du 1er octobre 1733.

On fit voir le faible de ce raisonnement et valoir les puissants moyens qu'on pouvait employer contre cette délibération quoique homologuée. De part et d'autre on était résolu de porter cette contestation devant les tribunaux, lorsque, poussés par le désir de voir la concorde et l'union bientôt rétablies, les amateurs de la paix engagèrent les contendans à s'en rapporter au jugement de quelques habiles avocats. Cet avis fut goûté par les deux classes intéressées et leur différend compromis; on instruisit de vive voix et sommairement par écrit des juges arbitres, on communiqua les écritures et les pièces. Tout ce que les courtepointiers purent dire de plus fort, se réduit à ce raisonnement, que même en adoptant les principes des couverturiers et leurs moyens contre la délibération de 1733, il restait toujours que Mainhulle, n'étant qu'un représentant adopté par la classe des couverturiers, ne pouvait prétendre un droit dont les sujets naturels de la classe qu'il représentait ne pourraient jouir qu'en supposant la non-existence ou l'abrogation de cette délibération, et que Masson, le plus ancien maître après lui, ayant été élu dans sa classe naturelle, était dans tout son droit. Cette considération détermina le jugement, et l'administration réelle des deniers communs fut déférée au sieur Masson par sentence arbitrale du 28 février 1752 (16).

Il est décidé par sentence arbitrale.

L'exécution volontaire de cette sentence ayant un peu rétabli le calme, on pensa sérieusement à prévenir de semblables contestations et de plus fâcheuses encore. Il y eut des pourparlers suivis de conférences entre les députés de toutes les classes, dans lesquelles toutes préventions furent déposées, tous préjugés dissipés; alors on coupa véritablement la racine du mal; chacune des trois classes reconnut de bonne foi dans une assemblée générale, qu'elle n'a ni ne peut avoir aucun droit de préférence ni aucune prérogative qui l'élève au-dessus d'une autre, et que la seule ancienneté de réception peut mériter quelque prééminence dans un corps dont tous les membres sont parfaitement égaux.

---

(16) Cette pièce est la IIIe de la IVe partie du douzième cahier de la cotte première.

Nouveau
règlement
objet
de la première
partie.

D'après ce principe incontestable en lui-même et avoué
de toutes les parties, on jugea qu'il était absolument nécessaire de déroger à la délibération de 1733, pour faire
tout rentrer dans l'ordre et la paix, en rétablissant la classe
des couverturiers dans son ancien droit de courir les
places comme les autres classes à raison de l'ancienneté
des sujets qui seraient élus à l'avenir pour gardes-jurés
couverturiers. En même temps on observa que l'usage
de choisir des représentants par les classes qui manquent
de nouveaux sujets pour exercer la charge de garde-juré,
joint à la loi qu'on s'était faite de déférer inséparablement
la première place et l'administration des deniers communs
au plus ancien maître entre les co-élus de chaque année,
pouvait être sujette à des inconvénients qu'on éviterait par
un sage règlement (17). On chargea donc les syndic et
gardes-jurés en charge d'en fixer les objets; on leur joi-
gnit à cet effet quelques-uns des plus anciens, les plus
capables et les plus dégagés de toutes préventions, qui
furent choisis dans les trois classes parce qu'elles y avaient
un égal intérêt. Bientôt ils présentèrent dans une assemblée générale le projet de quatorze articles de règlement
auquel on fit, après un examen sérieux et une mûre
délibération, quelques changements et additions; ensuite ils furent rédigés en bons termes, puis revus et
approuvés de nouveau, transcrits sur le registre ordinaire
des délibérations de la communauté et signés par toutes
les classes dans une autre assemblée générale, où l'on
chargea les syndics et gardes en charge de faire les dili-
gences nécessaires pour en obtenir l'homologation en
la Cour. Mais des événements que tout le monde sçait

---

(17) Cette loi, toute volontaire et sans fondement solide, avait déjà
reçu plusieurs exceptions en faveur des hauteliciers.

ayant empêché qu'il ne fût homologué dans le temps, on ne laissa pas de s'y conformer, en attendant qu'il eût acquis une plus grande autorité, tant il fut agréable à toutes les parties.

La retraite inopinée du premier clerc, qui était concierge du bureau de la communauté, fournit quelque temps après matière à des délibérations plus importantes encore que les précédentes : obligé de prendre une connaissance plus exacte et plus détaillée de l'état de ses affaires vis-à-vis des marchands forains, on reconnut aisément la nécessité de faire un bon règlement, dont l'exécution fût capable de procurer une grande abondance et un plus prompt débit des marchandises foraines au bureau, de faire refleurir le commerce en le facilitant, et d'affermir la confiance, qui en est l'âme, en opérant la sûreté publique : on y procéda de la même manière qu'on avait fait pour le précédent : les statuts et règlements anciens et nouveaux, consultés et médités, éclairèrent ce travail, dont il résulta vingt-trois articles de règlement touchant les visites, marques, ventes, enlèvements et payements du prix des marchandises foraines, tant au comptant qu'à crédit, les devoirs des concierges et clercs de la communauté; on y donne aux fabriquants de province et aux marchands forains toutes les facilités et sûretés possibles pour leurs fonds et les plus grands facilités pour leur commerce.

Objet de la deuxième partie.

Ces articles, après avoir été examinés dans une assemblée générale, y furent unanimement approuvés; on résolut de les joindre avec les quatorze articles arrêtés le 13 juillet 1752, dans un seul corps de délibération dont ils formeraient deux parties, et qu'ensuite on en poursuivrait l'homologation en Parlement; on en fit donc une nouvelle rédaction qui fut lüe, transcrite et signée double avec le registre courant des délibérations de la communauté, le 3 mai 1755, et ensuite homologuée par arrêt de la Cour du 4 juillet 1756 (18).

Élection
et nombre actuel
des officiers
de la
communauté.

En exécution de tous ces règlements anciens et nouveaux, il y a présentement dix-sept officiers en charge dans le corps des marchands tapissiers de Paris, savoir, un syndic, qui est toujours le premier de tous, cinq gardes jurés, dont un hautelicier sarrazinois rentrayeur, trois courtepointiers et un couverturier nôtré sergier ; douze auditeurs de comptes, six anciens gardes, dont le plus ancien est syndic de droit s'il n'y a point d'empêchement légitime, et six autres élus d'entre les maîtres modernes, qui sont en même temps petits jurés ; les uns et les autres sont choisis comme les gardes-jurés dans les trois classes qui forment aujourd'hui la communauté ; leur élection, qui se faisait autrefois dans les premiers jours d'octobre, ne se fait plus à présent que l'un des dix premiers jours du mois de décembre, pour entrer en exercice le 2 janvier suivant, conformément aux dispositions d'un arrêt du conseil du 9 février 1734. Au moyen de quoi on évite de casser deux fois l'année les coins dont on se sert pour marquer les marchandises foraines, parce qu'ils doivent, aux termes de cet arrêt, porter en toutes lettres les noms des gardes en charge qui visitent et marquent les marchandises foraines, avec la date et l'année de leur exercice (19).

La seule — Le syndic n'est élu que pour un an seulement (20),

(18) On peut voir le tout ci-après.
L'arrêt de « soit communiqué », l'avis de MM. les lieutenant de police et procureur du roi au Châtelet et l'arrêt homologatif sont les Ve, VIe et VIIe pièces de la IVe partie au douzième cahier de la cotte première aux archives de la communauté.
(19) Voyez cet arrêt et autres pièces analogues ci-après.
(20) C'est-à-dire pour la charge de syndic ; car celui qui y parvient a déjà exercé celle de l'un des douze auditeurs des comptes anciens pendant un an.

mais les gardes-jurés et les douze auditeurs des comptes anciens et modernes petits jurés sont élus pour deux ans ; la seule ancienneté règle le rang entre eux et même leurs fonctions à certains égards. Les gardes-jurés en charge font tous les ans quatre visites générales chez tous les maîtres marchands et fabricants tapissiers ; ils peuvent en faire d'extraordinaires quand ils jugent à propos, et ils en font quelquefois pour s'assurer davantage de l'exécution des règlements et du maintien des règles d'une bonne police.

ancienneté règle leurs rangs et leurs fonctions.

---

§ 8. — *Confrérie du corps et communauté des maîtres marchands tapissiers; son ancienneté, ses prérogatives; les saints qu'elle honore, etc.* — Plusieurs des six communautés qui ont contribué par leur incorporation à la forme du corps des marchands tapissiers, ont voulu continuer d'honorer leurs patrons comme auparavant, et cette incorporation ou continuation a été autorisée par les statuts de leur incorporation ; de là vient qu'ils se trouvent présentement au nombre de quatre, dont on a longtemps célébré les fêtes selon le rite annuel, savoir sainte Geneviève, patronne de Paris et des hauteliciers sarrazinois rentrayeurs; saint Sébastien, martyr, patron des couturiers-nôtrez ; saint Louis, roi de France (1) et saint François d'Assise, patrons des contrepointiers. Le lendemain de chacune de leurs fêtes on célèbre un service solennel pour le repos des âmes de tous les confrères et sœurs défunts, et tous les ans un autre pour ceux qui sont décédés pendant l'année ; c'est encore un usage immémorial d'en célé-

Quatre patrons du corps des marchands tapissiers.

Les fêtes.

---

(1) Il est très-vraisemblable que la fête de saint Louis était commune aux trois communautés, qui avaient et exerçaient la qualité de marchands avant leur incorporation; ce sont les mêmes qui forment à présent les trois classes dont le corps est aujourd'hui composé.

brer un pour chacun des anciens gardes nouvellement décédés.

Ancienneté de leur confrérie.

Cette confrérie, qui, est des plus anciennes, est autorisée par tous les règlements anciens ou nouveaux, a toujours été régie et gouvernée avec beaucoup de sagesse (2).

Après l'incorporation des hauteliciers, qui est la dernière de toutes, on élisait tous les ans, le lendemain de la fête de saint Louis, en exécution de l'article LXVI des statuts de 1636, deux maîtres de confrérie pour en administrer les revenus, qui ont toujours été casuels, et faire les frais nécessaires pour la célébration du service divin qui de toute ancienneté se faisait en la Sainte-Chapelle du Palais; mais la Cour ayant ordonné par arrêt du 21 août 1664, que les deux derniers des gardes-jurés auraient soin « de faire célébrer le service divin et autres choses qui avaient ci-devant été faites par les dits maîtres de confrérie, » sans qu'à l'avenir il en puisse être élu d'autres, on s'est toujours conformé depuis à cette disposition (3).

Suppression des maîtres de confrérie.

Première translation de la confrérie.

Le nombre des marchands tapissiers s'étant considérablement augmenté et la Sainte-Chapelle ne pouvant plus les contenir, la communauté assemblée résolut, après en avoir délibéré le 27 octobre 1723, de transporter la confrérie de cette église en celle des RR. PP. bénédictins dits des Blancs-Manteaux, qui voulurent bien accepter cette charge, dont ils se sont acquittés avec toute l'édification possible jusqu'à ce qu'elle fût encore transférée en 1745 en l'église des RR. PP. bénédictins du prieuré de Saint-Martin des Champs, où elle est présentement.

(2) On peut consulter plusieurs articles des statuts de 1465, 1508, 1618, 1636 et 1719 imprimés dans ce recueil; on y voit des amendes appliquées à la confrérie, les droits qui lui sont dus par les compagnons forains, par les apprentis, par ceux qui se font recevoir maîtres, et tous les ans par les maîtres et marchands tapissiers tenant l'état.

(3) Cet arrêt est la IIIᵉ pièce du XVIᵉ cahier de la cotte première.

Des raisons d'économie et autres engagèrent la communauté à supprimer, par délibération du 30 janvier 1727,
la célébration solennelle de la fête de saint Louis et tout
l'éclat extérieur et dispendieux des trois autres fêtes. Cette
délibération, qui contient six articles de règlement touchant
la perception et l'administration des revenus de cette confrérie, qui ont toujours été casuels, quoique attribués par
les statuts, la reddition des pains à bénir par les confrères
etc., etc., a été homologuée par sentence du 29 mars
suivant (4).

Réforme des dépenses des confrères.

Trois ans après, ils reçurent une relique de saint François d'Assise, un de leurs patrons, qui leur fut envoyée
attachée à un certificat en bonne forme daté de Rome,
extra portam Flaminiam, hac die 20 maii, anno 1730, duement
par monseigneur *Thomas* MELINA, *episcopus Zamen,* contre-
signé et scellé du sceau de ses armes, ainsi que le dit
reliquaire (5).

Relique de Saint François.

Bulle de N. S. P. le pape.

La communauté des marchands tapissiers obtint encore
le 26 novembre 1733, des bulles de N. S. P. le pape
(Clément XII) par lesquelles, en approuvant leur confrérie,
Sa Sainteté accorde, à des conditions édifiantes, de grandes
et perpétuelles indulgences pour eux et pour ceux qui se
joindront à eux dans la célébration des fêtes de leurs
patrons, sépultures de leurs confrères et sœurs, et aux
prières pour le repos de leurs âmes.

Bulle du pape.

Les gardes-jurés en charge présentèrent ces bulles à
monseigneur l'Archevêque de Paris, qui leur accorda volontiers la permission de les publier dans son diocèse, et d'a-

(4) Cette sentence est la septième pièce du même cahier.

(5) Cette pièce est la IIIe du XVIe cahier de la cotte première. La
relique du saint est conservée aux archives de la communauté en
attendant que les revenus ou les épargnes de la confrérie fournissent
les moyens de l'enchâsser décemment pour être exposée à la vénération
des fidèles.

voir le très-saint Sacrement exposé dans la dite église des
Blancs-Manteaux, où se faisait encore l'office les jours
des fêtes de leurs patrons, qu'ils recommencèrent à célébrer alors avec toute la magnificence et la solennité possible jusqu'en 1745. La confrérie ayant été transférée cette
année en l'église des RR. PP. bénédictins du prieuré
de Saint-Martin des Champs, on y fit une nouvelle réforme
encore plus grande que celle qui avait été faite en 1727,
de sorte qu'à présent on ne célèbre solennellement que
la seule fête de saint Louis avec exposition du très-saint
Sacrement, qui se fait en conséquence d'une nouvelle permission (7) de monseigneur l'Archevêque. On prit en
même temps un arrangement au moyen duquel aucun des
confrères n'est obligé de rendre le pain à bénir ni à sa
réception ni à son tour de rôle, comme autrefois, ni autrement; cependant on n'a rien retranché des services pour
les défunts, parce que cela n'est pas coûteux (8).

On a été obligé de s'étendre plus qu'on aurait fait dans
cette préface, parce que ce nouveau recueil doit en quelque
manière tenir lieu de la collection générale et raisonnée
qui devait être faite de tous les anciens et nouveaux statuts,
règlements, jugements et autres pièces concernant la
communauté, conformément au plan contenu dans les
délibérations des 5 septembre 1748, 9 janvier 1749, homologuées par sentence du 5 mars suivant, vaste plan, ouvrage
de beaucoup plus considérable que celui-ci, mais que des
raisons importantes empêchent d'exécuter à présent.

(7) Cette permission, datée du 14 août 1745, est la XIIIe pièce du
XVIe cahier de la cotte première.

(8) L'objet de ces réformes est de mettre les gardes-jurés en état
de ne dépenser, pour la célébration du service divin et autres objets
de confrérie, que ce qu'ils perçoivent de ses revenus.

RÉFLEXIONS

SERVANT DE PRÉFACE

AUX ANCIENS GARDES ET DOUZE PETITS JUREZ AUDITEURS DE COMPTES
ET AUX MAITRES DE LA COMMUNAUTÉ
DES MAITRES ET MARCHANDS TAPISSIERS, HAUTELISSIÉRS,
COURTEPOINTIERS, COUVERTURIERS ET COUTIERS.

Extrait du Recueil de règlements généraux et particuliers qui regardent les six corps des marchands, les arts et métiers, avec les lettres patentes, édits, déclarations du roy et arrests du conseil de la Cour de Parlement et sentences données en conséquence, avec les statuts et règlements intervenus depuis l'établissement de la communauté des maîtres et marchands tapissiers avant leur incorporation et après en 1636 ; ouvrage très-utile pour instruire les avocats et procureurs et pour former un parfait maître et garde-juré. — Imprimé suivant la délibération de la communauté, des anciens gardes et des douze petits jurés auditeurs des comptes, du 29 décembre 1716, aux dépens de la communauté et par les soins de Charles Motel, Antoine Rougeot, Claude Barrassy et Charles Fournier, tous maîtres et gardes-jurés de l'année 1718. — A Paris, de l'imprimerie de Guillaume Valleyre, rue et vis-à-vis Saint-Séverin à la Ville de Riom. — MDCCXVIII. (Bibliothèque Richelieu.)

Chaque maître et garde, de quelque communauté qu'il soit, est indispensablement obligé de se livrer tout entier au service, au bien de sa communauté. Nul n'est exempt de travailler pour une glorieuse fin ; il doit même se faire un point d'honneur, non-seulement d'y apporter tous ses soins, mais est encore tenu d'y employer la force de son application et la subtilité de son industrie.

7

Les exemples qu'ont laissés quelqu'uns de nos prédécesseurs d'un travail continuel et des plus assidus dans la conduite épineuse des importantes affaires de notre communauté, doivent aujourd'hui produire leurs effets sur nous, et si ces motifs n'étaient pas assez puisssants pour nous y engager, la sage prudence et la haute capacité de ceux qui, présentement à la tête, les dirigent avec tant de fruits et de succès, seraient plus que suffisantes pour les soutenir et animer notre zèle au cas qu'il fût capable de se ralentir.

Ce sont donc ces grands modèles que nous voulons avec d'autant plus de justice nous proposer d'imiter, que pour suivre des traces si nobles nous avons entrepris avec plaisir le recueil que nous mettons présentement au jour ; ouvrage aussi pénible et délicat qu'il est nécessaire et curieux. C'est pourquoi, Messieurs, éclairés sans cesse de vos profondes lumières, et guidés continuellement de vos prudents conseils, nous nous croirions indignes de la confiance que vous nous avez témoignée en nous honorant de la place que nous occupons présentement, et nous nous imaginerions ne pas répondre à ce que vous attendez si légitimement de notre devoir, si nous reculions à sacrifier nos peines, nos soins et nos veilles au bonheur, à l'avancement et à la gloire de notre communauté, qui non-seulement a fait toujours nos plus chères délices, mais en faveur de laquelle nous voulons encore mettre tout en usage, tant pour soutenir sa haute réputation, qu'afin de procurer un repos paisible et tranquille à ceux qui en composent le nombre.

L'honneur de servir sa communauté, Messieurs, doit tenir lieu de tout dans une âme bien née ; les plus grands hommes de l'antiquité qui ont professé les arts n'ont rien épargné pour mériter cette gloire, la regardant comme le solide et unique bien, après lequel ils devaient naturellement courir.

De tous les temps, parmi ceux qui se sont trouvez engagez dans les arts, il s'est élevé des hommes dont les actions pures et désintéressées ont marché droit au service
et au bien de la communauté ; mais il faut avouer aussi
que tous les siècles n'ont pas été favorables au mérite
comme le nôtre : présentement la carrière est ouverte à
tout chacun pour y entrer et s'y distinguer selon ses
talens et ses dispositions naturelles. On ne doit point
craindre de voir ses travaux ou sans fruits ou sans honneurs, surtout quand on travaille sous les yeux d'anciens
gardes aussi éclairez qu'équitables.

Il eût été à souhaiter que quelqu'uns de ceux qu'on
plaça autrefois à la tête de cette communauté n'eussent
employé toute leur application qu'à chercher les moyens
de maintenir la paix et la concorde entre les confrères ;
ils n'auroient uniquement songé qu'à trouver, pour ainsi
dire, ce point de vue où ils auroient réuni cette multipli-
cité d'avis et tous ces divers intérêts d'où naissent tant
de fois le désordre et la confusion, qui entraînent imman-
quablement après elles la ruine des communautez. Nous
y avons cependant remédié, Messieurs, et nous avons
heureusement découvert quel était ce point capital où devaient naturellement, pour notre repos, se rapporter tous
nos différens intérêts. Oui, Messieurs, nous l'avons enfin
trouvé ce pôle qui nous a fixés, et nous rendra plus zélés
dans la destruction unanime des vaines prétentions de
plusieurs corps qui, jaloux de nous voir approcher de la
personne sacrée du roi par l'art que nous professons,
envieux de nos priviléges, droits et émolumens, voudraient
injustement se les approprier. C'est l'incorporation des
quatre corps, laquelle a été comme un coup de foudre qui
a pour jamais anéanti ces chimériques prétentions ; ce
qui, ayant servi d'instruction aux maîtres et gardes qui
leur ont succédé, ils ont connu que leur véritable devoir

ne consistait qu'à maintenir chacun dans ses droits, afin de pouvoir plus religieusement concourir à l'avantage de leur communauté et commerce, et ne tendre qu'à une seule fin.

Il y a plus de ving-sept ans, Messieurs, que plusieurs anciens gardes avoient formé la résolution de mettre nos titres dans un autre ordre qu'ils n'étoient, sachant bien de quelle importance il étoit que ces règlemens et ordonnances, qu'ils regardaient avec raison comme les fondements et l'appui de nos droits, fussent rassemblez avec ceux qui ne se trouvaient points parfaits ; mais un si grand dessein manqua et s'évanouit sur le point de son exécution.

Les guerres que suscitèrent à la France une infinité d'ennemis, jaloux des vertus de Louis XIV, de très-glorieuse mémoire, contribuèrent beaucoup à en faire tomber l'entreprise. Les pressans besoins de l'État demandoient de fortes finances. Aussi notre communauté, se voyant par là hors d'état de seconder les bonnes intentions de ses gardes, elle réserva ce projet pour un temps plus paisible et plus tranquille, je veux dire sous l'auguste régence de Son Altesse royale monseigneur le duc d'Orléans, qui semble avoir reçu de Dieu même tous les différents talens qui lui sont nécessaires afin de rétablir l'harmonie et la félicité dans cette puissante monarchie.

C'est pourquoi, pour répondre, Messieurs, à l'extrême désir que vous avez toujours eu de voir nos règlements et ordonnances compilés et arrangés dans un ordre plus suivi, sous vos auspices, Messieurs, nous en avons établi le recueil, lequel nous fournit un arrangement qui surpasse de beaucoup nos forces ; nous sommes même entièrement persuadez que si vous eussiez commis à d'autres le soin de cet ouvrage, ils s'en seroient incomparablement mieux acquittés que nous ; mais fondez que nous sommes sur la confiance que nous avons eu de vos bontés, nous espérons que vous voudrez bien nous être indulgens et passer légèrement sur les fautes qui peuvent nous être échappées en faveur du zèle ardent dont nous sommes pénétrez pour tout ce qui regarde la gloire, le repos et les avantages de notre communauté.

Ce recueil de tous nos règlemens, qui sont le fondement de nos corps, ne peut être que très-instructif, puisque chacun y trouvera des règles pour se conduire, en suivant exactement les édits et lettres patentes dont différents monarques nous ont honorés. Les quatre corps y remarqueront les motifs de leur incorporation et les désavantages qu'ils souffraient d'être séparés. Nous avons jugé à propos de n'y point insérer nos anciens statuts, et nous vous renvoyons aux petits avis que vous trouverez dans ce recueil pour en savoir les raisons. Il a fallu nous donner bien du mouvement pour trouver certaines pièces égarées et d'autres perdues depuis plus de soixante ans, et que nous avons heureusement réunies aux autres. Pour ce qui regarde les règlemens que vous y voyez, nous avons fait notre possible pour qu'ils eussent une grande liaison les uns avec les autres, afin que par cette sorte d'enchaînement les maîtres et gardes puissent mieux entendre leur matière et trouvent plus de facilité à les faire observer. Nous espérons que l'étude que chacun en fera, suivant les intérêts de son corps, contribuera à en faire la félicité et à s'instruire de son principal devoir, qui est de bien s'attacher aux différents règlemens de son corps, parce qu'ils doivent être la règle de sa conduite et de ses opérations. La simple lecture de ces règlemens ne suffit pas pour en pénétrer le sens et en goûter l'esprit : il faut les approfondir, en chercher l'origine, distinguer ce que les ordonnances ont attribué à ces corps, connaître la liaison qu'ils ont les uns avec les autres et l'application qu'on en peut faire suivant les circonstances où l'on se trouve, sans quoi un maître ou garde ne saura jamais à fond les intérêts de la communauté, parce que pour être solidement au fait de quelques sciences ou de quelques arts, il faut, avant toute chose, se rendre maître de leurs principes afin d'avoir la capacité de les mettre en usage dans les occasions.

La plupart des maîtres et gardes ont ce défaut de s'attacher plutôt à la lettre qu'à l'esprit et au véritable sens de leurs règlemens. De là vient qu'ils se trouvent souvent embarrassez, qu'ils intentent mal à propos des procès ou qu'ils se deffendent mal dans la poursuite de ceux qu'ils ont commencez, et qu'enfin ils se voient entourés d'abus et de contraventions qui se commettent par un grand nombre de faux ouvriers, colporteurs, gens sans aveu et sans qualité, et de plusieurs forains, qui surpassent les bornes de leur pouvoir, sans qu'ils puissent se servir du remède qu'ils ont en main.

Messieurs les maistres et gardes doivent donc s'attacher à bien distinguer les intérêts de leur corps chacun en son particulier par une bonne union entre eux, chercher les moyens de faire venir en abondance les marchandises foraines pour être vues et visitées, et celles que l'on pourrait tirer des provinces suivant l'usage et les ordonnances. Notre union sera un puissant bouclier qui nous mettra à couvert des attaques de ceux que la jalousie de nos droits nous procuroit. De plus, il faut veiller sur une espèce de prévaricateurs qui s'est élevée parmi nous, punir sévèrement ceux d'entre eux qui dérangeront l'ordre établi depuis tant de siècles, entretenir une étroite intelligence avec les six corps des marchands, se joindre à eux lorsqu'il paroît des nouveautés, puisque le corps des tapissiers est celui qui a le plus de rapport à leurs intérêts. En second lieu, c'est d'examiner si les maîtres et les veuves sont dans leur devoir, s'ils ne prestent point leurs noms aux forains et gens qui se mêlent de revendre de la marchandise ; tenir les maîtres, au sujet des apprentifs, dans une grande règle ; avoir tous les égards possibles pour ceux qui font leurs présentations au bureau, et surtout éviter des procès que la prudence deffend d'entreprendre. Enfin, le devoir d'un bon zèle et grand chrétien est de soulager les pauvres maîtres, assister la veuve ou de procurer à l'un et à l'autre des endroits à pouvoir subsister, exhorter les maîtres à prendre goût de plus en plus pour l'art qu'ils professent et les porter à avoir du respect pour leurs maîtres et gardes qui sont leurs chefs et pour leurs anciens qui sont les colonnes de la communauté.

Ce serait l'occasion, Messieurs, de vous parler des quatre corps, de leur établissement, des raisons qui les ont portez à joindre ensemble leurs mêmes intérêts. Mais il faut qu'auparavant vous nous pardonniez une petite disgression sur les arts, parmi lesquels la peinture, d'où sort la tapisserie, tient le premier rang, et que vous participiez au petit fruit que j'ai recueilli de mes méditations.

L'homme étant composé d'une âme et d'un corps, il a eu besoin de deux facultez, l'une intelligente, pour l'âme, l'autre agente et effectrice, pour le corps ; de celle-là sont sorties comme d'une divine source, les sciences intellectuelles qui contribuèrent à l'embellissement et au souverain bien de l'âme, et de celle-ci sont provenus les arts qui conviennent à la société civile ; de sorte que l'une se peut appeller la splendeur et la gloire de l'âme, et l'autre le secours, l'utilité et le contentement du corps ; au reste toutes deux si nécessaires à l'homme que sa vie ne peut absolument substister sans leurs usages.

Quoique notre sujet ne nous permette pas de parler de cette faculté effectrice, même des arts et des ouvrages, cependant tout ce que nous pouvons dire à sa recommandation doit rejaillir à la gloire de l'autre, parce qu'elle lui sert d'organe et de premier instrument, ce que voulut

signifier Anaxagore quand il mit la cause de la sagesse de
l'homme en la main , et Galien, après lui, voulant parler
de l'usage des parties de l'homme, commence par la main
comme la plus digne, car par la main on comprend cette
faculté agente de l'entendement qui est en nous.

On lit dans l'Exode, chapitre xxxi, que le peuple d'Israël,
pour la longue servitude où l'avoit détenu le cruel Pha-
raon, étoit devenu si rude, si grossier et si inhabile, que
ce qui augmenta le plus sa misère dans le désert, fut
l'ignorance des arts et des ouvrages : elle était telle que
quand il fut question de faire l'Arche, le Tabernacle, l'autel,
les courtines et les autres choses requises pour l'honneur
de la religion, il ne se trouva personne qui en fût capable.
Dieu qui est éternel, source de toutes sciences et disci-
plines, en ayant compassion, les rendit en un moment
instruits en toutes sortes d'arts et d'ouvrages.

Certainement il faut que l'homme reconnaisse la fai-
blesse de sa nature, et qu'il avoue que s'il n'eût eu la
divinité pour premier pédagogue, il lui eût été impossible
de parvenir aux intentions admirables des plus excellents
arts, comme de l'agriculture, qui est la nourrice de notre
vie, de l'architecture, qui nous apprend à nous défendre de
l'intempérie de l'air, de l'écriture et de l'imprimerie, qui
nous font présens dans les lieux où nous ne pouvons pas
être et qui malgré la mort rendent les vertus des hommes
éternelles; de la peinture et enfin de la tapisserie, qui,
comme émulatrice de la nature pour le plaisir de l'homme,
lui représentent en un seul sujet toutes les perfections
que l'autre ne peut mettre qu'en plusieurs.

Origine
de la peinture
et de
la tapisserie.

Tous les auteurs conviennent que c'est la Grèce qui a
donné le premier commencement à la peinture, qui a été
bientôt suivie de la tapisserie; et selon ce que vous venez
de voir ci-dessus, il a été fort facile de croire que l'on
y travaillait avant la naissance du Fils de Dieu, au rapport

d'un écrivain sacré, lorsque le Sauveur du monde voulut faire la Pâque avec ses disciples, il ordonna que la salle où elle se devoit célébrer fût tapissée. Selon quelques autres historiens célèbres, saint Paul, ce grand apôtre, ne regardoit pas comme un temps perdu celui qu'il employait à travailler à la haute-lisse. Du temps des gentils il n'y avoit que dans les maisons les plus illustres où l'on s'attachait à cet art. Les Sarrazins, parmi les maux qu'ils causoient à la chrétienneté, ne laissaient pas de s'y appliquer. On ne sait de qui ils reçurent l'art d'y travailler ; mais on sait bien qu'ils furent les premiers qui l'apportèrent en Europe, seul bien qu'ils ayent été capables de faire, ayant toujours été regardés comme le fléau du genre humain.

Lorsque les barbares étaient les maîtres de l'Espagne et que de là ils affligèrent par leurs incursions les royaumes circonvoisins, après avoir jeté des yeux de convoitise sur les belles provinces de France, ils résolurent d'en faire la conquête. Pour cet effet ils descendirent avec une armée effroyable par la Gaule Narbonnaise et parvinrent jusqu'à Tours, pendant que Charles-Martel, le maire de son temps, fut au-devant d'eux et leur livra une sanglante bataille, appelée encore aujourd'hui la journée de Tours. Les Sarasins y furent entièrement taillés en pièces et leur roi tué dans le champ ds bataille, ce qui fut une époque des plus tragiques pour eux, et en même temps glorieuse pour la France, qui y marqua l'origine de la tapisserie.

Plusieurs seigneurs sarrasins faits prisonniers, en cette bataille, crurent ne pouvoir sauver leurs vies et obtenir leur liberté qu'en découvrant à leurs vainqueurs ce secret inestimable ; ce ne fut pourtant qu'à l'extrémité qu'ils le firent, comme si le salut de leur empire y eût été attaché. Nos Français, tenans ce précieux trésor, qu'ils estimoient beaucoup plus que tout l'or d'Espagne et d'Affrique que ces seigneurs auroient pu donner pour leur rançon, ne laissèrent pas échapper l'occasion d'en profiter. La vivacité française fit qu'en peu de temps la nation y devint habile ; mais les guerres domestiques et étrangères qui suivirent firent négliger cet art à tel point, qu'il aurait été entièrement aboli, si Henry le Grand, de glorieuse mémoire, n'eût mis ses soins à le rétablir. Il ne fut pas plus tôt tranquille sur le trône, que pour faire refleurir cet art et animer les ouvriers au travail, il les aggrégea eux et leur postérité au rang de nobles, leur accordant les mêmes droits, les mêmes priviléges et les mêmes exemptions : ce fut au mois de janvier 1607 qu'il leur en donna les lettres. Ainsi ce grand roy, à l'exemple des empires les plus polis, où les arts et discipline ont été en vogue, s'éforçait par tous les moyens les plus honnêtes d'en élever le mérite en faisant estimer les excellents ouvriers et prisant beaucoup leurs ouvrages.

Louis XIII, qui succéda à ce monarque, marcha sur ses traces et ne fit pas moins paraître de zèle à les protéger et à les soutenir. Mais Louis le Grand, appelé à juste titre le père des arts, poussa avec bien plus d'éclat et de fruits l'amour qu'il avait pour le dit art, en établissant ces belles manufactures admirées du monde entier, à la tête desquelles il mit ces deux illustres personnages, Hinard pour Beauvais et Dupont pour la Savonnerie, maîtres de notre communauté, et leur accorda les mêmes droits, priviléges et exemptions qu'avaient fait à d'autres ses prédécesseurs, après néanmoins les avoir bien augmentez. Ce grand roy par cette généreuse libéralité se montra digne imitateur de quelques empereurs romains qui honorèrent des ouvriers excellents de plusieurs priviléges et même de l'immunité des tributs. Il est à croire que cette perfection des arts où les anciens avaient atteint, ne provenait d'ailleurs que de cet honneur public qu'on rendoit aux bons ouvriers et de l'estime que l'on faisoit de leurs ouvrages ; parce que l'honneur est le père des arts et des belles actions, comme, au contraire, la servitude et le mépris en sont la mort et la ruine.

Cependant comme la France se peut attribuer la gloire de l'invention de plusieurs arts, aussi se peut-elle vanter d'avoir toujours été très-curieuse de leur honneur, et de n'avoir jamais permis que les impositions ayent ravallé la dignité des excellents ouvrages ; car outre les exemples reçus que nous venons d'admirer dans les augustes monarques Henri IV, Louis XIII et Louis XIV, de triomphante mémoire, leurs prédécesseurs ne laissent pas de nous en fournir grand nombre d'autres.

On lit dans l'Histoire de France que le roi Charles VII, pressé par la nécessité des guerres de son temps, mit une imposition de douze deniers par livre, qui était considérable pour lors, sur toutes les denrées et marchandises telles qu'elles fussent, et pour tant de fois qu'elles seraient vendues et échangées. La cour se souvenant de ce qu'elle devait au public en telle occasion, apporta à l'édit qui en fut fait deux exceptions dignes du grand soin qu'elle a toujours eu de l'honneur et de l'utilité du public ; l'une, qu'il n'auroit pas lieu sur les menues denrées qui se vendent par pièce et en détail aux marchés ordinaires, parce que le trafic de ces petites choses étant réservé aux pauvres, c'eût été une extrême rigueur de les assujettir aux tributs ; l'autre exception fut qu'il n'aurait point lieu aux choses dont le prix consistait plus dans l'artifice qu'en la matière, comme aux horloges, tableaux, livres, tapisseries, etc., jugeant prudemment que c'eût été un tribut véritablement téméraire que d'y asservir l'industrie et la subtilité des esprits des hommes, qui est la chose la plus recommandable au public pour l'honneur, le profit et l'utilité qu'elle lui procure.

Établissement
de la tapisserie
de haute-lisse
et basse-lisse
en France
et quand elle
fut établie
en corps.

Enfin nous ne pouvons mieux vous marquer l'époque de l'érection de l'art de la tapisserie en France que dans les années 1277, 1290 et 1302, où l'on donna différentes lettres patentes ; mais les dernières que nous avons reçues furent accordées au mois d'aoust de l'année 1618, sous le règne de Louis XIII, où tous les statuts furent renouvellez dans l'assemblée des États généraux ; ce qui arriva avant l'incorporation des quatre corps, qui ne se fit totalement qu'en l'année 1636, après cependant plusieurs lettres patentes, grand nombre d'arrêts de la Cour de Parlement et différentes sentences rendues es années 1621, 1625 et 1627, qui ordonnent que tous ces corps seroient incorporez et qu'ils porteroient le titre de haute-lissiers et de basse-lissiers, sarrazinois dit de rentraiture de tapisserie, et marchands de tapisseries, tant de haute-lisse, de basse-lisse que de tapis de toutes sortes ; ainsi l'on vit que ce qui avait fait autrefois leurs différends et leurs débats, ne leur a procuré depuis cette union que la paix, la concorde et quantité d'avantages qui leur ont donné les mêmes droits de marque dont ils usent les uns et les autres à l'égard des marchandises de tapisserie de toute fabrique et même sur les tapis des pays les plus éloignez, soit neufs, soit vieux. L'on fit en même temps deffense aux autres corps de vendre ni débiter aucune de ces marchandises ; c'est ce qui paroît par les lettres patentes rendues en 1618 et par un arrêt du Conseil d'État privé du Roi. Cette affaire heureusement terminée, toutes les écoles de peinture, remplies pour lors de ce qu'il y avait de plus excellents maîtres en cet art, firent paroître de leurs productions, qui furent et seront perpétuellement des modèles pour la tapisserie. Véritablement l'Italie, l'Allemagne, la France et la Flandre ont assez fait connaître l'estime qu'elles en faisoient par les beaux morceaux de peinture dont elles firent présent à cet art, qui ont été de si excellens originaux qu'ils n'ont produit que d'excellentes copies : nous en avons pour garant l'histoire des Sabins, les Actes des Apôtres, de beaux Grotesques, les Victoires d'Alexandre, l'Action héroïque de Lucrèce et le Sacrifice d'Abraham, sortant des pinceaux de Raphaël et de Jules Romain. Plusieurs de leurs élèves ont marché glorieusement sur leurs traces et ont donné des morceaux qui effacent tout ce qu'il y a de plus admirable dans l'antiquité, et qui sont comme autant d'astres brillants qui éclairent et qui guident merveilleusement bien les ouvriers de tapisserie.

Les peintres qui ont le plus excellé pour les tableaux et pour la peinture

Puisque nous sommes venus à vous parler de Raphaël et de Jules Romain, il est juste que je vous fasse un léger crayon de leur manière différente de peindre. Le premier étoit dans son dessin le peintre le plus correct; il imitait la nature de si près que l'art n'y était presque pas reconnaissable, et quoique Jules Romain fût un peintre accompli, il excelloit cependant surtout dans l'ordonnance, et y avoit un goût si particulier, que dans les tapisseries on distingue facilement ses dessins de ceux des autres. C'est lui qui a trouvé la manière de détacher et débrouiller ces groupes de figures dont les anciens chargeoient leurs pièces avec tant de confusion. Les coups de pinceau de ce fameux peintre sont si hardis, que non-seulement ils avantagent beaucoup les ouvriers en tapisserie, mais aussi qu'ils sont merveilleux pour y être représentez. Les autres peintres qui ont suivi ce grand homme se sont appliquez à attraper son goût et sa belle ordonnance, et de ceux qui ont le plus approché sont : Michel Ange, Le Titien, Albert Dürer, Lucas, Messer, Nicolo, Fouquier, Rubens, Van-Dyck, Lebrun, Mignard, Martin de la Porte, Wette, les Boulongne, De la Fosse, et tant d'autres. Tous ces fameux génies se sont fait gloire d'épuiser, pour ainsi dire, tout ce qu'ils avoient de capacités dans l'art de peindre en faveur de la tapisserie, qui par ce moyen a été poussée à un si haut degré de perfection, qu'elle est aujourd'hui, non-seulement un des plus grands ornements de la France, mais aussi qu'elle cause l'admiration des rois et monarques étrangers.

Les premières fabriques de tapisseries qui ont paru en France ont pris naissance dans les villes de Tours et Amiens ; mais aujourd'hui elles ne subsistent plus. Celle de Tours se faisoit remarquer par un goût de travail si singulier et si uniforme, qu'elle a été de tout temps fort estimée, aussi bien que ses dessins et ses figures, qui ont toujours été bien travaillez ; son grain étoit rond et bien fabriqué ; sa marque étoit une tour double ; les tapissseries qu'on y faisoit de verdures et d'animaux, étoient fort correctes et leur architecture très-bonne, et l'on n'y travaillait qu'en haute-lisse.

La fabrique d'Amiens n'était point autrement recommandable que par les bonnes couleurs qu'elle employait ; on n'y travaillait qu'en haute-lisse et fort peu en verdures, si ce n'est quelques tentures qu'on y faisait, où étoient semées quantité de fleurs mal dessinées ; son goût ressentoit l'antique, et il est fort facile de reconnaître quelle étoit sa manière de travailler par le grain, qui y est inégal et desséché. Sa marque était une S double entortillée.

La fabrique des galleries du Louvre a suivi celles d'Amiens et de Tours, elle fut établie sous Henri IV, qui ne s'est pas moins acquis de gloire dans les arts que dans les armes par la protection qu'il donnait à tous les ouvriers du premier ordre, de quelque profession qu'ils fussent ; son goût était le même que celui de la grande fabrique de Tours, et à moins que d'être versé dans l'art de la tapisserie, on peut s'y tromper fort aisément ; on en connaîtra cependant la différence en examinant un

Fabrique de Tours.

Fabrique d'Amiens.

Établissement de la fabrique de hautelisse aux galleries du Louvre en 1608 et en 1611 par Henri IV et Louis XIII.

peu de près, et l'on verra qu'elle consiste dans son grain et dans sa fabrique, qui est plus sec, moins rond et qui tombe dans la carnation ; son goût est brun, ses desseins bons et corrects, mais leurs nuances tirent toujours dans un coloris brun ; sa marque est toujours fleur de lis. Cette fabrique ne subsiste plus.

Celle de M. de la Planche, qui a eu le même sort, je veux dire qui est pareillement éteinte, est venue ensuite ; il est bien fâcheux qu'un si digne conducteur n'ait point laissé de successeurs, vu les beaux morceaux qui restent de cette fabrique : on a toujours admiré la beauté de ses dessins et estimé leur régularité; ses belles verdures à oiseaux et ses magnifiques paysages lui ont toujours fait donner beaucoup de louanges ; son goût dans les nuances était tendre et de durée, le coloris fort beau, imitant beaucoup les carnations de Raphaël et de Rubens, ses draperies artistement nuancées, d'un travail naturel et d'une belle ordonnance. Cette fabrique étoit fine, ronde, unie et facile à distinguer des autres par une extrême beauté; la finesse de l'art a toujours éclaté dans ses tapisseries et même dans celles qui paraissaient d'un travail un peu dur. Sa marque était une fleur de lis avec un P.

Fabrique de M. de la Planche.

Des débris de toutes ces fabriques a été formée et composée celle des Gobelins : ce fut Louis XIV, de glorieuse mémoire, qui, sous les auspices de M. de Colbert, lui donna lettre et attira par sa protection et ses bienfaits de toutes les parties de l'Europe tout ce qu'il y avait de plus habiles ouvriers en cet art. Ils surent parfaitement correspondre au dessein de ce grand monarque, qui était d'élever cette manufacture au-dessus de tout ce qui avoit paru de grand jusqu'ici dans ce genre. Par les soins assidus et la grande application du fameux ministre qui en avoit la direction, ils la rendirent en peu de temps une des merveilles du monde : pour y parvenir on jugea à propos de diviser

Établissement de la manufature des Gobelins par Louis XIV en 1657.

le travail en deux façons, la haute et la basse lisse, et l'on rendit les coloris si magnifiques qu'encore à présent ils frappent, surprennent et étonnent; les têtes furent ensuite poussées à une si haute perfection que la nature y est imitée dans tous ses effets; les ordonnances dans les nuances sont superbes et bien distribuées; les albâtres y sont admirables, et les fleurs d'une nuance approchant de si près la nature que l'on y voit une agréable erreur confondre également le goût et la passion des petits oiseaux les mieux avisez; la belle architecture y est si bien avancée et dans une perpective si artificieuse qu'elle fait sentir même aux esprits les plus grossiers que cette manufacture est la seule qui ait pû porter la tapisserie à un si haut degré.

A la vérité, elle n'a pu d'abord parvenir à ce degré de splendeur et de consistance, et lorsque dans mes jeunes années, désireux de m'instruire dans un art qui devait dans la suite faire toute mon étude, m'y étant allé exercer, je remarquai que tout ressentait encore une naissance débile, mais qui s'est bien fortifiée les années suivantes, puisque à mesure que l'on avançoit on en reconnaissait les deffauts et l'on y remédiait, de sorte que l'on changea deux fois la fabrique : elle tomboit dans un goût brun et tirant sur le pâle, des desseins négligeament travaillez, à son grain même rond ; mais comme si un puissant génie eût ranimé les esprits et donné une nouvelle vigueur aux ouvriers, on changea les desseins; une nouvelle manière de travailler fondée sur des principes sûrs et certains parut, qui fit voir les choses dans un autre ordre qu'elles n'étoient; on forma plusieurs classes où chaque ouvrier eut son département, ce qui se pratique encore aujourd'hui ; car dans la première on distribue les têtes à des officiers qui s'en acquittent avec tant d'art et d'industrie, qu'il ne leur manque que l'usage de la parole; ensuite sont les fleuristes, qui, toujours à la suite de la déesse Flore, ne se délectent qu'à en cultiver les productions dont le soin leur est entièrement confié.

Les paysagistes occupent la troisième, qui, ne se plaisant qu'à la vie rustique et aux agréments champêtres qui l'accompagnent, en font tous leurs délices et y excellent d'une manière à faire passer les fictions pour des réalitez.

La quatrième est de ceux qui ont leur goût pour les albâtres; vous diriez, à voir les diverses divinités qu'ils représentent en bronze en différentes attitudes, qu'elles impriment encore à présent ce culte et cette vénération qu'on leur rendoit autrefois.

Enfin la dernière est composée de ceux qui travaillent au commun des ouvrages, où chacun a son devoir à remplir selon sa portée et son génie.

Cette fabrique aujourd'hui surpasse toutes celles de l'Europe; son grain est fin, rond et bien égal; son coloris clair et bien avancé; son travail est aisé; il y a bien de la différence de la hautelisse que l'on y fait aujourd'hui d'avec celle que l'on y faisoit ci-devant : présentement l'ouvrier hurte son ouvrage avec tant d'adresse, que la nature et la peinture comme de concert s'y rencontrent réunies. Le premier but de l'établissement de cette manufacture n'a été que pour les ouvrages de la couronne : cependant le roi, qui n'a jamais eu en veüe que le bien et l'avantage du public, a permis aux seigneurs de sa cour d'y faire travailler pour leur usage. Cette fabrique a huit maîtres à sa tête, qui ont chacun leur direction : les uns celles qui regardent la haute lisse et les autres celles qui concernent la basse lisse; ces dignes hommes, envieux avec raison de se faire connaître à la postérité, mettent leurs noms dans leurs pièces et les marquent très-souvent de fleurs de lis.

8

Manufacture
de la Savonnerie
pour la fabrique
des tapis
à la manière
du Levant,
érigée
par Louis XIII
en 1612.

Les soins du défunt roi ne se sont pas bornez à ce seul établissement; la fabrique de la Savonnerie, près Chaillot, fut érigée presque dans le même temps sous la direction de feu M. Colbert; son occupation est de travailler à des tapis de pièces de tapisserie, ornez de figures si bien faites, qu'elles vous font même entrer dans leurs différentes passions; à la vérité elles coûtent beaucoup plus à y faire qu'en tapisserie; on y imite les fleurs si naturellement, qu'elles surpassent de bien loin celles qui sortent des fabriques du Levant. La raison en est que leurs fabriques, qui sont à la vérité plus fines, se trouvent en même temps plus desseichées et moins justes dans leurs desseins, qui ne sont d'ordinaire que des effets de leurs caprices. Je ne parlerai point des tapis qui viennent de Turquie; chacun sait combien ils sont grossiers et mal façonnez, de sorte qu'ils n'approchent en rien de ceux de la Savonnerie. Cette fabrique a aujourd'hui poussé cet art dans une haute perfection.

Établissement
de
la manufacture
de Beauvais
par Louis XIV
en 1664.
Commencé par
Louis Hinard,
maître de Paris.

La manufacture de Beauvais fut encore un des ouvrages de ce grand monarque, qu'il commit aux soins de M. Colbert; elle est située dans un bel aspect, riant et magnifique; elle a signalé ses commencements par plusieurs belles verdures qui en sortirent et qui furent autant de modèles sur lesquels se formèrent dans la suite plusieurs bons élèves en cet art; mais aujourd'hui elle est bien tombée de cette haute perfection; présentement elle ne s'occupe qu'à la basselisse, et fait encore quelques personnages assez estimés; il a été un temps où elle excellait en bonnes tentures; mais, s'étant amusée à travailler pour le public à toutes sortes de prix, elle s'est négligée à tel point qu'elle a beaucoup dégénéré de cette grande réputation qu'elle s'était acquise dans ses commencemens; à la vérité dans le temps que j'y travaillois, elle se soutenoit encore avec honneur, et j'en ai vu sortir, dans un goût achevé, les Conquêtes de Louis-le-Grand, les Aventures de Télémaque et les Actes des apôtres, toutes excellentes pièces tirées sur les dessins de nos plus habiles peintres modernes. Un pareil succès aurait dû faire tout attendre de la suite de leur entreprise; mais, pour cet effet, il auroit fallu un fabricant versé et éclairé dans l'art de la tapisserie, et cette fabrique se seroit maintenue dans son premier lustre; elle est présentement fort aisée à connaître par son grain changeant, grenu et inégal, ses coloris mal distribuez, le peu d'attention qu'y apportent ceux qui en ont la direction en étant la principale cause, ses laines pleines de poil et ses couleurs d'usage de peu de durée, à moins qu'elles ne soient de commande; sa marque ordinaire est un cœur rouge, avec un traique blanc dans le milieu et deux B.

La fabrique d'Aubusson fut encore érigée par lettres patentes de notre auguste monarque; les commencemens ont été assez beaux, mais pas durables, en sorte qu'aujourd'hui, c'est la fabrique des moins estimées de toute l'Europe; ils ne font que de la basselisse, mais dans un goût assez plat, dur et froid et n'imitant en rien la nature; leurs personnages sont insupportables par le peu de dessein qui s'y rencontre, n'usant que de la mauvaise laine et de la mauvaise teinture, ce qui les décrédite entièrement.

Fabrique d'Aubusson établie par lettres patentes en 1660.

J'avais presque envie de ne point parler d'une espèce de fabrique, appelée de Feuilletin, ce qui est une bonne marque pour elle; mais comme je veux suivre toutes ces fabriques par ordre, j'en dirai ici deux mots : elle est encore de beaucoup inférieure à celle d'Aubusson. Ses laines fort mauvaises, le plus souvent mêlées de poil, ses desseins confus et mal digérez; enfin, ce sont des tapisseries, plus susceptibles d'appast pour les vers que d'admiration pour les hommes.

Fabrique de Feuilletin.

Dans toute l'Europe, il n'y en a point de plus ancienne que la fabrique de Bruxelles ; elle a porté dans ses commencemens l'art de la tapisserie à un si haut degré de perfection, qu'encore aujourd'hui, chez les princes, on admire comme chefs-d'œuvre de nature des anciennes Bruxelles, dont leurs palais sont ornez. Cette fabrique a conservé longtemps sa grande réputation, et il n'a pas fallu moins que l'établissement des Gobelins pour la lui faire perdre. En effet, elle a donné depuis dans un goût sombre et brun pour sa carnation et s'est souvent servi de mauvais teint ; elle travaillait autrefois en hautelisse, mais à présent la basselisse est toute son occupation. J'en ai été témoin moi-même, lorsqu'après le siége de Mons que Louis-le-Grand venait d'ajouter à ses autres conquêtes, je fus curieux d'en voir la fabrique ; j'y vis sur les métiers pour Son Altesse Sérénissime Monseigneur le duc de Bavière, alors gouverneur général des Pays-Bas, des pièces dignes qu'on en fasse ici mention, comme les quatre Parties du monde, les Fruits de la Guerre et la fameuse aventure de Frigius, qui, n'ayant auparavant jamais été peinte ni fabriquée en tapisserie, passe de notre temps pour être une histoire nouvelle.

J'avouërai franchement que j'y ai vu de bons fabricans et que le nombre en auroit pu augmenter si les guerres continuelles, dont ce pays a été de tout le temps le théâtre, n'en eussent écarté et chassé les meilleurs ouvriers. Cette fabrique est bien unie et fine dans son fond ; autrefois, elle était plus moëlleuse et plus douce, aujourd'hui, elle est plus desseichée et plus roide ; néanmoins, elle a toujours retenu cette égalité qui la faisoit tant estimer. Sa marque est une espèce de cœur souvent rouge et bleu avec deux B.

Anvers ne cède aucunement à Bruxelles pour l'antiquité de sa fabrique ; autrefois elle ne faisoit que des verdures qui ont été jugées les plus belles de l'Europe ; mais depuis elle est tombée dans un goût jaunâtre et approchant d'un morne qui dégoûte ; les personnages y sont mal dessinés, n'ayant point de correcteurs ; outre cela, une fabrique mal conduite, les uns resserrant l'ouvrage, les autres le lâchant, ce qui cause de grandes difficultez à tendre leurs tentures. A présent, ses ouvriers, plus éclairez, la rendent plus égale et moins desseichée ; leur chaîne est souvent vicieuse, l'ouvrage en devient plus mol, et le teint n'en est pas pour cela meilleur ; aujourd'hui leurs couleurs, quoique beaucoup plus belles qu'elles n'étoient au temps passé, mais mal employées, rendent leurs personnages d'une nature irrégulière. Ce qui les trompe avec d'autant plus de facilité, c'est qu'ils prennent pour originaux des copies de Bruxelles, dont la fabrique est aujourd'hui la même que celle d'Anguien ; il y a cependant quelque différence dans l'ouvrage, ses nuances sont diverses et ses laines desseichées. Pour marque, ils ont une espèce d'ornement confus en manière de chiffres.

La fabrique d'Oudenarde s'est autrefois rendue célèbre par ses verdures ; elle a fait peu de personnages ; cependant quelques tentures en sont sorties en différens temps, non pas avec la même approbation que les verdures ; ce qui en est cause, c'est que ces personnages sont, pour l'ordinaire, mal façonnés, d'un travail dur et confus et encore plus mal dessinez. Depuis, cette fabrique s'est comme renfermée à travailler en petits personnages, et elle aurait surpassé en ce genre toutes les plus célèbres de l'Europe, si elle eût eu des officiers de tête et entendus dans leur art. Les peintres les plus habiles se trouvent souvent dans l'obligation d'en retoucher les traits par le peu d'application qu'apportent ses ouvriers à en suivre le goût et l'ordonnance. Leurs verdures, tirées sur les dessins de Fouquières, ont été autrefois assez estimées, quoique Bruxelles s'en fût

Oudenarde.

servi auparavant ; sa fabrique est facile à connaître ; le travail en est doux, moëlleux et d'un grain égal ; leur coloris est toujours le même; leur verd tend toujours sur le même teint et leurs couleurs sont souvent fausses. Leurs marques d'ordinaire sont une forme d'ornement avec une espèce de croix, et une autre marque en façon de cœur, avec des lunettes par-dessus.

Anguien.   Celle d'Anguien a beaucoup été dans ses commence-mens pour les personnages, qui ont toujours été très-mal dessinez. Cette fabrique est devenue fort atténuée et très-aride : un de leurs deffauts ordinaires est de mal monter leurs ouvrages, ce qui est cause que leurs chaînes ne sont pas bien couvertes. Leurs verdures sont passables, quoique toujours travaillées dans un certain goût antique qui en diminue bien le prix.

Fabrique de Bruges.   La fabrique de Bruges le dispute à toutes ces villes pour l'ancienneté : elle ne s'appliquait autrefois qu'à la hautelisse, mais dans ses desseins, ses figures et ses fleurs, on y apperçoit une négligence extraordinaire, qui fait que le tout n'est pas assez nuancé ; leurs couleurs ont longtemps surpassé toutes les autres fabriques par leur beauté. Cette fabrique n'est pas difficile à connaître ; son travail est tout de laine et peu de soye ; elle donne beaucoup dans l'antiquité, et c'est ce qui la rend aride, et d'un grain dur et mal travaillé, ce qu'on remarque aisément à ses chaînes grosses et velües. Pour ce qui est de ses verdures, le goût n'en est pas des plus estimés : elle a cependant changé aujourd'hui quelque chose dans sa manière de travailler, mais non pas dans le fond, car cette fabrique est toujours la même.

Fabrique d'Angleterre.   Passons la mer, et voyons si Londres, cette rivale de Paris, comme l'étoit autrefois Carthage de Rome, se fait autant distinguer par ses fabriques de tapisserie que la capitale de la France. Il paraît qu'il n'y en a jamais eu de

règles, et les plus magnifiques pièces qui s'y sont faites, ne
l'ont été que par l'ordre de quelques milords anglais (1).

On peut dire en général qu'il y a parmi les fabricans
de cette nation un goût exquis et qu'ils furent les premiers
qui imitèrent la hardiesse et l'ordonnance de Raphaël et
de Jules Romain, ces deux célèbres peintres, comme le
font admirablement connaître les Actes des apôtres, ces
rares pièces sorties de leurs mains avec tant d'art et d'industrie, que le pieux roi Jacques, à son arrivée en France,
crût ne devoir pas mieux marquer sa reconnaissance au
roi Louis XIV, pour la manière généreuse avec laquelle il
le reçut dans son infortune qu'en lui faisant présent de
ses riches et magnifiques tentures. Ce n'est pas dans ce
seul genre de pièces que les Anglais ont brillé, ils ont fait
de très-belles antiques, dont le coloris et les nuances surprennent autant la veüe, que l'on s'apperçoit qu'elle ne
cèdent en rien à la perfection des ouvrages émanez des
autres fabriques : leur goût a toujours été plus porté dans
la hautelisse que pour la basselisse. Quoique j'aye déjà dit
que l'on n'a jamais vu chez eux de fabrique réglée, cependant quand ils ont eu ordre de travailler à quelques pièces
célèbres, alors ils n'ont rien épargné pour rendre leur fabrique, qui ne duroit qu'autant de temps que leur ouvrage,
la plus belle et la plus tendre ; et malgré leur caractère
bizarre et capricieux, ils couvrent bien leurs chaînes et le
font avec douceur. Leurs belles laines font le grain uni et
moëlleux. Ce n'est pas qu'à présent il n'y ait de la différence dans leur manière de travailler : ce même esprit
d'intérêt qui les a unis si longtemps et si étroitement avec
la Hollande, les a aussi fait tomber dans un même défaut
pour la tapisserie : le coloris dont ils se servent aujour-

(1) NOTA que ce sont des Francais réfugiez qui ont établi ces
manufactures et qui y travaillent actuellement, rarement les Anglais.

d'hui n'est pas des meilleurs. Il est assez difficile de distinguer leurs pièces, et à mesure que l'on étudie les divers caractères et les différentes manières de toucher des peintres, on ne sçaurait jamais à qui les attribuer, ou à l'Angleterre ou à la Hollande.

Nous sommes encore redevables de quelques fabriques particulières à plusieurs beaux ouvrages de tapisseries, qui se rencontrent dans bien des maisons royales, et qui n'en sont pas les moindres ornements. Parmi ceux qui se sont le plus distinguez de tous ces fabricans nous nous contenterons de nommer les Macez, les Lourdet, les Lejeune, les Rougeot, les du Laurent, les Cressis, les Ferrot, les Lefèvre, les Roussenault, les Enguerrans, les Huldebourg, et tant d'autres excellents maîtres, dont il reste encore aujourd'hui quantité de bons morceaux, qui font connaître quel était leur goût et leur génie, et qu'aujourd'hui les autres maîtres se font gloire d'imiter.

Voilà en général et en particulier ce que j'avais à dire des fabriques de ce royaume et de celles des pays étrangers. On voit d'un côté comme le roy Louis XIV de son vivant n'a rien oublié ni épargné pour rendre ces manufactures florissantes, et les mettre en état de devenir un jour les modèles de toutes les fabriques de l'univers; de l'autre on voit jusqu'où va le zèle et la reconnaissance de tous les ouvriers en l'art de la tapisserie, qui, pour concourir aux sublimes idées de ce puissant monarque, tous animez d'une même ardeur et d'une même gloire, ont sacrifié veilles et repos pour porter cet art à la plus haute perfection.

Courtepointiers. Comme tous ces corps par leur réunion jouissent des mêmes avantages, nous croirions manquer à l'estime que nous en faisons, si nous ne mettions à la tête de cette marche messieurs les courtepointiers. Ce corps paraît fort ancien, rapportant son origine au temps où on prétend qu'ils s'attachoient à faire des tentes. L'Écriture sainte parle de certains ouvriers dont l'unique commerce consistait à travailler à des tentes pour l'usage du peuple de Dieu. J'ai connu par des mémoires qui me sont tombez entre les mains et qui me paroissent interpréter fidellement ce passage de l'Ecriture sainte, que ce sont les coûtiers dont elle entend parler, qui étoient pour lors les seuls qui se mêloient de faire des tentes. Ce qui fait suivre cette ancienne interprétatian c'est que la différence qu'on y remarque vient de cet ancien mot fornetiers pour lors en usage, qui étoit le même que courtepointiers, dont toute l'occupation étoit de faire des chaises, tabourets et autres choses de pareille façon, comme garniture de lit; d'autres auteurs prétendent qu'ils s'appelloient également tapissiers, faiseurs de lits, et de tapisseries de velours, de damas et autres étoffes. Toutes ces différentes origines quoiqu'obscures comme vous voyez, ne nous empêchent pas d'appercevoir que le nombre de leurs maîtres étoit fort petit, et que la plupart ne se qualifioient encore que du titre de privilégiez. Dans ces temps-là les lits tenoient encore du goût antique. Il ne faut pas être beaucoup versé dans l'histoire tant romaine, que judaïque, pour savoir que les anciens Romains et Juifs avoient coutume de faire leurs lits de manière qu'ils pussent être nonchalament couchez, afin de pouvoir s'en servir également quand ils seroient à table, ce que l'on sait bien remarquer dans les tableaux sortis de maîtres versez dans les coûtumes et rites des anciens, lesquels tableaux, dis-je, représentent dans ces attitudes, c'est-à-dire négligemment courbez, tous les conviez des nôces de Cana, au lieu que les peintres modernes, ignorant ces anciens usages, les représentent à table assis comme de notre temps, ce qui est un grand deffaut. On rafina ensuite sur la forme des lits, on les fit en espèces d'armoires, comme cela se pratique encore aujourd'hui dans quelques royaumes étrangers. Les gros seigneurs étoient les seuls qui en eussent de plus magnifiques et de mieux travaillez, quoique dans le même goût. Enfin Messieurs les courtepointiers s'étant incorporez avec les couverturiers dits neutrez et les coûtiers, ils n'eurent plus que les mêmes intérêts et le même commerce, ce qui paraît par les premières lettres patentes données en 1490, et par les secondes, en confirmation des premières, rendues en 1568. Après plus de quarante années de contestations pour y parvenir, le roy leur accorda le titre de faire des tentes, meubles, etc., vendre et faire du coutil, fabriquer des couvertures et des serges avec pouvoir de vendre et acheter toutes sortes de marchandises dépendantes du dit métier, comme aussi le droit de marque. Les raisons de l'incorporation des courtepointiers avec les couverturiers dits neutrez, furent à cause de mêmes marques des marchandises foraines, et pour la vente des mêmes couvertures. Après bien des disculions différentes de part et d'autre, ils furent incorporez le 25 mars 1490, et les coûtiers, dont je parlerai ci-après, en 1568. Jusqu'alors les talents que les maîtres tapissiers courtepointiers avoient fait paroître au sujet des meubles sous Charles IX à distinguer les emmeublemens et à leur donner un nouveau lustre, sous Henry IV et sous Louis XIII, portèrent ces emmeublemens à un haut degré. Ce fut en 1636 qu'ils furent incorporez avec Messieurs les hauteliciers, comme il paraît par les statuts et ordonnances. Cette incorporation fut pour ainsi dire le tombeau où se trouvèrent comme ensevelis les différents intérêts qui les avoient tenus en haleine les uns et les autres l'espace de trente ans. Cette réunion fut si avantageuse qu'elle excita une très-vive émulation parmi Messieurs les courtepointiers; en sorte qui s'appliquèrent au dessein, eux qu'ils l'avoient fort négligé, et y devinrent bientôt habiles et consommez.

Le glorieux règne de Louis XIV ouvrant une carrière favorable à tous les ouvriers tels qu'ils fussent, chacun se porta avec une extrême ardeur à se distinguer dans son art, soit en y inventant ou en le perfectionnant. Les maîtres courtepointiers ne furent pas les derniers à se rendre célèbres. Ils firent bientôt briller leur goût en donnant de justes bornes à toutes les hauteurs des lits, en gardant de certaines proportions dans les chaises, le sopha, etc., en observant une justesse si bien compassée dans les autres espèces d'emmeublemens, qu'à les examiner l'on croiroit que ces habiles hommes n'auroient pas pu mettre la dernière main à ces ouvrages sans y être puissamment guidés des lumières des mathématiques, en quoi ils ne sont véritablement assistez que de leur propre génie. Les dessins pour l'ornement qui suivaient les modèles antiques et confus furent entièrement changés; on les rendit plus légers et plus convenables aux meubles nouvellement inventez; l'on s'étudia à mieux assortir les étoffes et à faire de plus belles découpures pour en orner les lits; il n'y eut pas jusqu'aux serges et aux draps pour lesquels on inventa un goût particulier qui, dépouillé de cet amas d'idées qu'on avait autrefois, charme à présent la vue, imitant même mieux la nature. Ce n'a pas été sans peine que les habiles gens de ce corps sont parvenus à débrouiller ce cahos indigeste d'antiquitez qui se rencontroient tant dans les meubles que dans les tapisseries de damas et de velours; aussi, depuis ce temps-là, les palais des princes sont-ils devenus si superbes et si magnifiques que leurs ornemens sont accompagnez d'une perfection inimitable en ce genre. De cette tige est sortie une branche qui nous a produit jusqu'à présent beaucoup de fruit; je veux dire que de ces corps a été formée une compagnie de commerçans qui, animez de zèle, ne cherchent qu'à soutenir et fortifier l'art de la tapisserie et meubles, ce qui fait le bonheur du marchand. L'Europe est redevable aux maîtres tapissiers de Paris de s'être attachez de si dignes hommes qui cultivent avec tant de soins le goût qu'ils ont pour ces beaux ornements et pour ces belles architectures qui, dans ces riches emmeublemens, causent l'admiration de tout le monde. En effet, la postérité, quelqu'éclairée qu'elle puisse être, aura peine à ajouter et à la magnificence et à la finesse du travail de ces rares ouvrages.

Après messieurs les contrepointiers viennent messieurs les maîtres couverturiers dits neutrez, suivant l'ancien mot qui signifie la même chose. Leur qualité est de fabriquer des couvertures et des serges suivant leurs statuts ; leu ancienneté est considérable ; ils tirent leur origine de la draperie. Après avoir été très-longtemps à fabriquer des couvertures et des serges dans la ville de Paris, ils obtinrent des lettres patentes le premier samedi d'après les Brandons, en 1342. Celles qui suivent ces lettres sont dattées du 16 février 1490. Par acte de leur incorporation avec les maîtres courtepointiers, qui arriva le 25 mars 1590, il est dit que pour éviter les divisions qui naissent assez souvent entr'eux, ils seroient réunis les uns aux autres : ce qui se fit trente ans avant leur incorporation avec les hautelissiers. Il est porté par le règlement de cette incorporation qu'ils seront, à la pluralité des suffrages de leur corps, les maîtres de l'élection de leurs gardes et de leur liste. Ce corps a donné à la communauté le titre de marquer non-seulement toutes les couvertures et serges foraines de tout le royaume, mais aussi des pays les plus éloignez, et la permission d'en vendre et débiter.

Cette marche va être fermée par messieurs les coûtiers. Ils fabriquent toutes sortes de coutils et n'ont été incorporez que quelque temps après les maîtres couverturiers. Il est constant qu'ils sont fort anciens puisque l'Écriture les désigne sous le nom de gens qui faisoient des tentes

utiles dans les différens campemens du peuple d'Israël;
cependant le coutil n'a pas toujours été en vogue pour
cet usage, car les tentes ont été très-souvent faites, dans
l'ancien temps, de fortes toiles de coton, comme c'est
encore la coutume chez les Turcs, chez les Arabes et chez
les Perses. Les marchands coûtiers n'étoient que sept
maîtres au temps de leur incorporation, et il est bien
fâcheux que cette fabrique ne subsiste plus, elle serait
d'une grande utilité au temps présent. Les quatre corps
devraient la remettre en vigueur et la soutenir pour des
raisons qui leur sont assez connues et sur lesquelles je ne
m'étendrai point. Ils ont apporté à la communauté le
pouvoir de vendre, de débiter toutes sortes de coutils et le
droit de marque.

Ce que nous devons donc inférer et conclure de tout ceci,
c'est que nos quatre corps jouissent du droit de fabriquer
tapisserie de hautelisse, basselisse et toutes sortes de tapis,
bergame, point de Hongrie et couvertures de toutes façons,
serges et toutes sortes de coutils; comme aussi de vendre
et débiter avec leurs marques toutes les marchandises
dépendantes des différentes fabriques de ces corps. Nous
nous trouvons encore avoir besoin de nommer nos gardes
au nombre de quatre et de prendre le titre honorable de
maîtres et gardes-jurez de notre communauté. Chacun des
divers corps dans sa fabrique en peut nommer un suivant
ses statuts et ordonnances, par transaction passée entre
tous les corps le 4 du mois de novembre 1642, par laquelle
on est convenu que l'on ne mettrait en qualité de garde
que celui qui serait capable de juger de sa fabrique. Cela
occasionna de grandes contestations, mais le Parlement y
mit fin par un arrêt qui ordonna que chacun serait reçû
suivant l'ordre de sa réception. Cela donna lieu aux maîtres
couverturiers dits neutrez, pour soutenir leurs droits,
d'essuyer un procès fort dispendieux, où il fut réglé que

cet arrêt ne concernerait que les maîtres courtepointiers suivant leur ancienneté de maîtres de confrérie ; mais à à présent, eu égard à l'ancienneté des douze petits jurez, il a été réglé et ordonné par arrêt et sentence rendue à ce sujet, que les gardes en charge feroient une liste chacun de chaque corps pour, à la pluralité des voix, nommer un homme capable d'exercer cette charge suivant son art et métier.

Il y a lieu d'espérer que dorénavant tous nos règlemens étant ainsi rassemblez, nos maîtres et gardes soutiendront avec plus de facilité et une plus grande connaissance les procès qu'on leur suscitera. Peut-être s'en trouvera-t-il dans la suite qui sauront réveiller et terminer à l'avantage de notre communauté ceux que nous avons si fort négligez que nos droits les plus considérables y sont entièrement altérez ; il est vrai que la grande confusion et le peu d'arrangement qu'il y avoit parmi nos titres en avoient bien été cause ; mais à présent, qu'ils sont imprimés de suite et mis dans un état à être plus facilement développez, il sera facile à Messieurs les maîtres et gardes d'applanir les difficultez qui pourront naître pendant l'exercice de leur charge. Nous avons l'honneur, Messieurs, de vous présenter l'ouvrage que vous avez bien voulu nous confier : nous espérons que nos travaux ne deviendront pas infructueux, et que la communauté en général en retirera le fruit qu'elle jugera à propos ; pour nous, il nous sera toujours glorieux d'avoir consacré nos vieilles et nos soins au bonheur de notre communauté. Nous ne doutons point que vous ne nous croyez sincèrement,

Messieurs,

Vos très-humbles et très-obéissants serviteurs, Charles MOTEL, Antoine ROUGEOT, Claude BARASSY et Charles FOURNIER, tous maîtres et gardes-jurez en charge en l'année 1718.

RECUEIL

DES STATUTS ET RÈGLEMENTS

CONCERNANT LA

CORPORATION DES TAPISSIERS

— 1290 à 1749 —

EXTRAIT DES RÈGLEMENTS SUR LES ARTS ET MÉTIERS DE PARIS, RÉDIGÉ AU XIIIe SIÈCLE ET CONNU SOUS LE NOM DE LIVRE DES MÉTIERS D'ETIENNÉ BOILEAU (1).

Des Tapissiers de tapis sarrazinois.

Quiconques veut estre tapicier de tapiz sarrazinois (2) à Paris, estre le puet franchement, pour tant que il œuvre aus us et aus coustumes del mestier, qui tel sont :

Nus tapiciers de tapiz sarrazinois ne puet ne ne doit avoir que i apprentiz tant seulement, se ce ne sont si en enfant nez de léaul mariage, et li enfant sa femme tant seulement nez de loiau mariage.

---

(1) Bibliothèque Richelieu, *Documents inédits de l'Histoire de France*, p. 126, par Depping.

(2) Les tapis sarrazinois paraissent avoir été une imitation des beaux tapis de luxe dont l'Europe devait la connaissance à ses relations commerciales avec l'Orient. L'empire grec en fabriquait de très-beaux. Ces tapis étoient de la façon de ceux qu'on appelle haute lisse. Le nombre des maîtres tapissiers de ce genre devait être très-restreint, puisqu'ils ne travaillaient, comme il disent dans ce statut, que pour l'Église et les gentilshommes.

Nus tapiciers ne doit ne ne peut prendre son apprentiz à mains de viii anz de service et cent sols de Paris, ou à x anz, et en prendre tant d'argent comme il en puet avoir, soit pou, ou grant, ou nient (3) ; mès plus service et plus argent puet-il bien prendre, se avoir le puet.

Se li apprentiz s'en part d'entour son mestre sanz congiet ou à tout congiet, le mestre ne puet ne ne doit prendre autre apprentiz devant que li viii anz en soient enterrinement (4) accompliz que li apprentiz qui partiz s'est devoit accompliz.

Si li apprentiz se rachate ainze que li viii anz soient accompliz, li mestre ne puet ne ne doit prendre autre devant que li viii anz seront passez.

Si li apprentiz s'en va sans congiet, li mestre le doit querre une journée tant seulement à ses propre couz.

Nule femme ne puet ne ne doit estre aprise au mestier devant dit pour le mestre qui est trop greveus (5).

Nus ne puet ne ne doit ouvrer de nuiz, car la lumière de la nuit n'est pas suffisans à ouvrer de leur mestier.

Nus du mestier devant dit ne puet ne ne doit ouvrer de file, se il n'est de lainnes et retors bons et loiax ; et qui i mettroit autre chose, l'œuvre seroit fausse.

Nus ne puet ne ne doit prendre aprentiz se il n'i a ii preudhommes ou iii au moins del mestier, au prendre ou racorder le marchiez (6) et la convenance : ne ne doit li aprentiz metre main à l'œuvre devant donc que li convenance ait esté racordée ou le marchiez fait en la matière desus devisée.

---

(3) Peu, ou beaucoup, ou rien. En Lorraine on dit encore *po* pour *peu*, et *nion* pour *non*.

(4) Entièrement.

(5) Difficile.

(6) S'il n'y a au moins deux ou trois prud'hommes du mestier présens à la conclusion et à la rédaction du contrat.

El mestier devant dit ne puet ne ne doit nus ouvrer come vallet ou comme ouvrer (1) se il ne se fit créable au mains par son serement, que il ait ouvré à son mestre bien et loiaument tant que ses mestres l'ait quité.

El mestier devant dit a ii preudeshommes, jurez et serementez de par le Roy que li prevoz de Paris met et oste à sa volenté ; liquex jurent seur sainz que il mestier devant dit en la maniere desus devisée garderont bien et loiaument à leus pooir et que il toutes les entrepresures que il sauront que festes i seront, au plutost que il pourront par reson au prevots de Paris ou a son commendement le feront à savoir.

Quiconques mesprendra ou fera contre nus des articles del mestier devant dit, il l'amendera toutes les foiz que il en sera reprins, de x sols de Paris à poier au Roy v sols, et aus pouvres de Saint-Innocent (2) v sols.

Li dui preudome établi à garder le mestier devant dit, doivent départir les v sols de par-devant diz aus pouvres, si conme il est dit devant, bien et loiaument par leur serement.

Li dui preudome qui gardent le mestier devant dit de par le Roy, sont quite du guet pour son mestier que il gardent.

Touz cil qui ont soissante ans d'aage, et cil que leus femes gisent d'enfant, tant come èles gisent, sont quite du guet. Et soloient estre tuit li autre del mestier devant dit fors puis iii anz en çà que Jehan de Champiens, mestre de toisserranz, les a fait guétier contre droit et contre reson, si come il semble aus preudeshommes du mestier ; car leus mestier n'apartient qu'aus yglises, et aus gentilshomes

---

(1) Ouvrier.

(2) La Confrérie des tapissiers avait apparament sa chapelle dans l'église des Saints-Innocens qu'on appelait église de Saint-Innocent.

et eus hauz homes, come au roy et à contes, et par tèle reson avoient esté franc de ci au tens devant dit que icil Jehan de Champiens à qui le guet des toisserranz est, les a fait guétier contre reson, si come il est dit devant, et met le pourfit dans sa bourse, et non pas en la bourse dou roy. Pour laquel chose li preudome du mestier devant dit prient et requèrent au roy que il i mete sa grasce et son conseil dens cette chose, à ce que il soient quite du guet tout coumounément, si coume il ont esté en son tens, fors que puis III anz en çà et au tens son père le roy Leouis et son bon aïeul le roy Felippe.

Li preudome du mestier devant dit doivent la taille et toutes les autres redevences que li bourgeois de Paris doivent au roy. Mès il ne doivent riens de chose que il vendent et achetent apartienant à leur mestier, ne ne devroient du guet se il plaisoit à l'excellence et à la débonaireté du roy (1).

LII. — Des tapissiers de tapiz nostrez.

Quiconques veut estre tapissier de tapiz nostrez (2) à Paris, estre le puet franchement pour tant qu'il sache le mestier et qu'il œuvre aus us et aus coustumes du mestier, qui tel sont :

(1) Ces statuts ont été barrés dans le ms. B. On ne tarda pas en effet à y en substituer d'autres; ceux-ci ayant paru sans doute insuffisants et peut-être même inconvenants à cause de l'accusation de vol qui y est consignée contre le maître des tisserands, qui voulait soumettre les tapissiers à l'obligation du guet, comme la plupart des autres métiers. Dès l'an 1277 le prévot de Paris donna d'autres statuts à cette corporation.

(2) Les tapiz nostrés ou notrez étoient, à ce qu'il paroît, de gros tissus de laine de couleurs servant de couvertures et à d'autres usages.

Li tapissier de tapiz nostrez de Paris pucent avoir tant
de vallez come il leur plaira ; mès il ne pueent avoir que
II apprentis, se ce ne sont leur enfans, ou les enfans de
leur fames, tant seulement nez de loiau mariage.

Li tapissier de tapiz nostrez ne puet prendre aprantis à
mains de IIII anz de service ; mais il le puet bien prendre
à plus terme et à argent, s'avoir le puet.

Nus tapissier de tapiz nostrez de Paris ne puet ne ne
doit ouvrer de nul file, fors que de file de laine bon et
loial, fors ès chiés (1), que il puet ouvrer de toute manière
de file. Et ce ont establi les preudomes du mestier pour
le commun profict de touz et pour léauté ; quar aucuns
soloient (2) faire fauses œvres, de quoi li preudome estoient
reprins, et l'œvre blasmée.

Chascune manière de tapiz nostrez doit être tout d'un
lé ; ce est à savoir petits tapiz, tapiz de douze lez (3), sont
de V quartiers, et tapiz de XXIIII lez sont d'une aune et
demi de lé, et de VII quartiers et demi de lé, et de VII
quartiers de lé et de II aunes de lé.

Nus du mestier devant dit ne puet ne ne doit comporter
ne faire comporter par la ville de Paris tapiz pour vendre,
si ce n'est par jour de marchié, c'est à savoir au vendredi
et au samedi, et ce ont establi li preudome du mestier
pour le larrecin que l'on puet faire en leur hostiex du
mestier devant dit, que on a fet aucune fois.

Le mestre tapissier puet taindre le file de lainne en sa
meson pour ouvrer el mestier devant dit.

Nus ne puet ne ne doit de dehors Paris aporter à Paris

---

(1) Es « chiés » ou « chiez, » aux extrémités, aux lisières.

(2) Avaient coutume, *solebant*.

(3) Au-dessus du mot lez on a écrit dans le manuscrit B celui de
liois, ainsi que dans la ligne suivante. Cet article est embrouillé. Un
renvoi à la marge le complète ainsi : « Tapiz de douze liois sont
d'une aune de lé, et tapiz de seize liois sont de V quartiers, etc. »

vendre chose apartenant au mestier devant dit qui ne soit bone et loial (1).

XXIV. — Des faiseurs de tapis sarrazinois (2).

Quiconques vueut estre fesierres de tapiz sarrazinois à Paris, estre le puet franchement, en la manière qui s'en-suit, si comme il est ordoné du mestre du dit mestier.

Premièrement il ont ordené que nus ne puet estre tapi-cier de tapiz sarrazinois se il n'a fet le service du mestier si come il doit, et tiengne les coustumes du mestier qui telle sont :

Nus tapiciers de tapiz sarrazinois ne puet ne ne doit avoir que ı apprentiz tant seulement, ne doit prendre son apprentiz à meins de vııı ans de service, et c sols parisis, ou à x anz, et en puent avoir, soit pou, ou grant, ou nient ; mès plus service et plus argent puent-il bien prendre, se avoir le puent.

Se li apprentiz se part d'entour son mestre à congié ou sans congié, le mestre ne puet ne ne doit avoir autre apprentiz devant que les vııı ans soient enteringnement accompli, se ne muert, que li apprentiz qui parti s'est devoit accomplir.

Se li apprentiz se rachate avant que les vııı anz soient accompli, li mestre ne puet ne ne doit avoir autre devant

---

(1) On a mis à la marge dans le ms. B : « Mestres jurez de cest mestier pour l'an MCCC et dis IX, Thomas dou Fossé et Gieffroi de Lorigny. » Dans la suite les deux corporations de tapissiers furent réunies.

(2) C'est le statut primitif corrigé ; aussi a-t-il la forme et le style des statuts enregistrées par Et. Boileau ; ce qui n'empêcha pas les tapissiers de se faire accorder encore une ordonnance très-détaillée, que l'on trouvera à la suite de l'acte transcrit ci-dessus.

que les vııı anz soient accompli, fors tant seulement en l'uictième année le puent-il prendre s'il leur plaît, jà soit ce que leur apprentiz sort avec eux.

Se li apprentiz s'en va sans congié d'entour son mestre, li pleige (1) le doivent querre une journée, voire ıı, bien et loialement, si come il est établi el mestier.

De rechief nulle fame ne peut estre au mestier desus dit, pour qu'il n'en doivent mie ouvrer.

De rechief nus ne puet ne ne doit ouvrer de nuitz, car la lumière de la nuit n'est pas souffisant à ouvrer de leur mestier.

Nus du mestier dessus dit ne puet ne ne doit ouvrer de de file se il n'est de lainne retors, et sangle boen et loial; et qui métroit autre chose, l'œuvre seroit fausse.

Item, nus ne puet avoir ne prendre apprentiz se le marchié n'est devisé et recordé par devant celui ou cels qui sera ou seront garde et juré du mestier, ne doit li apprentiz meittre main en l'œuvre devant que li marchié ait esté recordez en la manière qui est desus devisée.

Item, en cestui mestier ne puet nus ouvrer se il ne se fet créable par lui et par autres que il est bien et loialment au fait le service tel come au mestier apprent, tel come il a esté devisé, en tèle manière que son mestre l'ait quitté bien et débonnairement.

Li preudom du mestier desus dit puent nouer et apparelier leur œuvre de nuiz sans encheoir en nulle amende, pour quoi (2) il n'euvrent en autre manière.

El mestier desus dit a ıı prendeshommes jurez et serementez de par le roy, que le prevost de Paris met et oste à sa volenté; esquels jurent sus sainz que il le mestier desus dit en la manière desus devisée garderont bien et

---

(1) Ceux qui s'étaient rendus garans de l'apprenti lors du contrat.
(2) Pourvu qu'ils.

loialement à leur povoir, et qu'il toutes les mesprentures que il sauront que l'on fera ou mestier desus dit, feront à savoir au plus tost que il pourront au prevost de Paris ou à son conmandement par droit et par reson, et que nulles des emmendes ne celeront, ne nulli n'en charcheront à tort par leur seremenz.

Quiconques mesprendra ou mesfera encontre aucune des articles du mestier desus dit, il l'amendera toutes les fois qu'il en sera repris de xxx sols par. au roy et au jurez du mestier; desquels xxx sols li roi aura xx sols et les jurez x sols pour leur painne de garder le mestier desus dit.

Item il est establi que nus valez du mestier desus dit ne puent ouvrer fors que à lainne quarrée; et se il avenoit que nus des mestres du mestier desus dit mouruest, sa fame puet tenir les mestiers et les ouvriers tant come ell' est veive; ne ne puet ouvrer de sa main, si come il est dit desus. Et se il avenoit qu'elle se mariast à aucun pru-d'omme qui ne fust de ce mestier desus dit, elle perdroit les ouvriers et les mestiers et l'apprentiz, s'elle l'avoit, i seroit à gouverner au preudeshommes du mestier et ainsi l'en l'a usé anciennement.

Item, il est establi que se aucun des vallez du mestier desus dit devient mestre tout avant que il le puisse estre ne ne doie, il doit paier III sols, c'est à savoir II sols parisis au roy et XII den. au jurez du mestier pour leur ganz (1).

Item, il est establi que quand un valet est quitte de son mestre, i doit poier XII den. à jurez du mestier de sa valeterie.

Item, nus ne puet ouvrer ou mestier desus dit se il n'en a fet le service tel come il i afiert et come il est devisé desus.

_____

(1) C'est la seule fois que l'on fasse mention, dans les règlemens d'arts et métiers, d'un droit des jurés sous le titre de gants.

Item, il veulent que li roy ou son conmandement les ait à adrecier, se il mesprennent en leur mestier, et qu'il les souteigne en boens usages, et pregne les amendes mesprentures dudit mestier, si come il est devisé par desus.

Item, nus des tapissiers des tapiz sarrazinois ne puet ne ne doit estre tesseranz se il bien et loialement n'en a fet le service tel come il affiert et come il est acoustumez anciennement, et que nuz tesseranz ne puist (ouvrer) en tapiz sarrazinois, se il n'en a aussi fet le service tel come il est dit desus.

Item, il ont ordoné, et est establi ou dit mestier que nus ne puisse ouvrer ou dit mestier puis le premier coup de vespres, chascun en sa paroisse. Et qui seroit trouvé ouvrant puis le dit coup de vespres, il seroit à v sols d'amendes iii sols au roy, et ii sols au mestre jurez du mestier. Et qui seroit coustumier de ce fère souvent, i seroit encheuz en la grant amende.

Item, il ont establi, ordené et acordé que les deus preudeshommes qui seront por cens garde et jurez du dit mestier, soient creuz par leur seremenz des meffez et des mesprentures que il trouveront ou dit mestier. Et ont juré sus sainz à eus, quand à la garde du dit mestier, en la manière qu'il est devisé par desus.

Ce sont les noms des ii preudeshommes qu'il ont establi à garder le mestier desus dit, c'est à savoir : Jehan de Luci et Guillaume Legrant ; lesquels nous i metons tant come il nous plera. Lesquels ont juré sus sainz pardevant nous que bien et loialement garderont le dit mestier, et que il, à nous ou à nostre commandement, feront savoir toutes les mesprentures que il sauront que l'en fera ou dit mestier, du jour qu'il le sauront le lendemain.

En tesmoing de ce, nous avons mis en ces leitres le seel de la prevosté de Paris, sauf ce que nous retenons de adjouster et oster, se nous véons que il face à fère, et que mestier en soit.

Ce fut fait l'an de grâce, MCCLXXVII, au mois de jungnet.

A tous ceux qui ces présentes lettres verront, Jehan de Montigny, garde de la prevosté de Paris, salut : Come contens et descors pluziers fois s'estoient meuz entre les preudeshommes mestre des tapis sarrazinois sur pluziers articles qui appartiennent à leur mestier et que touchant le pourfit du roy et de la ville et d'eux-meismes, par le conmandement Hue de Boanville, chambellan nostre seigneur le roy, et de nous il nous rapportèrent lez articles des quieux il sont touz à un acort de tenir et garder, si comme ils disoient, en la manière qui s'ensieut :

Premièrement, il ont regardé que nus n'euvre à feste festable, sus paine de l'amende, se ce n'est pour le roy ou pour sa gent.

De rechief que nuz ne preigne aprentiz, à mains de x ans et c sols.

De rechief que nus aprentiz ne puest estre venduz ne achaté devant son terme (1).

De rechief que nul ne puisse prendre aprentiz se il ne le puet tenir come l'en doit faire enfant de preudome, et il soit prins par devant les quatre preudeshommes jurez du mestier ; et qui le prendra sans faire à savoir aux IIII preudeshommes jurés du mestier, il seit (2) en la grant amende.

---

(1) Cette expression vendre son apprenti ou acheter un apprenti revient si fréquament dans les règlements d'arts et métiers de cette époque, qu'il faut croire que tout le monde parloit ainsi, et que l'on regardoit la cession d'un apprenti comme une vente véritable.

(2) Pour cheit ou cheut, tombe dans l'amende ou encourt l'amende.

Et que nul ne mette nul ouvrier en ouevre qui viengne de dehors, devant qu'il se soit fait créable, qu'il soit preudome et loial, et qu'il lui ait convent, se il en s'en va à tout son argent ne à tout son convent, que nul ne le mette en ucvre, s'il revient, devant à ce qu'il ait fait gré de l'amende le roy, et qu'il ait fait gré de son mestre.

De rechief, que l'en mette les ouvriers en ouevre ou à l'année ou à journées, si come l'en voudra.

De rechief, que qui sera trouvés ouvrant après le second coup de vespres, qu'il soit en l'amende le roy, de v sols parisis.

De rechief, que nul tapicier sarrazinois ne puisse faire tapiz sarrazinois, ne faire ne plain ne ouevré, se il n'est tout de laine boin et loial ; et se il sont trouvé que il ne soient touz de laine, qu'ils soient ars.

De rechief que tous ceus qui font tapis sarrazinois plains et ouvrez, tiengnent cest usage dix lieues en tous sens de Paris.

De rechief que nul ne puisse ouvrer, ne faire ouvrer en son hostel, se il n'est du mestier, et se il n'a fait vers le mestier ce qu'il doit, sus paine de la grant amende.

De rechief que nul ne puisse ouvrer de autrui file, se il n'est pas des mestres du mestier s'il n'est sien propre ou à home du mestier.

De rechief se il vient ouevre pour le roy ou pour la royne, que l'envoist au mestre du mestier pour avoir des ouvriers pour l'uevre achever.

De rechief que nule femme ne doit ouvrer ou mestier, pour les periz qu'il i ont, car quand une femme est grosse et le métier despiécé, elle porroit soi bléchier en telle manière que son enfant seroit péris, et pour mout d'autres périz qui y sont et pueent avenir ; pour quoi il ont resgardé piéçà qu'ils ne doivent pas ouvrer.

De rechief que de toutes les amendes qui eschouront ou mestier, li roy en aura les ɪɪ pars et les jurés le tiers pour lor paine.

Toutes les choses si comme elles sont desus escriptes lez mestres du dit mestier touz ensamble, pour ce devant nous establir en jugemens, lez voulsirent, gréèrent et ottroièrent, et les promistrent par leur seremens à garder et à tenir à touz jours, mès sans venir encontre, et nous supplièrent que nous les voulsissions tenir et garder et ottreier nous-y.

Et nous, leur supplication oïe, et par le conssel que nous avons eu sus ce, nous ottroions toutes les choses dessus dites ; et voulons et commandons qu'ils soient tenues et gardées fermement entre eus à tous jours sans s'enffraindre, toutes voies sauf à nostre seigneur le roy et à nos successeurs, prevos de Paris, de muer, de croistre, d'amenuisier, d'ajouster, oster et corrigier ès choses dessus dites, toutes fois que il plaira au roy et à nous et à nos successeurs, et que l'on veie qu'il sera à fère.

En tesmoing de ce, et pour ce que ce soit ferme chose et estable, nous avons mis en ces lettres le seel de la prevôté de Paris, en l'an de grâce mil CCIIIJXX et X, le lundi après la saint Nicholas en yver (1).

---

(1) Cette ordonnance fut vidimée en 1302 par le prévost Pierre le Jumeau, à l'occasion d'une nouvelle classe de tapissiers qui s'étoit formée, dont il n'a pas été parlé dans les statuts antérieurs à cette date et qui travaillaient librement sans aucuns règlemens ni statuts. C'est pour les incorporer dans la maîtrise des tapissiers-sarrazinois que le prévôt ajouta à l'ordonnance précédente quelques articles avec le considérant suivant :
« Après ce discort fut meu entre les tapiciers sarrazinois devant diz d'une part, et une autre manière de tapiciers que l'on appèle « ouvriers en la haute lisse » d'autre part, sur ce que les mestres des tapissiers sarrazinois disoient et maintenoient contre les ouvriers en haute lisse, que il ne pooient ni ne devoient ouvrer en la ville de Paris jusques à ce que ils fussent jurez et serementez, aussi com il sont

XXV. — Des faiseurs de tapis nôtrés.

L'an de grâce mil CCIIIIXX et quinze ou mois de janvier, fu mis en registre li estatut des tapiciers de tapiz notrez du conmandement sire Guillaume de Hangest, en ce temps garde la prevosté de Paris, et fu fez par l'acort des mestres et des vallez, liquel estatuz est tiex:

Quiconques du mestier desus dit euvre par nuit de sa main, il doit X sols et le vallet V sols, dont li roy doit avoir la moitié et li jurez l'autre pour leur poine.

Item, que nus ne puisse gaagner argent s'il n'a esté apprentiz de tistre quatre anz (1).

RECUEIL DE STATUTS

CONCERNANT LA COMMUNAUTÉ DES TAPISSIERS (2).

ART. XXVII. — Qu'aucun compagnon ne pourra quitter ses maîtres, à qui il aura entrepris l'ouvrage, qu'il ne soit parachevé, si ce n'est faute de paiement, satisfaction d'ycelui et fourniture de couleur ou bien d'être molesté rudement, dont il y aura preuve suffisante, et, seront tenus les compagnons de travail du dit art depuis 5 heures du matin jusqu'à 7 heures en été ; en hiver depuis 6 heures du matin jusqu'à 8 heures du soir.

de tenir et garder touz les poinz de l'ordonnance dudit mestier en la manière qu'il est contenu ès lettres dessus transcriptes et ou registre du Chastellet, etc. »

(1) En 1342, le prévôt rendit une ordonnance par laquelle il fut défendu aux tapissiers nôtrés de faire des tapis en poil de vache ; ils ne devoient les faire qu'en laine, « selon la teneur du registre seur ce fait, enregistré ou registre du Chastellet de Paris. »

(2) D'Hozier, page 79, Statuts d'août 1618. (*Bibliothèque Richelieu*, F. 2795.)

STATUTS ET RÈGLEMENTS

**Des maîtres et marchands tapissiers de haute-lisse, sarazi-
nois et rentraitures, courtepointiers, neutrez, coûtiers de
cette ville, prévôté et vicomté de Paris, jugements, sentences
du prévôt des vingtième mai mil six cent vingt-deux,
sixième août mil six cent vingt-cinq et troisième juillet
mil six cent vingt-sept.**

1. — Il sera loisible à tous les maîtres et marchands
tapissiers, haute-lisse, sarrazinois et de rentraitures, courtepointiers, neutrez, coûtiers de cette ville de Paris de
prendre apprentif de six ans en six ans.

*Par
délibération
de la
communauté
et sentence
de M. le
lieutenant
général de police,
nul ne prendra
qu'un apprentif,
à peine
de 50 livres
d'amende.
(Voy. le nouveau
règlement.)*

2. — *Item*, que nul ne prenne apprentif s'il ne veut
bien l'instruire et tenir comme enfant de prud'homme, et
icelui apprentif ne pourra être racheté en son temps pour
quelque cause que ce soit, ni s'enfuir, ni aller ailleurs
demeurer, qu'il n'ait bien ci-devant accompli le temps de
six années, dont pour cet effet le maître lui sera tenu
de s'en passer le contrat et l'obligation par devant notaires
royaux ou tabellions en la présence de l'un des gardes et
jurez du dit métier, où le dit apprentif s'engagera par
corps d'apprendre à son pouvoir le dit art et métier et
baillera bonne et suffisante caution. Qu'ils permettront
qu'en cas que le dit apprentif s'absente du service de son
dit maître, de le représenter et de le rechercher à leur
serment par ville et banlieue de Paris.

3. — *Item*. Que nul ne pourra suborner aucun compagnon ou apprentif d'autrui pour les débaucher en nulle
façon que ce soit. Le compagnon ne pourra quitter l'ouvrage par lui commencé, soit pour bruit crimens, si ce
n'est pas faute de paiement fait par le dit maître, car

*Défense
de suborner
les compagnons
et apprentifs.*

aucunement ne pourra le dit apprentif valet s'absenter et le maître qui l'employera, l'amendera de vingt livres parisis, moitié au roy, moitié aux jurés.

Nul ne prendra de compagnons sans le consentement de son dernier maître.

Compagnon étranger doit une livre cinq sols à la confrairie.

4. — *Item.* Que nul ne pourra mettre en œuvre aucun compagnon ni valet, s'il ne fait apparoir comme il a fait gré à son maître et au métier de sa capacité et prud'hommie, et tous compagnons étrangers ne pourront commencer à travailler, que premièrement ils n'ayent payé à la boëte de la confrairie vingt-cinq sols parisis pour aider à faire dire et célébrer le service divin, et faute de moyens, le maître où ils travailleront, leur avancera, sauf à lui à le retrouver sur leurs journées.

Apprentifs serviront les maîtres trois ans après leur apprentissage achevé.

5. — *Item.* Que tous apprentifs, après avoir bien et düement achevé les années de leur apprentissage, seront tenus de servir leurs maîtres pendant trois années comme compagnons. Puis par après pourront franchement et quittement parvenir en la qualité de maîtres et seront reçus à chef-d'œuvre, et pour cet effet s'adresseront aux maîtres et jurez qui les recevront à chef-d'œuvre, comme il sera avisé, selon leur capacité.

Fils de maîtres exempts de chef-d'œuvre.

6. — *Item.* Ne seront les fils de maîtres tenus de faire aucun chef-d'œuvre et seront reçus en la manière accoutumée.

Priviléges des veuves; défense de louer leurs priviléges. Voyez le nouveau règlement.

7. — *Item.* Pourront les veuves tenir boutiques ouvertes et faire travailler tant qu'elles seront veuves; et se remariant à d'autres qui ne soient du métier, seront déchues des priviléges, et si elles ont apprentif, il sera en la garde des jurés sous le pourvoir d'un autre maître.

Fabrique de tapisseries et tapis.

8. — *Item.* Il sera enjoint à tous les maîtres et ouvriers en haute lisse sarrazinois et rentrayures, courtepointiers-neutrez, coûtiers de bien et düement travailler et œuvrer de bonnes étoffes, sçavoir : d'en œuvrer toutes sortes de tapisseries haute lisse, tapis sarrazinois pleins

et velus et de toutes sortes de façons, de Turquie et du Levant, qu'ils ne soient de toute fine laine, soie et fleuret, or ou argent et d'imiter les dessins et patrons de plus près que faire se doit, à peine d'amende ; et s'il le fait autrement, l'ouvrage sera tenu pour faux et le maître l'amendera de vingt livres parisis d'amende, sçavoir : la moitié au roi, et l'autre moitié aux maîtres-jurés.

9. — *Item.* Il sera défendu à tous maîtres, sçavoir : d'employer du faux or ou argent pour du fin, ni or de Boulogue pour or de Milan, ni fleuret pour de la soye, ni autre chose de semblable ; et sera défendu d'employer, ni mettre en œuvre du fil, tant pour servir de laine que soye et fleuret, attendu que c'est chose fausse ; ne mettra peinture sur l'œuvre achevée, et toutes tapisseries et tapis qui seront trouvez sur aucun qui ne soient tous de laine, seront tenus pour faux, et le maître l'amendera de vingt livres parisis, la moitié au roi, l'autre aux jurez.

La manière d'employer l'or, la soye et le fleuret.

10. — *Item.* Que nul ne pourra rentraire aucune tapisserie, ni tapis sarrazinois, dit de Turquie ou du Levant, de toutes sortes, si rompus et gâtez qu'ils puissent être, si premièrement elle n'est chaînée en bonne et fine chaîne de laine et comme elle est étoffée et fabriquée, et assortira les laines, soyes et fleurets, or et argent au plus proche que faire se doivent, et le tout comme elle était auparavant, et quiconque chaînera de fil n'assortira au plus proche les couleurs, ni qui n'imitera les dessins, toutefois l'œuvre sera tenu pour faux, et le maître l'amendera de vingt livres parisis d'amende, sçavoir la moitié au roi et l'autre aux jurés.

Les manières de travailler les tapisseries et tapis rompus.

11. — *Item.* Que nul ne pourra nettoyer ni rafraîchir toutes sortes de tapisseries et tapis que premièrement ce ne soit de bonnes étoffes et drogues pour faire de bonnes couleurs de teinture cramoisi et commune, suivant et

La manière de raccommoder, nettoyer et mettre en couleurs les tapisseries et tapis, conformément à celle de la dite tapisserie est fabriquée et étoffée, et quiconque emploiera peinture ou mal fera icelle, l'œuvre sera tenu pour faux, et le maître l'amendera de vingt livres parisis, l'amende comme il est dit ci-dessus.

Et doubler les tapisseries.

12. — *Item.* Que nul ne pourra doubler aucune tapisserie ni tapis si premièrement la toile n'est lessivée ou du moins mouillée, et sera défendu de coudre les relais des dites tapisseries de fil blanc ; mais de toute autre sorte de couleur les pourra-t-on coudre, et le tout par l'envers, à peine d'amende, comme il est dit ci-dessus.

Peut le maître avoir tant d'ouvriers qu'il voudra, tous apprentifs de Paris.

13. — *Item.* Il sera permis de mettre en œuvre autant d'ouvriers que l'on pourra employer, pourvu qu'ils aient fait leur apprentissage en cette ville de Paris, et pourront travailler à leurs journées à leur quarrée, le tout comme l'on voudra sans aucun empêchement. Néanmoins ne pourra chaque maître tenir boutique ouverte, ni faire magasins ailleurs sous quelque prétexte que ce soit, à peine de confiscation et d'amende.

La veuve quittant après la mort de son mari, les jurez pourvoiront l'apprenti d'un autre maître.

14. — *Item.* Si aucun maître allant de vie à trépas, que la veuve voulût quitter ayant ouvrage à achever, s'adressera aux jurés pour parachever le dit ouvrage, et sera fait récompense à la dite veuve suivant le prix des dits ouvrages, le tout comme il est juste et raisonnable, et si elle a apprentif, sera en la garde des jurez sous le pouvoir d'un autre maître pour l'achèvement de ses six années.

Permission de vendre toutes choses dépendantes de l'art et métier.

15. — *Item.* Il sera permis à tous les maîtres tapissiers de cette ville de Paris de vendre et acheter toutes sortes de tapisseries et tapis, tant neufs que vieux, et semblablement toutes sortes de garnitures de chambres et emmeublements de la dépendance et circonstance de leur dit art et métier bons et loyaux, à peine d'amende, comme il est dit ci-dessus.

16. — *Item*. Il sera défendu à tous compagnons de s'ingérer de travailler en qualité de maître, s'il n'est maître reçu en cette ville de Paris, à peine de confiscation de tous les outils et ustenciles de marchandises et de cent livres parisis d'amende, moitié au roi, l'autre moitié aux jurez, et être privé à jamais de parvenir à la maîtrise.

Défense au compagnon de travailler en qualité de maître.

17. — *Item*. Que si aucun compagnon désire parvenir franchement à la maîtrise, le pourra faire après avoir fait six ans d'apprentissage, avoir fidèlement servi son maître, ayant son brevet en bonne et düe forme et ayant servi les maîtres encore trois années comme compagnon, étant d'honnête vie, catholique, apostolique et romain, s'adressera aux maîtres jurez qui le recevront à chef-d'œure, comme il sera avisé, à la charge toutefois que les dits jurez le feront sçavoir en cérémonie par le clerc de la communauté à tous les maîtres, à peine de nullité, et tous les maîtres reçus par lettres dans les fauxbourgs ne pourront entrer dans la ville, qu'ils ne fassent chef-d'œuvre et expérience, suivant l'ordonnance du roi rendue aux États d'Orléans.

Réception des maîtres par chef-d'œuvre.

18. — *Item*. Il sera défendu à tous de bailler à revendeurs ou revenderesses aucune chose de leur marchandise pour icelle regrater et porter vendre par la ville pour tromper le public, à peine de confiscation et de vingt livres parisis d'amende, comme dit est ci-dessus.

Défense de donner à vendre aux revendeurs.

19. — *Item*. Il sera défendu à toute personne, de quelque condition et qualité que ce soit, de s'ingérer de travailler et se mêler des fonctions de tapissiers s'il n'est maître en cette ville de Paris, à peine de confiscation des marchandises, outils et ustanciles et de cent livres d'amende, moitié au roi et l'autre moitié aux jurés.

Défense aux fripiers de vendre tapisseries ni ameublements.

20. — *Item*. Il sera défendu à tous vendeurs, redeveurs, regratiers, d'acheter pour icelles revendre aucunes tapisse-

Contre les colporteurs.

10

ries, tapis, lits, tentes, pavillons et toutes sortes de meubles, tant vieux que neufs, à peine de confiscation et de cent livres d'amende, comme dit est ci-dessus.

Droits
accoutumés
au profit de la
communauté
4 sols par pièce
de tapisserie
de hautelisse
suivant
les lettres
patentes rendues
au
mois d'août 1618,
et arrêts
du Conseil privé
et autres
arrêts de la Cour
et sentences,
et le
dernier arrêt
rendu le 3 février
1618.
Et pièces
de Bergame
et
points d'Hongrie
13 deniers
et balles
de marchandises,
4 sols Parisis,
suivant
les lettres
patentes du mois
de mars 1318,
registrées
à la Cour
le même mois.

21. — *Item*. Il sera enjoint à tous marchands forains ou autres de cette ville de Paris, amenant en cette ville soit tapisseries de toutes sortes comme de Flandres, Bruxelles, d'Auvergne, tapis de Turquie et autres lieux, sarazinois et du Levant, tapisserie de Bergame, de Lyon, de Rouen, de Beauvais, Angleterre et semblablement autres marchandises, comme coutil de Bruxelles, Castalognes, de Montpellier, d'Avignon, de Rouen, de Normandie, Beauvais et autres lieux ; plumes, duvets, bourrelanisse, laveton, crin, laine et généralement toutes sortes d'autres marchandises de la dépendance du dit art et métier de tapissier, les dits marchands seront tenus de faire apporter toutes les dites marchandises sans être déliées ni déployées, bales, balots à la chambre des gardes des dits maîtres et jurez tapissiers de cette ville de Paris, pour icelles être vües et visitées sévèrement les dites tapisseries et tapis par les jurés de hautelisse, sarazinois, courtepointiez neutrez, afin de séparer et ôter la bonne d'avec la mauvaise, pour l'intérêt du roi et du public, et icelle marquer et payer le droit de marque à la manière accoutumée, et quiconque l'aura achetée sans être vue et visitée payera vingt livres parisis d'amende, comme aussi les marchands étrangers de cette ville qui auront vendu la dite marchandise sans l'avoir fait visiter et marquer, payeront cent livres d'amende, moitié au roi, moitié aux jurez, et défenses seront faites aux hôteliers de retirer les dites marchandises qu'elles ne soient marquées.

Permis
aux gardes
d'aller en visite
quand bon
leur semblera.

22. — *Item*. Il sera permis à tous maîtres et jurez d'aller en visitation quand bon leur semblera en tous lieux, magasins, hôtelleries, tant de cette ville que faubourgs de

Paris, où ils sçauront qu'il se fera ou qu'il y aura tapisserie neuve, tapis, meubles et autres marchandises détournées de la visitation, rentraitures et racoutrages de tapisseries et rafraîchissement d'icelles, sans qu'il leur soit donné aucun empêchement, à peine de vingt livres parisis d'amende, comme ci-dessus.

23. — *Item*. Il sera défendu à tous de travailler à fête fêtable, si ce n'est pour le roi et sa gent, à peine d'amende, comme dit est ci-dessus.

24. — *Item*. Que la fête de sainte Geneviève soit célébrée en pareille cérémonie que celle de saint Louis et saint François et ainsi et toujours et à jamais continuée, et aussi saint Sébastien, fête et patron du dit métier.

25. — *Item*. Que nul ne pourra rentraire serges et tapis qu'elles ne soient ourdies comme ourditoires, et que nul ne pourra monter fil sur laine en l'ourditoire à peine d'amende, comme ci-dessus.

Fabrique de serges.

26. — *Item*. Que nul ne pourra faire courtepointe blanche de laine empesée, ni mouillée en l'eau d'icelle. Qui fera le contraire sera tenu pour faux et l'amendera comme il est dit ci-dessus, et aucun ne pourra imprimer sur serge et autres étoffes que les dits tapissiers comme ciels, lits, pavillons.

Permis aux seuls tapissiers d'imprimer sur serge.

27. — *Item*. Que nul ne pourra faire courtepointe, qu'elle ne soit remplie de bourrelanisse sans mêler auçun laveton ni tontisse et qu'elle ne soit bien cousue ; si c'est étoffe de soye, sera appliquée de bonne soye comme il appartient, à peine d'amende, comme dit est ci-dessus.

Courtepointes.

28. — *Item*. Que nul ne pourra faire ciels, custodes, pavillons, paillasses, tentures, parassols, pommes de lits et autres ouvrages, s'il n'est comme il appartient et de bonne étoffe ; si c'est drap, soye, velours, satin, taffetas,

Fabrique de lits et meubles.

damas et autres pareilles étoffes, il faut qu'elles soient cousues de bonne soye de la même couleur, à peine d'amende, comme dit est ci-dessus.

Manière
de
faire les matelas.

29. — *Item*. Que nul ne pourra faire matelas de deux futaines s'il ne sont remplis de bourre, bourrelanisse bonne et loyale, et ne pourra-t-on mêler laveton ni bourretontisse, à peine d'amende, comme dit est ci-dessus, et iceux seront marquez et chacun aura sa marque pour éviter aux fraudes et abus.

Lits de plumes.

30. — *Item*. Que nul ne pourra mettre en nulle façon que ce soit dans les matelas du poil rouge ni aucune bourre défendue, à peine d'amende, comme dit est ci-dessus et iceux ards et brûlez, ni dans les lourdières, semblablement plume noire dans les chevers, à peine comme dessus.

Chaises,
escabeaux,
formes,
tabourets,
garnis en crin.

31. — *Item*. Que nul ne pourra faire garniture de meubles, comme chaises, escabeaux, formes, tabourets, s'ils ne sont comme il appartient, sçavoir, garnis tout de crin sans mêler de poil ou autres semblables étoffes défendues; mais l'on pourra mettre le poil tout seul, le laveton tout seul, sans mêler les unes parmi les autres, à peine d'amende, comme dit est ci-dessus.

Fabrique
et marque
des coutils
avec
leur longueur
et largeur
différentes.

32. — *Item*. Que les coutils que l'on fait en la ville Caen et Coutances en Normandie, seront bien tissus, de grandeur comme il était au temps passé, à sçavoir, les coutils appelés dix raies contiendront onze aunes de longueur et deux aunes de largeur en deux laiz.

33. — *Item*. Les coutils appelés de neuf raies contiendront dix aunes et demie de longueur et sept quartiers de longueur en deux laiz.

34. — *Item*. Que les coutils que l'on appelle de huit raies contiendront neuf aunes de longueur et une aune et demie de largeur en deux laiz.

35. — *Item.* Les coutils que l'on fait à la Ferté-Massé, pays de Normandie, que l'on appelle dix raies, auront dix aunes de longueur et une aune et demie de largeur en deux laiz.

36. — *Item.* Les coutils que l'on appelle neuf raies, auront neuf aunes de longueur et une aune de largeur en deux laiz.

37. — *Item.* Les coutils que l'on fait au pays de Bretagne, Malasse et paroisses es environs, que l'on appelle grand de brin, contiendront dix aunes et demie de longueur et sept quartiers de largeur en deux laiz.

38. — Les coutils que l'on appelle de brin contiendront dix aunes de longueur et une aune et demie de largeur en deux laiz.

39. — Les coutils que l'on appelle couchette de brin contiendront neuf aunes de longueur et cinq quartiers de longueur en deux laiz.

40. — *Item.* Les coutils tout blancs de brin contiendront dix aunes de longueur et deux tiers de largeur.

41. — *Item.* Les coutils appelés grands grossiers contiendront dix aunes de longueur et une aune et demie de largeur en deux laiz.

42. — *Item.* Les coutils appelés moyens grossiers contiendront neuf aunes de longueur et de largeur cinq quartiers et demi en deux laiz.

43. — *Item.* Les coutils que l'on appelle de neuf contiendront neuf aunes de longueur, cinq quartiers en deux laiz de largeur.

44. — *Item.* Que les coutils appelez de huit raies contiendront huit aunes de longueur, une aune et deux quartiers de largeur en deux laiz.

45. — *Item*. Les coutils appelés de sept raies contiendront sept aunes de longueur et de largeur une aune et demie.

46. — *Item*. Les coutils que l'on fait à Maubuisson, pays de Normandie et ès environs, il faut qu'ils ayent trois quartiers de large et qu'ils soient bien tissus et faits de bon fil de chanvre sans étoupe, et seront tous les dits coutils bons et loyaux suivant le cours du temps.

Visite et marque des coutils. Droits accoutumés au profit de la commune, un sols parisis par pièce, suivant lettres patentes du mois de mars 1358 registrées à la Cour.

47. — *Item*. Seront tenus tous les dits marchands amenant en cette ville de Paris tous les dits coutils ci-dessus déclarez sans être déliez ni déployez, venir directement en la chambre des gardes des maîtres tapissiers de cette ville de Paris, pour iceux être vus, visitez sur les longueurs et largeurs; défenses seront faites à tous les maîtres tapissiers d'aller au-devant pour les faire détourner, ni d'en exposer en vente à leurs boutiques, qu'ils n'ayent été vus, visitez et marquez de la marque des dits jurez, à peine de vingt livres parisis d'amende, et pareillement les marchands qui les auront vendus sans être visitez ni marquez, payeront pareille amende pour la première fois; à la seconde, confiscation des dits coutils et de double amende, moitié au roy et l'autre moitié aux jurez, et défense aux hôteliers de les retirer qu'ils n'ayent été vus et visitez, à peine de vingt livres d'amende.

Longueur et largeur des mantes et couvertures.

48. — *Item*. Quant aux mantes et couvertures de Montpellier et Languedoc, Avignon et Normandie et autres lieux es environs, seront de grandeur et bonté comme ci-devant, sçavoir les passes grandes appelez les fleurons auront trois aunes de longueur par le milieu, deux aunes et demie de largeur; les passe-grandes de Montpellier te Avignon seront de même grandeur et largeur et marquez à pareil droit, avec la marque de l'ouvrier en l'autre coin.

49. — *Item.* Les grandes mantes de Montpellier et Avignon contiendront deux aunes et demie de longueur, et de largeur deux aunes.

50. — *Item.* Les moyennes mantes de Montpellier, Avignon contiendront, de longueur, deux aunes et un quart et sept quartiers de largeur et seront marquées par le coin comme celles de Paris.

51. — *Item.* Les petites mantes de Montpellier, Avignon contiendront de longueur deux aunes et une aune et demie de largeur.

52. — *Item.* Les mantes que l'on fait à Paris et aux faubourgs et autres lieux es environs, premièrement les passe-passes marquées par le coin de six points auront trois aunes de longueur, et de largeur deux aunes et demie toutes foulées.

53. — *Item.* Les passe-grandes auront deux aunes et un quart de largeur, deux aunes trois quarts de long, toutes foulées et marquées par le coin de cinq points. Les quatre points auront deux aunes et demie de long et deux aunes de large.

54. — *Item.* Les mantes appelées neuf quartiers auront deux aunes et un quart de long et une aune trois quarts de large toutes foulées.

55. — *Item.* Les mantes appelées de huit quartiers auront deux aunes de long et une demie de large, marquées par le coin de deux points avec la marque de l'année par l'autre coin, à la manière accoutumée et seront marquées les communes, fines et croisées à la manière accoutumée, et seront œuvrées de bonne laine sans poil, à peine de vingt livres parisis d'amende comme ci-dessus.

56. — *Item.* Les autres appelées neuf quartiers auront deux aunes et un quart de longueur, et de largeur sept quartiers.

57. — *Item*. Les autres appelées dix quartiers auront deux aunes et demie de longueur, et de largeur deux aunes.

58. — *Item*. Les autres appelées huit quartiers auront deux aunes de longueur, et de largeur une aune et demie.

59. — *Item*. Celles des autres lieux appelées bâtardes, auront deux aunes et un quart de longueur, et de largeur une aune trois quarts.

60. — *Item*. Les autres appelées sept quartiers auront de longueur deux aunes, et de largeur sept quartiers.

61. — *Item*. Les autres appelées six quartiers auront de longueur deux aunes, de largeur une aune et demie et seront faites de bonne laine.

Droits accoutumés sur les couvertures au profit de la communauté; un sol parisis par couverture de toute grandeur et berceau à proportion suivant l'ordonnance de 1558.

62. — *Item*. Il sera défendu à tous marchands et autres d'exposer en vente aucune des couvertures ci-dessus déclarées qu'elles n'ayent été vues, visitées et marquées par les maîtres jurez tapissiers, à peine de confiscation et de 20 livres parisis d'amende, la moitié au roi, l'autre aux jurez.

Manière de fabriquer les tapisseries de Bergame.

63. — *Item*. Les tapis damassés et broyés ensemble, la tapisserie qui se fait à Beauvais et autres lieux pour tentures de chambres de plusieurs sortes de couleur seront faites de bonne laine et auront de large une aune de laiz ou du moins trois quarts et demi, à peine d'amende, comme dit est ci-dessus.

Visite des balles et défense de mêler la vieille plume à la neuve.

64. — *Item*. Il sera enjoint à tous les marchands amenans en cette ville de Paris, bourrelanisse, laveton, plumes, duvets, crin, de venir directement en la chambre des dits tapissiers pour être vus et visitez, à peine de confiscation, de 20 livres parisis d'amende, comme il est dit ci-dessus, et défenses seront faites de mêler la vieille plume parmi la neuve sur ci-dessus, et défenses aux hôteliers de la retirer, aux peines comme dessus.

65. — *Item*. Il sera enjoint doresnavant aux maîtres et jurez tapissiers, lorsqu'il arrivera aucunes des marchandises ci-dessus déclarées, comme tapisseries, tapis de toutes sortes, couvertures, coutils, bourre, plumes, duvets, crin, laines et autres marchandises étrangères en la chambre des dits jurez, et seront tenus d'envoyer le clerc de la communauté le faire sçavoir à tous les maîtres de chefs-d'œuvre, et chacun lotira comme se trouvera raisonnable et ne pourra en enlever les dits lots que depuis 8 heures du matin jusqu'à 10, et depuis 2 heures de relevée jusqu'à 4 en la présence des jurez, et défenses seront faites à tous d'aller au devant des dites marchandises pour les tourner de la visitation, à peine de confiscation et de 20 livres parisis d'amende, moitié au roi, et l'autre moitié aux jurez, pareillement de les vendre sans être marquées.

Manière de sortir les marchandises et défense d'aller au-devant et qu'elles ne soient vues et visitées.

66. — *Item*. Les dits maîtres seront tenus à s'assembler tous les ans, sçavoir le lendemain de la Saint-Louis, pour élire deux maîtres de la confrérie, et le lendemain de Saint-François, pour élire deux nouveaux jurez, lesquels seront élus selon l'ordre de leur réception et capacité, en demeurera toujours deux anciens avec les deux nouveaux, sçavoir, un de hautelisse sarazinois, deux contre-pointiers et un neutrez, lesquels feront le serment en la manière accoutumée de faire garder et observer de point en point les dits statuts et ordonnances et feront leur rapport en justice en leur serment et par devant Monsieur le procureur du roy au Châtelet de Paris, des malversations, méprises et faussetez qu'ils trouveront contrevenir à aucuns d'iceux, sans épargner personne, et pour cet effet, iront de deux en deux mois en visitation et leur sera payé par chacun maître 4 sols parisis.

Election des maîtres gardes jurez auditeurs de comptes. (Voy. le nouveau reglement.)

67. — Il sera fait un coffre où seront mis les dits statuts et ordonnances, ensemble tous les arrêts, sentences,

Reddition de comptes des deux comptables

tant en argent
que papiers
et par corps,
et
l'établissement
des douze.
(*Voy. arrêt du
règlement.*)

règlements et autres papiers concernant la dite communauté, dont les quatre jurez auront chacun une clef et en changeront par récépissé écrit et signé de leur main, de les représenter toutefois et quantes que besoin sera et lorsqu'ils sortiront de jurande, lesquels rendront leurs comptes en la présence de six anciens bacheliers, six modernes maîtres, le receveur, élus par la communauté, et ainsi continuer à toujours et jamais; et tous ceux qui en ont et en auront en leur possession seront contraints et par corps à les représenter, et les arrêts du 7 décembre 1629 et 27 mars 1630 seront exécutés selon leur forme et teneur.

Incorporation
des
hautelissiers
Sarazinois
et de
rentraiture
avec
les trois autres
corps.

68. — *Item.* Tous les dits maîtres et marchands tapissiers, tant de hautelisse, sarazinois et rentraiture, courtepointiers, neutrez et coûtiers, d'un commun accord et même consentement, en exécution des arrêts de Nosseigneurs de la Cour du Parlement, sentence de Monsieur le Lieutenant civil et Monsieur le Procureur du roy au Châtelet, en date des onze décembre 1621, vingt-six août 1625, trois juillet 1627, et autres arrêts, sentences et règlements de leurs dits arts, métiers et marchandises, ont été joints et incorporez les uns avec les autres, et par les dits arrêts et sentences est ordonné qu'ils feront compiler, joindre et renouveller leurs statuts et ordonnances ensemblement, afin de vivre en paix les uns avec les autres, comme n'étant plus qu'un semblable art, métier et marchandise, ce qu'ils sont tenus en délibération de faire, et tous d'un commun consentement ont fait dresser tous les sus dits articles ci-dessus mentionnez pour être par eux et leurs successeurs présens et à venir gardez et observez de point en point selon leur forme et teneur, sur les peines portées par iceux; et veulent et entendent que leurs dits arts et métiers soient confondus ensemblement, pour être à toujours et à jamais un même art, métier et marchandise,

et mêmes statuts et ordonnances, et pour être une chose
stable à jamais, eux requèrent se pourvoir par devers le roi
notre sire par humble prière et supplication de les y maintenir et garder, et pour plus de force et vertu apposer le
grand sceau de Sa Majesté.

Signé : R. Marie et Dupont.

La requête des dits maîtres et jurés tapissiers de hautelisse sarrazinois et rentraituriers de cette ville, contenant
plusieurs significations faites à leur requête par Guérin ci-
après nommé aux maîtres jurez tapissiers courtepointiers,
neutrez et coustiers de cette dite ville, et à la requête des
dits maîtres jurez de hautelisse, sarrazinois, soit d'abon-
dant signifié et baillé copie des dits articles ci-dessus portant
règlement de leurs statuts et ordonnances, après avoir
été vus, corrigez et concertez par honorables hommes
Adrien Chavet et Pierre du Pont anciens jurez des dits
maîtres tapissiers, courtepointiers, à l'assemblée générale
de tous les maîtres de la communauté pour résoudre à la
vérification des dits statuts et ordonnances pour le bien,
profit et utilité de leur dite communauté, contenant soixante-
huit articles, et ce aux dits maîtres et jurez tapissiers,
courtepointiers, neutrez et coûtiers de la dite ville de Paris
à ce que iceux maîtres-jurez tapissiers courtepointiers,
neutrez et coûtiers n'en prétendent cause d'ignorance et
ayent dans huitaine à les faire communiquer aux anciens
maîtres de leur communauté pour iceux dire leur avis
et résoudre comme dit est sur ce sujet ce qu'ils trouveront
être à faire et augmenter ou diminuer si besoin est, et à
faute de répondre dans ce dit temps de huitaine, les dits
maîtres-jurez tapissiers de haute-lisse sarrazinois leur déclarant qu'ils seront passez en la forme qu'ils sont avec
toute sorte de diligence pour le profit général de toute la
communauté à frais communs.

Fait tout le contenu ci-dessus et baillé copie des articles
ci-dessus par moi huissier à cheval et menditaire au Châtelet
de Paris, soussigné ce premier jour de may 1635 du matin,
aux dits maîtres-jurez tapissiers et courtepointiers, neutrez
et coûtiers de cette ville de Paris y nommez, parlant à eux
dans la personne dudit Chavet l'un d'iceux, tant pour lui
que pour la compagnie, es jurez trouvez en sa maison et
domicile à Paris, à ce qu'ils n'en prétendent cause d'ignorance. Fait ces présentes, laissé aussi copie ensemble du
présent exploit en présence de Edme La Vise, Jacques
Berthelet et autres témoins.

Signé : DE CAMILLE.

Collationné à son original et papier ci-attaché avec la présente
fais le contrescel par les notaires, garde-notes du roi notre sire
au Châtelet de Paris, soussigné ce requérant par Robert-Marie
Marchand, maître tapissier à Paris, l'un des présens jurez du
dit état par ce présent ici rendu ce vingt-huitième jour de juillet
mil six cent trente-six, et le dit Marie a signé.

Signé : RINANET, DUNMIER, BONET.

SENTENCE ET AVIS de Monsieur le Lieutenant civil, —
du mercredi, vingt-cinquième juin 1636.

LETTRES PATENTES du Roy, qui confirment les présents statuts et règlements, — juillet 1636.

ARREST DE LA COUR DE PARLEMENT, qui en ordonne
l'enregistrement, — 23 aoust 1636.

LETTRES DE CONFIRMATION de l'union des communautés des tapissiers de haulisse avec les courtepointiers,
neutrez et coûtiers, — mai 1644.

QUITTANCE de droit de confirmation. — 23 mars 1644.

LETTRES PATENTES DU ROY

DU MOIS DE MAI 1656,

Qui déchargent la communauté des maistres tapissiers de toute taxe pour lettres de maîtrise, et qui ordonnent que nul ne sera admis au dit art sans faire chef-d'œuvre, et qui donnent la qualité de maistres et gardes-jurez à ceux qui sont en charge.

LOUIS, PAR LA GRACE DE DIEU, ROI DE FRANCE ET DE NAVARRE, à tous présents et à venir, salut.

Les maistres et gardes-jurez, tapissiers, haute-lissiers, courtepointiers, neutrez de notre bonne ville et fauxbourgs de Paris, nous ont fait remontrer qu'encore que les rois nos prédécesseurs, particulièrement les rois Henri IV et Louis XIII, nos très-honorez ayeul et père, ayant apporté tous les soins imaginables pour rétablir dans le royaume la perfection des manufactures, tant de tapisserie, de haute-lisse, sarazinois, que des tapis façon de Turquie et autres ouvrages du Levant, non-seulement par la considération de l'utilité que ces fabriques peuvent produire en empê- chant le transport de l'or et de l'argent hors du royaume et attirant celui des pays étrangers et des royaumes voi- sins, mais aussi par la raison de l'honneur et de l'avantage que l'excellence des dites manufactures peut apporter à l'État, et qu'ils ayent si heureusement réussi dans ce dessin, que l'art, l'excellence et perfection des ouvriers français ayant surpassé de beaucoup toutes les manufactures étrangères, notre dit défunt père le roi Louis XIII d'heu- reuse mémoire ait trouvé à propos de faire publier des défenses d'apporter et laisser entrer dans ce royaume

aucunes tapisseries étrangères au-dessus de mille livres
la tenture ; ayant même octroyé ses lettres patentes, confirmatives et approbatives de plusieurs articles conformes
aux édits généraux des rois Henri III et IV pour le fait
de la police générale des arts et métiers qui auraient été
pour ce sujet ajoutés aux anciens statuts des exposans :
néanmoins ils appréhendent que les réceptions forcées
qu'ils sont journellement obligés de faire tant de ceux qui
sont porteurs de lettres de maîtrise que d'un grand
nombre d'ignorants qui, sortant des fauxbourgs après trois
années de résidence en iceux, viennent en vertu des priviléges à entrer dans la ville et y jouir de la maîtrise,
n'étouffent une si belle entreprise et un si louable dessin,
les uns ni les autres n'ayant jamais fait d'apprentissage,
et qu'ainsi, contre les intentions desdits rois nos prédécesseurs et même contre la nôtre, l'excellence et la perfection
de la dite manufacture ne se ruine : à ces causes et attendu
que les dits exposans nous ont pareillement fait remontrer
qu'ils sont obligez tous les ans de tendre ou faire tendre
des tapisseries les jour et fête de l'Octave du saint Sacrement, devant les maisons de ceux de nos sujets qui font
profession de la religion prétendue réformée tant aux
fauxbourgs que dans notre dite ville de Paris, moyennant
une somme de trois cents livres par chacun an, qui leur
doit être payée des deniers de notre épargne, qui n'est pas
le tiers de ce qui leur en appartiendrait légitimement, ayant
tous les ans plus de huit cents pièces de tapisseries à fournir
et à tendre pour la dite somme de trois cents livres, dont
même il leur est dû plus de quinze à seize années d'arrérages ; et que d'ailleurs leur communauté seule est chargée
tous les ans de recevoir maîtres de la manufacture du
Levant deux des pauvres enfans qui sont élevez et instruits
dans l'hôtel de la Savonnerie ; désirant subvenir aux exposans et les obliger d'autant plus à se perfectionner dans

les dites manufactures et autres ouvrages de leur art,
nous avons, par ces présentes signées de notre main et
de notre grâce spéciale, pleine puissance et autorité royale,
dit et déclaré, disons et déclarons et nous plaît qu'à l'avenir la dite communauté des tapissiers de notre dite ville
et fauxbourgs de Paris, soit exempte et déchargée par
ces dites présentes, nous l'exemptons et déchargeons de
toutes lettres de maîtrise octroyées en faveur et pour
quelque cause ou occasion que ce soit, nonobstant tous
édits, arrêts et lettres à ce contraires, auxquelles nous
défendons à tous juges et officiers d'avoir égard, et en conséquence voulons et entendons que, suivant les statuts de
la dite communauté et les lettres de confirmation d'iceux
du mois de juillet 1636, nul ne soit admis maître au dit
art qu'en faisant apprentissage, chef-d'œuvre et expérience
conformément à iceux et autres arrêts de notre Cour de
parlement de Paris sur ce intervenus ; à la charge que
les dits exposans (suivant leurs offres) tendront tous les
ans ou feront tendre des tapisseries à leurs frais et dépens,
aux jour de fête et Octave du saint Sacrement, au devant
des maisons de nos dits sujets faisant profession de la
religion prétendue réformée, tant en notre ville qu'aux
fauxbourgs d'icelle ; si donnons en mandement à nos amez
et féaux les gens tenant notre Cour de parlement à Paris,
prévôt du dit lieu, ou son lieutenant civil et à tous nos
autres justiciers et officiers qu'il appartiendra, que ces
présentes ils ayent à faire enregistrer, garder et observer
inviolablement, et du contenu en icelles faire jouir les
exposans pleinement et paisiblement, cessant et faisant
cesser tous troubles et empêchements au contraire, et ce
nonobstant toutes ordonnances et lettres à ce contraires,
auxquelles et au dérogatoire des dérogatoires y contenus,
nous avons dérogé et dérogeons par ces dites présentes,
pour ce regard seulement, car tel est notre bon plaisir ;

et afin que ce soit chose ferme et stable à toujours, nous avons fait mettre notre scel à ces dites présentes. Donné à Paris au mois de mai, l'an de grâce mil six cent-cinquante-six et de notre règne le treizième. *Signé*, LOUIS : et sur le pli, par le roi : LE TELLIER ; et au bout dudit repli : Visa, *signé*, SEGUIER ; et à côté, sur le même repli, est écrit :

Registré : Ouï le Procureur général du roi, pour être exécutées selon leur forme et teneur, et jouir par les dits impétrans de l'effet et contenu en icelles aux charges portées par l'arrêt de ce jour. A Paris, en Parlement, le premier juillet mil six cent-cinquante-six.

Signé : DUTILLET.

LETTRES PATENTES DU ROY

DONNÉES AU MOIS DE MARS 1719,

Qui ordonnent que l'arrêt du Conseil d'État du roy qui homologue les quarante-quatre articles des nouveaux règlements
sera exécuté, registré à la Cour le 29 août 1719, et qui
confirment les statuts et lettres patentes données en
juillet 1636, registrés à la Cour en août 1656 et lettres
patentes données au mois de juillet, registrées en août 1656,
et toutes autres lettres patentes qui sont registrées à la
Cour, et qui confirment l'incorporation des maîtres et marchands tapissiers de hautelisse et basselisse, sarazinois
dits de rentraitures avec les courtepointiers, couverturiers,
coûtiers et neutrez de la ville, faubourgs et banlieue de
Paris.

EXTRAIT DES REGISTRES DU CONSEIL D'ÉTAT.

Veu au Conseil d'État du roi les arrêts rendus en icelui
les trois mars et seize mai mil sept cent seize, quatre
novembre mil sept cent dix-sept, quatorze février et dix-
neuf mars mil sept cent dix-huit, par lesquels Sa Majesté
a nommé deux commissaires de son Conseil pour procéder
à la liquidation des dettes de communauté d'arts et métiers
de la ville de Paris et à la révision des comptes des anciens
syndics et jurez, et à donner leur avis sur les moyens les
plus convenables pour pourvoir au payement des dettes
légitimes des dites communautés ; les déclarations et arrêts
du Conseil des neuf novembre mil six cent quatre-vingt-
onze, vingt-huit février mil six cent quatre-vingt-dix-
sept, vingt-sept février mil sept cent trois et vingt-sept juillet
mil sept cent six, par lesquels les offices de jurez héréditaires
d'auditeurs et examinateurs des comptes, du trésorier de
la bourse commune, des contrôleurs et visiteurs des poids
et mesures et du greffier des enregistrements, créez dans

11

les communautés d'arts et métiers, ont été réunis à la
communauté des maîtres et marchands tapissiers de hautelisse, basselisse, sarrazinois dits rentraiture, courtepointiers,
couverturiers, coûtiers et neutrez de la dite ville et fauxbourgs de Paris, en ce qui concernait la dite communauté
et pour procurer à la dite communauté les moyens de
payer les arrérages et de rembourser les principaux des
emprunts par elle faits pour le payement des finances des
dits offices réunis, outre les gages qui lui ont été attribuez,
les droits de réception à la maîtrise ont été augmentez
et il a été établi de nouveaux droits payables au profit de
la dite communauté par les apprentifs, les compagnons,
les maîtres et par les jurez, et en même temps a été
ordonné que les dites augmentations de nouveaux droits
cesseraient d'être perçues lorsque ladite communauté serait
libérée des dits emprunts ; les statuts anciens et nouveaux
de la dite communauté et lettres patentes portant autorisation d'iceux, registrées au Parlement des mois de mars
mil cinq cent soixante-huit, août mil six cent dix-huit,
juillet mil six trente-six, mai mil six cent quarant-quatre,
et mai mil six cent cinquante-six ; huit articles de nouveaux règlemens dressez par les gardes jurez en charge de
la dite communauté du consentement de tous les maîtres
anciens et modernes ; les délibérations de la dite communauté des quinze février mil sept cent neuf, deux septembre, seize octobre et quatre novembre mil sept cent
dix-sept ; les jugements des dits sieurs commissaires du
douze janvier mil sept cent dix-neuf, portant liquidation
des dettes passives de la dite communauté, par lesquels il
paraît que la dite communauté ne se trouve plus débitrice d'aucunes sommes exigibles, mais seulement de la
somme de soixante-quinze mille quatre cent quarante-neuf
livres huit sols quatre deniers en principaux contenus aux
contrats de constitution de rentes mentionnés au dit

jugement, par lequel il a été ordonné que les arrérages des dites rentes seront payés par la dite communauté sur les gages et droits affectez au payement de chacun créancier : vû aussi l'avis des dits sieurs commissaires du douze janvier mil sept cent dix-neuf ; ouï le rapport ; le roi en son Conseil : conformément à l'avis des dits sieurs commissaires, qui demeurera annexé à la minute du présent arrêt, a ordonné et ordonne ce qui suit :

1. — Que chaque maître de la dite communauté ne pourra avoir qu'un seul apprentif à la fois et que nul ne puisse être admis à l'apprentissage s'il ne fait profession de la religion catholique, apostolique et romaine. Et seront los dits apprentifs engagez pour six années, pendant lesquelles les maîtres qui auront engagé les dits apprentifs ne pourront en prendre d'autres. Ne pourront aussi les maîtres prendre aucun allouë ; pourront néanmoins les maîtres ayant un apprentif, prendre le transport d'un brevet d'un autre apprentif obligé avec un autre maître qui sera décédé ou aura quitté le métier, lequel transport de brevet sera délivré par les gardes jurez en charge, le tout à peine de nullité de brevet et de cinquante livres d'amende contre les maîtres qui contreviendront.

Le maître ne pourra avoir qu'un seul apprentif obligé pour six ans et ne pourra avoir aucun alloué, cependant le maître pourra avoir un transport de brevet avec son apprentif, et le maître qui contreviendra à l'article, le brevet sera déclaré nul et 50 livres d'amende.

2. — L'apprentif engagé pour six années sera tenu d'apprendre le dit métier ; le maître sera tenu de lui montrer, et le dit apprentif donnera bonne et suffisante caution de ne point quitter la maison de son maître pour aller demeurer ailleurs pendant le dit temps de son apprentissage, s'il n'est dans le cas de transport de brevet énoncé dans l'article précédent, et ne pourront les apprentifs être rachetez de tout ou de partie de leur temps d'apprentissage, pour quelque cause que ce soit, suivant l'article ii des statuts de la dite communauté confirmé par lettres patentes du mois de juillet mil six cent trente-six.

L'apprentif obligé pour six ans ne pourra être racheté de son temps pour quelque cause que ce soit.

3. — Les brevets d'apprentissage seront passez par devant notaires, et les expéditions en seront apportées dans la quinzaine du jour de leur date au bureau de la communauté pour y être enregistrées par les dits gardes jurez en charge, lesquels délivreront un acte du dit enregistrement, et les six années d'apprentissage commenceront à courir du dit enregistrement seulement, et à l'expiration des dites six années le maître et l'apprentif seront tenus, au plus tard dans un mois du jour de la dite expiration, de rapporter au bureau tant le brevet que l'acte d'enregistrement d'icelui, de tout, quittance et décharge par les maîtres pour en être fait mention sur les registres de la communauté par les dits gardes jurez.

4. — Les apprentifs qui, après avoir achevé leur apprentissage, voudront aspirer à la maîtrise, seront tenus de travailler chez les maîtres en qualité de compagnons pendant l'espace de trois années, après lesquelles ils pourront se présenter à chef-d'œuvre pour être reçus maîtres, s'ils en sont jugez capables, auquel effet ils s'adresseront aux dits gardes jurez, le tout conformément à l'article v des dits statuts.

5. — Ceux qui étant mariez et ayant enfans voudront entrer en apprentissage du dit métier, ne pourront y être admis que sous la condition expresse que leurs dits enfans nez avant le dit apprentissage ne pourront être reçus à la maîtrise comme fils de maître, en sorte que les dits enfans aspirans à la maîtrise seront tenus de faire l'apprentissage de six années, de travailler chez les maîtres en qualité de compagnons pendant trois années et de faire chef-d'œuvre comme les autres apprentifs de Paris.

6. — Aucun maître ne pourra prendre d'apprentif sous un autre nom que le sien, si ce n'est sous le nom de son fils reçu maître, âgé au moins de quinze ans accomplis,

demeurant actuellement avec son père, sous peine de cinquante livres d'amende.

le nom de son fils reçu maître et âgé de 15 ans.

7. — Les fils de maîtres parvenus à la maîtrise ne pourront tenir boutique ouverte du dit métier pour leur compte particulier avant qu'ils ayent atteint l'âge de vingt ans accomplis.

Les fils de maîtres ne pourront tenir boutique ouverte qu'à 20 ans.

8. — Les fils de maîtres nez avant la maîtrise de leur père ne pourront être reçus maîtres s'ils n'ont fait chef-d'œuvre comme les autres apprentifs.

Les fils de maîtres nez avant la maîtrise de leur père tenus de faire chef-d'œuvre.

9. — Aucun maître ne pourra louër ni transporter en quelque manière et sous quelque prétexte que ce puisse être les priviléges de sa maîtrise, à peine d'être déchu de sa maîtrise.

Défense aux maîtres de louer leur maîtrise.

10. — Les veuves des maîtres ne pourront pareillement loüer ni transporter leur privilége pour quelque cause que ce puisse être, et pourront seulement néanmoins tenir boutique ouverte du dit métier, à charge d'avoir un garçon qui soit apprentif de Paris et qui ait l'expérience nécessaire.

Défense aux veuves de louer leur privilége.

11. — Aucun maître ne pourra contracter de société de commerce du dit état et métier avec autres personnes que celles qui ont la qualité de maîtres tapissiers de Paris, à peine de nullité et de deux cents livres d'amende.

Défense aux maîtres de faire des sociétés avec d'autres personnes que ceux qui sont maîtres.

12. — Les garçons tapissiers qui ne seront point apprentifs de Paris ne pourront point travailler en qualité de compagnons chez les maîtres de la dite communauté si, au préalable, ils n'ont obtenu une permission qu'ils sont tenus de venir prendre au bureau et qui leur sera délivrée par les gardes jurez en charge, en payant par les dits garçons tapissiers la somme de vingt-cinq sols à la boëte de la confrairie, et ce conformément à l'article iv des dits statuts de mil six cent trente-six.

Défense aux garçons tapissiers de province de travailler à Paris sans une lettre des gardes.

13. — Ne pourront pareillement les maîtres de la communauté se servir et faire travailler chez eux les dits garçons non apprentifs de Paris, qu'il ne leur soit apporté les dites lettres de permission, à peine de trois cents livres d'amende pour la contravention et déchéance de la maîtrise en cas de récidive.

Défense aux forains ouvriers d'Aubusson d'entreprendre sur le corps des maîtres tapissiers, sur peine de 300 livres d'amende et de souffrir la visite des gardes chez eux.

14. — Les marchands forains ouvriers de la ville d'Aubusson et vendant des tapisseries à Paris, suivant les lettres patentes à eux accordées au mois de juillet mil six cent soixante, enregistrées au Parlement le treize août mil six cent soixante-cinq, ne pourront vendre d'autres tapisseries que neuves, provenant de leurs fabriques, et ils sont tenus, conformément aux dites lettres patentes, de marquer les dites tapisseries de leurs fabriques d'un plomb sur lequel seront empreintes d'un côté les armes du roi et de l'autre celles de la dite ville d'Aubusson, comme aussi de marquer au bas des dites tapisseries en caractères de laine ces mots : *Manufacture d'Aubusson*. Défenses sont faites aux dits forains ouvriers d'Aubusson de vendre aucunes tapisseries, soit neuves ou vieilles, autres que celles de leur fabrique, ni même celles de leur fabrique quand elles seront vieilles, comme aussi de loüer aucunes tapisseries vieilles ou neuves, même celles de leur fabrique, le tout à peine de confiscation et de trois cents livres d'amende, et seront tenus les dits ouvriers d'Aubusson de souffrir les visites qui seront faites en leurs maisons, boutiques et magasins, par les dits maîtres et gardes jurez tapissiers, même de leur porter honneur et respect lors des dites visites, à peine de punition exemplaire.

Défenses aux maîtres et aux forains d'employer de faux teint dans les tapisseries.

15. — Aucun des maîtres tapissiers de haute-lisse et basse-lisse, sarrazinois, ne pourront employer dans leurs ouvrages de tapisseries, tableaux et tapis les couleurs de cramoisi, écarlatte et violette, que du bon et grand teint,

fait avec de la cochenille, sous peine de confiscation et de trois cents livres d'amende en cas qu'ils y aient employé de fausses couleurs.

16. — Il sera tous les ans fait élection de trois maîtres pour être du nombre des douze petits jurez auditeurs des comptes, sçavoir : un haute-lissier, un courtepointier et un couverturier, lesquels seront choisis dans le nombre des maîtres modernes et demeureront en exercice pendant deux années, de manière qu'ils soient toujours au nombre de six ; et sera procédé à la dite élection le même jour que se fera celle des gardes jurez, en présence du Procureur du roi au Châtelet au bureau de la communauté, où seront mandez quarante maîtres modernes à tour de rôle, à l'effet de donner leur voix avec les gardes jurez en charge, les six douze petits jurez aussi en charge et les anciens gardes jurez, tant pour l'élection des gardes jurez que des trois douze petits jurez ; et sera la liste de la communauté faite aussi tous les ans par les jurez en charge.

Election de trois douze petits jurez au jour de celle des gardes.

17. — Lors de l'assemblée pour l'élection des gardes jurez, chaque garde juré étant en charge présentera la liste de ceux de son corps qui seront en état d'être élus ; celle des haute-lissiers contiendra les noms de trois de ceux de leur corps qui auront passé les charges de petits jurez, celle des courtepointiers, le nombre de neuf de leur corps qui auront aussi passé les dites charges, et celle des couverturiers contiendra les noms de trois de ceux de leur corps qui auront passé les charges de petits jurez, pour être les uns et les autres mis sur les dites listes suivant l'ordre de leur réception et ancienneté dans les dites charges, et seront les dits gardes jurez élus à la pluralité des voix dans le nombre des dits maîtres inscrits sur les dites listes, sans qu'il en puisse être élu d'autres,

A l'élection des gardes chaque garde présentera la liste de son corps.

le tout conformément à l'article LXX des dits statuts de 1636 et au dit arrêt du conseil de 1697.

Les
douze petits
jurez
auront une
commission
de Monsieur
le procureur
du Roi
pour 2 ans.

18. — Les douze petits jurez tiendront leur commission du procureur du roi au Châtelet suivant la délibération de la communauté du 16 octobre 1717, et seront les douze petits jurez pendant les deux années de leur exercice appelés à toutes les assemblées qui se tiendront pour affaires importantes à la communauté, pour y donner leur avis et avoir voix délibérative.

Les douze
petits jurez
ne pourront
faire de saisies
sur
les maîtres
et
veuves
ni
sur les autres
communautés
mais
seulement
sur les ouvriers
sans qualité.

19. — Ne pourront les douze petits jurez faire aucunes saisies sur les maîtres de la communauté, non plus que sur aucuns maîtres des autres communautés, mais seulement sur les ouvriers sans qualité, chamberlans, colporteurs, cardeurs, revendeurs lors le cas écherra, pourront aussi commencer les procédures pour soutenir les saisies qui auront été par eux faites, et seront tenus de rendre compte des dites procédures aux gardes jurez en charge de la communauté.

Nul maître
moderne ne
pourra être
garde,
qu'il n'ait été
l'un des douze
petits jurez.

20. — Nul maître moderne ne pourra parvenir à la charge de garde qu'il n'ait géré les affaires de la communauté en qualité de l'un des douze petits jurez, suivant l'article XVII ci-dessus.

Sera élu
trois anciens
gardes
pour être douze
tous les ans :
un
hautelissier,
deux
courtepointiers,
l'année
qu'il n'y aura
point
de couverturiers.

21. — Seront aussi élus tous les ans trois maîtres du nombre des anciens gardes jurez, sçavoir : un hautelissier, un courtepointier et alternativement un second courtepointier avec un couverturier ; de manière qu'il ne soit élu un couverturier que tous les deux ans, et que l'année où il ne devra point être élu de couverturier, il soit élu deux courtepointiers, lesquels anciens demeureront deux ans en exercice pour composer toujours le nombre de six, dont le plus ancien sera syndic ; feront les dits six anciens avec les six petits jurez le nombre de douze maîtres anciens et modernes, devant lesquels seront rendus les comptes

des gardes jurez comptables qui sortiront de leur charge après les deux années de leur jurande expirées.

22. — Les gardes jurez comptables seront tenus de rendre leurs comptes un mois après qu'ils se seront sortis de charge, et au cas qu'il y eût des contestations sur aucun des articles des dits comptes, ils se retireront par devant le procureur du roi au Châtelet pour être statué.

Les deux·gardes comptables rendront leurs comptes un mois après leur année finie.

23. — Il sera fait tous les premiers jeudis de chaque mois dans le bureau de la communauté, à la diligence des gardes jurez en charge, une assemblée à laquelle seront appelés tous les anciens et les douze petits jurés si le cas le requiert, pour délibérer des affaires de la communauté et seront les dits anciens tenus d'assister aux dites assemblées, s'ils ne sont valablement excusez, à peine de quatre livres d'amende applicables aux pauvres maîtres de la communauté.

Il sera fait assemblée tous les premiers jeudis du mois, où tous les anciens gardes seront mandés.

24. — Les affaires seront proposées par les gardes jurez en charge et par le syndic; les délibérations seront conclues et arrêtées à la pluralité des voix et transcrites dans les registres des délibérations de la communauté, pour être observées par tous les maîtres de la dite communauté, même par ceux qui n'auront point été appelés aux assemblées.

Les délibérations faites dans l'assemblée générale des gardes anciens et douze petits jurez, seront tenus les maîtres de s'y conformer.

25. — Il sera distribué à chacun des gardes jurez en charge et des anciens qui assisteront aux dites assemblées un jeton d'argent de la valeur de 25 sols pour droit de présence, et cas d'absence la rétribution des absens sera distribuée aux pauvres maîtres de la communauté sans préjudice de l'amende de 4 livres qui sera encourue par les anciens, en cas d'absence sans excuse légitime.

Permis aux gardes de donner un jeton aux anciens qui viendront aux assemblées et seront tenus les anciens de payer quatre livres d'amende en cas qu'ils ne s'y trouvent pas.

26. — Les maîtres et gardes-jurez en charge pourront faire leurs visites dans tous les lieux privilégiés de la ville et fauxbourgs de Paris, où il y aura des ouvriers de leur

Permission aux gardes d'aller en visite dans tous les lieux privilégiés.

art et métier, à l'effet de connaître les malversations qui pourraient s'y commettre, après avoir obtenu préalablement une ordonnance de permission du sieur lieutenant général de police, et se feront assister, lors des dites visites d'un commissaire au Châtelet et d'un huissier pour être les contraventions adjugées par le dit sieur lieutenant de police du Châtelet, et par appel au Parlement du roi, sans que les dits gardes puissent être traduits ailleurs, à peine de nullité et de tous dépens, dommages et intérêts.

Permission aux gardes de faire leur visite chez les privilégiés de la prévôté, de l'hôtel et de ceux des princes.

27. — Pourront aussi les dits maîtres et gardes-jurez en charge se transporter et faire leurs visites dans les maisons privilégiées de la prévôté de l'hôtel et des maisons royales, en obtenant préalablement l'ordonnance du sieur lieutenant général de police et se faisant assister d'un commissaire et d'un huissier, et en cas de contravention de la part des dits privilégiés aux ordonnances et statuts de la communauté, les contrevenants seront assignés par devant le dit sieur lieutenant général de police pour être les dits contrevenants par lui jugés en première instance, et, en cas d'appel, au Parlement de Paris, sans que pour raison de ce les dits gardes-jurez puissent être pareillement traduits ailleurs, sous la même peine de nullité et de tous dépens, dommages et intérêts, conformément à la déclaration du roi Louis XIII du 30 juin 1618.

Permission aux gardes d'aller visiter dans tous les hôtels garnis.

28. — Il sera également permis aux dits maîtres et gardes-jurez en charge de se transporter, en vertu d'une ordonnance du dit sieur lieutenant général de police et assistés d'un commissaire et d'un huissier, dans tous les hôtels garnis et auberges de la ville et faubourgs de Paris où ils sçauront qu'aucuns compagnons tapissiers ou autres personnes sans qualité se seront retirés pour travailler du dit art et métier ou aucuns colporteurs ou revendeurs pour y vendre ou débiter des marchandises et autres

choses de contrebande prohibées par les ordonnances, statuts et règlements, et ils feront assigner les délinquans par devant le dit sieur lieutenant général de police pour être par lui statué ce qu'il appartiendra.

29. — Le chef-d'œuvre auquel seront admis les aspirants à la maîtrise leur sera délivré par les maîtres et gardes en charge dans une assemblée à laquelle tous les anciens seront mandez, et il sera délibéré sur la qualité du chef-d'œuvre, dont mention sera faite sur le registre.

Les chefs-d'œuvre seront donnnés par les gardes.

30. — Les chefs-d'œuvre de haute lisse, basse lisse, sarrazinois et rentraitures seront rendus dans les trois semaines au plus tard, et ceux des courtepointiers, couverturiers et coûtiers seront rendus parfaits dans dix jours, le tout à compter du jour que les dits chefs-d'œuvre auront été délivrés aux aspirants. Chaque aspirant sera tenu de fournir tout ce qui sera nécessaire pour faire son chef-d'œuvre, lequel lui restera.

Le temps que les chefs-d'œuvre doivent durer.

31. — Les chefs-d'œuvre seront faits à trois jours différents, à chacun desquels sera mandé un tiers des anciens à leur tour, et lorsque les dits chefs-d'œuvre seront finis, seront aussi mandez deux de ceux qui auront passé les charges de douze petits jurez et deux maîtres modernes, et ce à tour de rôle, pour le contrôle des dits chefs-d'œuvre.

Les chefs-d'œuvre seront faits en trois actes, où le tiers des anciens sera mandé.

32. — L'aspirant sera tenu de payer pour sa réception à la communauté quatre cent quarante livres, y compris le droit royal, conformément à la déclaration du roi du 9 novembre 1691 et à l'arrêt du Conseil du 27 mai 1697; sera tenu en outre le dit aspirant de payer à chacun des gardes-jurez quarante sols; au meneur trois livres; au présentateur du chef-d'œuvre trois livres; et seront les dits meneurs et présentateurs pris dans le

Les droits que les apprentifs doivent payer à la communauté et aux gardes et anciens.

nombre des anciens à tour de rôle ; le dit aspirant payera aussi six livres aux quatre modernes qui auront contrôlé le chef-d'œuvre, à raison de trente sols chacun ; à l'Hôpital général, trois livres ; au clerc de la communauté, sept livres dix sols pour les courses, et dix livres à la confrérie ; le tout outre les droits du procureur du roi du Châtelet pour lettres de maîtrise, et ne seront les aspirants tenus de payer aucuns autres droits, pas même ceux d'ouverture de boutique, lesquels demeureront supprimés.

Droits que les fils de maîtres nez avant la maîtrise doivent payer.

33. — Les fils de maîtres nés avant la maîtrise de leur père et qui aspireront à la maîtrise et auront fait chef-d'œuvre conformément à l'article viii payeront seulement à la communauté deux cents livres pour leur réception, y compris le droit royal, et ce outre les autres droits de réception aux jurez en charge, aux anciens et autres énoncés en l'article précédent.

Droits que les fils de maîtres nez après la maîtrise de leur père doivent payer à leur réception.

34. — Les fils de maîtres nés après la maîtrise de leur père et qui voudront être reçus maîtres seront tenus de présenter la lettre de maîtrise de leur père et leurs extraits baptistaires, et seront mandés à tour de rôle quatre anciens qui avec les gardes jurez en délibéreront sur le registre et signeront les réceptions des dits fils de maîtres, suivant la délibération de la communauté du 4 novembre 1717, laquelle sera exécutée, et payeront les dits fils de maîtres nés après la maîtrise de leur père, pour tous droits de réception, sçavoir, à la communauté quatre-vingt six livres, treize sols et huit deniers, y compris le droit royal ; à chacun des gardes jurez en charge trois livres ; à l'Hôpital général trois livres, à chacun des quatre anciens gardes qui assisteront à leur réception trente sols, au clerc de la communauté pour courses trois livres dix sols ; les droits du procureur du Châtelet pour la lettre de maîtrise et cinq livres à la confrairie, le tout

conformément à la déclaration du roi du 9 novembre 1691 et à l'arrêt du Conseil du 28 mai 1697.

35. — Les apprentifs de Paris, en retirant la lettre d'enregistrement fait de leur brevet d'apprentissage au bureau, seront tenus de payer vingt-six livres à la communauté, vingt sols à l'Hôpital général, vingt sols à chacun des gardes jurez en charge, et trois livres à la confrairie ; et pour l'enregistrement des transports des brevets, les apprentifs seront tenus de payer en outre à la communauté pareille somme de vingt-six livres et à chacun des gardes jurez en charge vingt sols, le tout conformément à la dite déclaration et au dit arrêt du Conseil mentionnez au présent article.

Droits que les apprentifs doivent payer en se faisant registrer au bureau.

36. — Les gardes jurez en charge continueront comme par le passé de faire leurs visites quatre fois l'année chez tous les maîtres et veuves de maîtres de la communauté, et les droits des dites visites, qui ont été ci-devant augmentés à trente sols, par la délibération du 9 novembre 1691 et à quarante sols par l'arrêt du Conseil du 28 mai 1697, demeurent réduits et modérés pour l'avenir pour chacune des dites quatre visites à vingt sols, dont la moitié appartiendra à la communauté et l'autre moitié aux dits gardes jurez en charge, à condition de fournir aux frais des dites visites sans répétition contre la communauté, et seront les dits vingt sols payez à chacune des visites par tous les maîtres faisant commerce ou travaillant, ou ayant des apprentifs aussi obligez sous leur nom, comme aussi par les veuves tenant boutique, sans que les gardes jurez soient tenus de faire pour raison de ce aucune demande en justice, ni autres poursuites qu'un simple commandement, après lequel les redevables seront contraints, en cas de refus, comme aussi de payer vingt sols par an à la confrairie.

Droits que les maîtres et veuves doivent payer aux gardes pour leur visite et à la confrairie

Droits
de marque
et ceux qui sont
obligez
de marquer.

37. — Toutes les marchandises du dit art et métier qui arriveront de pays étrangers ou des fabriques du royaume à Paris, pour le compte soit des maîtres de la communauté, soit des marchands forains, et des privilégiés de la prévôté, de l'hôtel et des maisons royales ou d'autres, sujettes à la marque, même les fabriques qui se font à Paris par les maîtres seront apportées au bureau de la dite commmunauté pour être vues, visitées et marquées, de la marque du bureau, à peine de confiscation et de cent livres d'amende contre les contrevenans, le tout conformément aux statuts et lettres patentes des mois de mars 1560, 8 août 1618, juillet 1636, mai 1644 et mai 1656.

Tarif
des droits
attribués au
bureau
pour les marques
de la
marchandise
et
les gardes tenus
d'en
rendre compte
à la
communauté.

38. — Les droits de marque des dites marchandises attribués par augmentation par la déclaration du 9 novembre 1691 et par l'arrêt du conseil du 28 mai 1697, demeureront éteints et supprimés et ne seront plus levés et perçus à l'avenir que les anciens droits accoutumez portés par les dits statuts et lettres patentes, arrêt du conseil d'État du roi du 13 juillet 1644, notamment par l'article xxi des dits statuts et les lettres patentes du mois de juillet 1636, et par délibération de la dite communauté du 2 septembre 1717 déposée par minute à GACHIER, notaire à Paris, le 16 du même mois, le tout ainsi qu'il suit, qui sera exécuté.

Pour les pièces de coutil cent annes de Bruxelles, Coutance, de Bergame et toutes autres fabriques ne sera payé que cinq sols par pièce et les demi pièces et quarts à raison de cinq sols, cy   5 sols.

Pour chaque pièce de hautelisse et basselisse de Flandre, Bruxelles, Anvers, Lille, Tournay, Beauvais, Feuilletin, Aubusson et autres fabriques, sarazinois sera payé cinq sols, cy   5 sols.

Pour chaque balle de laine, laveton bourrelanisse, crin, duvet, plumes et autres marchandises du dit art et métier ne sera payé que cinq sols, cy   5 sols.

Pour les pièces de tapisseries de Bergame à rayures et à fleurs point d'Hongrie, tapisseries en lez, serges, imprimés et autres brochés, gauffrés à dessin et de toutes fabriques sera payé par pièce 1 sol 3 deniers, cy   1 s. 3 d.

Pour les couvertures de laines de toutes grandeurs et de toutes fabriques, sera payé 1 sol 3 deniers, cy   1 s. 3 d.

Des quels droits ci-dessus énoncez les gardes jurez en charge compteront de clerc à maître à la communauté, et pour cet effet seront tenus d'avoir un registre particulier sur lequel ils feront mention de la quantité et qualité des différentes marchandises qui seront arrivées au bureau et auront été marquées.

39. — Les maîtres qui seront élus gardes jurez seront tenus de payer chacun à la communauté, incontinent après leur élection et avant que de pouvoir faire aucune fonction de jurande, la somme de 200 livres, et ceux qui seront élus aux charges de douze petits jurez payeront aussi dans le même temps de leur élection, chacun la somme de 60 livres à la communauté, le tout suivant la déclaration du roy du 9 novembre 1691 et l'arrêt du Conseil du 28 mai 1697.

Droits que doivent payer les gardes et les douze petits jurez à leur élection.

40. — Il sera permis aux gardes jurez en charge et à la dite communauté de recevoir le nombre de trente maîtres sans qualité pendant l'espace de six années, et chacun des aspirants sans qualité sera tenu de payer à la communauté la somme de 1,000 livres pour les droits de sa réception à la maîtrise, outre et non compris les droits de gardes jurez, des anciens et autres droits énoncés en l'article xxxii ci-dessus, dont les dits aspirants seront aussi tenus comme les maîtres des chefs-d'œuvre.

Le nombre des maîtres sans qualité que la communauté pourra recevoir.

41. — Les deniers provenant des réceptions des dits maîtres sans qualité, seront employés au remboursement des rentes constituées par la communauté, à cause des emprunts par elle faits, par le payement fait à cause de différentes finances au roi, sans que les dits deniers puissent être imputez à aucun autre emploi, et après que les dits principaux auront été payez, le surplus sera employé à la réédification de la maison en laquelle est établi le bureau de la communauté, et ce conformément à la déclaration de la dite communauté du 2 juin 1618, laquelle sera exécutée.

42. — Seront les gardes jurez seconds, solidairement responsables de l'administration des deux jurez comptables.

43. — Aucun remboursement, répartitions, baux, congez, et généralement toutes autres affaires de la communauté qui excéderont la somme de 30 livres, ne pourront être faites et déterminées par les gardes jurez qu'après qu'elles auront été consenties et agréées par une délibération des anciens gardes, qui seront pour ce mandez, et seront les dits gardes jurez en charge tenus de rapporter les quittances ou autres actes justificatifs de toutes les dépenses par eux faites, pourront néanmoins les dits jurez en charge payer de six mois en six mois les arrérages des rentes dues par la communauté, sans aucune délibération, à peine de radiation de leurs comptes et d'en être responsables en leurs propres et privés noms.

44. — Après que les dettes provenant des finances payées à Sa Majesté, ensemble les autres dettes de la communauté auront été acquittées, et que la maison aura été rétablie, les droits de visite, de réception des maîtres, ensemble ceux qui doivent être payez par les gardes jurez et les douze petits jurez lors de leur élection et par les

apprentifs et qui sont mentionnez aux articles xxxii, xxxiii, xxxiv, xxxv, xxxvi et xxxix ci-dessus demeureront modérez ainsi qu'il ensuit :

Les droits de visite chez les maîtres et les veuves de maîtres ne seront plus que de 10 sols au lieu de 20 sols portés par le dit article xxxvi, lesquels 10 sols appartiendront en entier aux jurez en charge, qui seront tenus de faire tous frais de visites.

Les droits de réception des maîtres de chefs-d'œuvre apprentifs de Paris demeureront réduits à 250 livres pour la communauté au lieu de 440 livres portées par le dit article xxxii, sans qu'il soit néanmoins rien innové à l'égard des autres droits mentionnez au même article, lesquels seront toujours payez sur le même pied.

Les fils de maîtres nés avant la maîtrise de leur père ne payeront plus leur réception à la maîtrise que cent vingt-cinq livres à la communauté, au lieu de deux cent vingt livres portées par le dit article xxxiii, les autres droits réservés et payables en leur entier comme ci-dessus.

Les fils de maîtres nez après la maîtrise de leur père ne payeront plus pour leur réception à la maîtrise que quarante livres à la communauté au lieu de quatre-vingt-trois livres treize sols huit deniers portés par le dit article xxxiv; outre les autres droits exprimés aux dits articles, qui seront payez en entier.

Les apprentifs ne payeront plus pour l'enregistrement du brevet d'apprentissage au bureau que dix livres à la communauté, au lieu de vingt-six livres portées par le dit article xxxv, et ce non compris les autres droits exprimez au dit article, qui seront toujours payez en leur entier, et la même réduction avec la même réserve aura lieu pour l'enregistrement des transports de brevets.

Les gardes jurez ne payeront plus, lors de leur élection à la jurande, que vingt-cinq livres à la communauté, au

12

lieu de deux cents livres portées à l'article xxxix, et les douze petits jurez auditeurs des comptes ne payeront plus, lors de leur élection, que douze livres dix sols à la communauté, au lieu de soixante livres portées par le dit article.

Les fonds provenant du payement des dits droits ainsi réduits, ne pourront plus être employés à d'autres usages qu'à l'entretien du bureau et à la poursuite des affaires courantes qui pourront survenir pour l'intérêt de la communauté; et le surplus des dits fonds, si surplus il y a, ensemble ce qui pourra provenir des amendes qui seront prononcées au profit de la communauté par sentences et arrêts dans les cas de contravention aux statuts et règlements, sera distribué aux pauvres maîtres, aux pauvres veuves et orphelins de maîtres de la dite communauté, suivant la liste qui en sera faite et arrêtée tous les trois mois par les gardes jurez.

Ordonne au surplus Sa Majesté que les statuts anciens et nouveaux, les arrêts et règlements concernant la dite communauté, ensemble les délibérations de la dite communauté seront exécutez selon leur forme et teneur en ce qui n'est contraire au présent arrêt, pour l'exécution duquel toutes lettres nécessaires seront expédiées. Fait au Conseil du roi, tenu à Paris le treizième jour de février 1719.

(Collationné.)

Signé : GOUJON.

(Avec paraphe.)

ARRÊT

DE LA COUR DE PARLEMENT

PORTANT

Règlement pour le corps et la communauté des marchands tapissiers, rendu le 12 novembre 1728.

LOUIS, PAR LA GRACE DE DIEU, ROI DE FRANCE ET DE NAVARRE, au premier huissier de notre cour de parlement ou autre notre huissier ou sergent sur ce requis, sçavoir faisons que vu par notre dite cour la requête présentée par les maîtres et syndics gardes en charge des maîtres et marchands tapissiers de hautelisse, basselisse, tapis à la façon du Levant, courtepointes, fabricants de lits et coutils, neutrés de cette ville de Paris, à ce qu'il plût à notre dite cour homologuer les neuf articles de règlement convenus et arrêtés le vingt-quatrième juillet dernier au bureau et assemblée générale des anciens gardes et des douze petits jurez auditeurs des comptes des corps et communautés des dit maîtres et marchands tapissiers de cette ville, au sujet des malfaçons et autres ouvrages de leur art et métier, pour être les dits neuf articles de règlement exécutés selon leur forme et teneur.

Ensuit la dite déclaration :

Ce jourd'hui 24 juillet 1728, l'assemblée étant au bureau des corps et communauté des maîtres et marchands tapissiers de la ville et fauxbourgs de Paris, et à la diligence des syndic et gardes en charge qui ont dit à l'assemblée extraordinairement convoquée des anciens gardes et des douze auditeurs des comptes, petits jurez, qu'il n'avait

jamais été plus nécessaire de réprimer les abus qui se
commettaient au préjudice des statuts et ordonnances tant
anciennes que nouvelles, notamment celle de 1638 confirmée par lettres patentes du mois de mars 1719, registrée
au parlement au mois d'août même année, et les arrêts de
la cour et règlements qui ont été si sagement établis tant
pour la manufacture de tapisseries et tapis que pour remettre
en bon état celles que le temps avait détruites, ces mêmes
règlements ont donné des règles pour que l'on n'altère
point l'art et la fabrique en les rétablissant ; cependant
il semble que les maîtres fabricans, marchands de tapisseries et de meubles ont oublié l'excellence de cet art qui
a toujours fait non seulement l'admiration de nos rois, mais
encore celle des puissances étrangères et des bourgeois,
les maîtres fabricans de tapisseries et meubles, par l'avis et
l'instigation de certains ouvriers sans qualité, gens sans
art ni science, aucunement versés en l'art et marchandise
de tapisseries et enfoncés dans l'ignorance la plus grossière,
ont mis dans l'usage de laver les tapisseries de hautelisse
et basselisse, tapis de Perse, du Levat et autres fabriques
et d'y poser peinture, ce qui gâte entièrement les dessins,
détruit la beauté de cet art et fabrique et en ôte la qualité
la plus essentielle, affaiblissant les nuances tant des personnages que des verdures et grotesques. Les mêmes abus
se sont aussi introduits dans la composition des meubles,
quoiqu'ils méritent toute l'attention possible, aussi nécessaire au public qu'utile, soit par l'architecture et ornements
et la connexion du dessin qu'ils doivent observer dans les
meubles précieux et dans les inférieurs ; les étoffes d'or,
d'argent, velours, damas et autres étoffes qui fait la composition des ameublements, dont les étoffes sont teintes
de différentes nuances qui sont du bon teint, les maîtres
fabricans y employent le plus souvent des soyes et des
laines, cordonnet, milanoise, chenille, courtisanne et autres

ouvrages de rubannerie et boutonnerie pour enrichir, orner et enjoliver les dits meubles qui sont teints de fausse teinture, et cela dans la vue de faire un gain illicite et tromper impunément le public par le peu de durée que font les teintures fausses, joint au peu d'attention que nombre de maîtres apportent à faire exécuter les dessins, lorsqu'ils posent, appliquent, ornent et enjolivent leurs ouvrages de boutonnerie et rubannerie, et autres maîtres qui travaillent à des ouvrages qui entrent dans les ameublemens, comme il est d'une grande importance que l'or et l'argent fin ne soient pas mêlés avec de l'or et de l'argent faux, tant par rapport au public que lorsque les dits meubles sont exposés en vente ; mais comme on ne sçaurait apporter trop de soin pour la manufacture des tapisseries et ameublements qui sont parvenus à une perfection plus grande que par les temps passés, dont aujourd'hui les royaumes les plus éloignés ont recours aux maîtres et marchands tapissiers de Paris, pour faire composer et exécuter les dits meubles en cette ville de Paris ; il est donc de l'intérêt public de réprimer les abus qui se glissent journellement par les maîtres qui fabriquent des tapisseries et des meubles ; mais comme il est du devoir des syndic et gardes en charge de veiller à l'intérêt public du bourgeois, de réformer les abus et malversations, sous l'autorité des magistrats, ils ont dressé les articles qui suivent pour être approuvés par l'assemblée, observés par les maîtres et marchands tapissiers, après qu'ils auront été homologués sous le bon plaisir des magistrats.

1. — Les maîtres marchands fabricans ne pourront nettoyer ni rafraîchir aucune sorte de tapisseries ni tapis, si premièrement que lorsqu'ils nettoyeront les dites tapisseries ou tapis, ils seront tenus de ne point gâter ni écraser la fabrique ni le grain d'icelle et ne poser aucun ingré-

dient qui soit capable de détruire et brûler la dite fabrique, et lorsque les maîtres seront tenus de rafraîchir les dites tapisseries, ils seront tenus d'observer les dessins avec exactitude, surtout dans les carnations, albâtre, ciel, horizon, paysages, fleurs, oyseaux, architecture et draperies ; et en outre tenus d'y poser de bonnes étoffes et drogues pour faire des teintures cramoisy et communes, suivant et conformément à celles de la tapisserie, fabrique et étoffes. Défendons expressément à tous maîtres, fabricans et à tous autres employez, lorsqu'ils nettoyeront les dites tapisseries et qu'ils seront tenus de les rafraîchir, de poser aucune peinture, ni gomme ou drogue à brûler la dite fabrique ni d'altérer les dessins, ni grain, ni la fabrique, ni de les laver à la rivière ou autrement pour quelque cause et raison que ce puisse être, à peine, contre les contrevans soit qu'ils soient maîtres ou toutes autres personnes qui pourraient s'immiscer de le faire, de 200 livres d'amende, moitié au roi, moitié au dénonciateur, et de confiscation de la marchandise en cas de récidive.

2. — Les maîtres marchands tapissiers faisant meubles ne pourront, pour quelque cause et raison que ce puisse être, poser des courtepointes sur métiers, que la toile n'ait été mouillée et teinte et bien étendue pour y poser l'étoffe et fleurs ou ornements et cartouches imprimés avec caractère de fer ou acier ; elles seront posées à plat et appliquées sur l'ouvrage ou bien cousues de soye, ainsi que les milanoises, chenille, milleret, cordonnet ou autre ornement pour couvrir les coutures, et à l'égard des ouvrages de piqûre, soit taffetas, satin ou autres étoffes où il pourrait y avoir ornement à appliquer, seront tenus les maîtres de bien exécuter les dessins, sur peine, contre les contrevenans, de 50 livres d'amende, moitié au roi, l'autre moitié à la communauté.

3. — Les maîtres qui fabriqueront et qui composeront les lits, ciels, custodes, pavillons d'église ou de guerre, pommes de lit, dais d'église ou de chambre, portières, sofas, rideaux de fenêtre, dessus de toilette, tabourets, carreaux, tapisseries d'étoffe ou commodes, duchesses, parasols, niches ou pavillons, fauteuils, chaises, pliants, écrans, paravents, tentures, baraques, marquises, lits de repos, de guerre et toutes sortes d'ameublements servant à meubler, décorer orner et enrichir les palais des princes et les maisons des bourgeois, et pour la décoration des églises, au sacre des évêques et des princes, mausolées et fêtes de ville, seront tenus les maîtres et marchands tapissiers d'acheter et d'employer bonnes étoffes, loyales et marchandes, comme drap d'or, d'argent et de soye, velours, pannes, satins, damas, gros de Tours, taffetas, étoffes d'or et d'argent et de soye à fleurs et gaufrées, brocatelles et toutes autres étoffes desquelles les dits ameublements peuvent être composés, à peine, contre les contrevenans, de 50 livres d'amende.

4. — Seront les maîtres tenus, lorsqu'ils couperont et distribueront les étoffes pour ameublements où il y aura fleurs à ramages, cartouches à tulipes, rinceaux de fleurs et d'ornements, ou figures, oiseaux, grotesques ou fleurs et ornements parsemés et sans nombre; seront tenus les maîtres de faire rapporter par égale proportion les fleurs, ornements et autres, soit qu'ils les quadrent ou qu'ils les enrichissent avec d'autres agréments; à l'égard des étoffes qui n'ont point de fleurs et ornements à observer, comme les velours, pannes et autres étoffes unies et à poil, seront tenus les maîtres de faire rapporter les poils et les jours de l'étoffe, lorsqu'ils assembleront les dites étoffes, à peine que dessus.

5. — Comme les ameublemens tirent leur origine de

l'architecture, les maîtres seront tenus, en faisant leurs
dessins soit en manière d'architecture à fleurs ou ornements, fleurs naturelles ou dessin de la Chine et tous
autres dessins les plus usités suivant les temps, de donner
une juste proportion à la hauteur des lits de différentes
grandeurs et largeurs ; il en sera de même de tous les
autres meubles qui servent à meubler et décorer suivant
les places où ils seront destinés, et lorsque les maîtres
seront tenus d'employer les étoffes désignées aux deux articles ci-dessus pour les quadrer, assembler et découper,
elles seront cousues de bonne soye de la qualité de l'étoffe,
et lorsqu'ils poseront sur les dites étoffes et ouvrages des
galons d'or, d'argent ou de drap, franges, mollettes, point
d'Espagne, chenille, milleret, les fleurs d'ornemens décou-
pées et tous autres ouvrages propres à enrichir et enjoliver, et appliquées pour orner les dits ameublements, les
dits maîtres seront tenus de poser les dits ouvrages sur un
métier pour y apporter plus de perfection, et les étoffes,
ornemens, galons, mollettes, milanoises et autres que dessus
seront posées conformément au dessin, cousues et appliquées avec de bonne soye de même couleur ; défenses à
tous les maîtres d'employer milanoises, chenille, milleret,
ruban, cordonnet et autres choses propres à faire ornements sur les étoffes de couleur cramoisy, de feu, violet
et autres couleurs fines, les soyes et les laines seront
teintes du bon et grand teint, semblable à l'étoffe, à peine
de 50 livres d'amende contre les contrevenans maîtres
tapissiers.

6. — Les maîtres et marchands tapissiers, fabricans,
entrepreneurs de toutes sortes de meubles, lorsqu'ils feront
faire des ouvrages par les maîtres bonnetiers, rubanniers
ou qu'ils les achèteront des marchands qui ont le droit
d'en vendre, soit ouvrages faits sur le métier ou au crochet

ou autrement, comme franges, mollettes, galons d'or, d'argent ou de soye, fleurs de bonnetterie, milanoise, passepoil, crête, milleret, point d'Espagne et tous autres ajustements pour poser, enjoliver ou orner les dits meubles suivant le dessin, soit ornement ou architecture, pilastres à cartouche, ne pourront les maîtres mêler l'or et l'argent fin avec le faux, à peine, contre les contrevenans maîtres tapissiers, de 200 livres d'amende et de plus grandes peines si le cas y échet.

7. — Cependant pourront les maîtres employer dans toutes sortes d'ouvrages de l'or et de l'argent faux, pourvu toutefois qu'il soit séparé d'avec l'or et l'argent fin, lorsqu'ils en seront requis par les personnes de condition ou le bourgeois, et les dits maîtres seront tenus d'en faire mention sur leurs livres, afin d'y avoir recours en cas de besoin, sous peine de 20 livres d'amende.

8. — Il est enjoint et même seront tenus les syndic, gardes et adjoints commis par l'assemblée de veiller exactement à l'exécution et l'observation des dits articles et en cas de contravention saisir les dites marchandises, en faire leur rapport en la chambre de police pour être jugé sur les conclusions de monsieur le procureur du roi, au Châtelet de Paris, sauf l'appel à la cour de parlement.

9. — L'assemblée qui a examiné les articles au nombre de neuf observe qu'ils ne peuvent être que très-utiles à réprimer les abus qui se glissent parmi nombre de maîtres et de porter et animer les autres maîtres à une plus grande perfection dans leur art et marchandise, et d'arrêter les contraventions qui pourraient s'introduire dans les ouvrages qu'ils travaillent et fabriquent actuellement, qui sont d'or et d'argent fin, et ne peuvent tourner qu'à l'avantage du public. L'assemblée consent que sous le bon plaisir des magistrats, les syndics et gardes les fassent

homologuer partout où besoin sera, qu'il en soit délivré des copies à tous les maîtres à cette fin de s'y conformer, qu'ils soient imprimés et affichés au bureau de la communauté. Fait au bureau les jour et an que dessus et d'autre part, et ont signé les syndic, gardes et anciens gardes et les douze petits jurez anditeurs des comptes. Signé : Ballet, Damour, Grognet jeune, Obry, Huperel, Gars, Mollin, de Lobel, Pinet, Morel, Rougeot, Flamand, Brumant, Boucard Vauché, Morin, Mollin, Labrière, Desmaretz, Maillard, Corbin, Damay, Jean Sallior, Doué, Riveran, Moire et Deshayes. Contrôlé à Paris, le 24 juillet 1728.

Signé : BLONDEAU.

Vu aussi la dite délibération du dit jour 24 juillet, l'avis du lieutenant général de police et du substitut de notre procureur général au Châtelet de Paris du 7 août dernier, donné en exécution de l'arrêt du 28 juillet précédent et autres pièces attachées à la dite requête. Signé : Caron, procureur. Conclusions de notre procureur général : Ouï le rapport de monsieur Philbert Lorenchet, conseiller. Tout considéré, notre cour homologue la dite délibération pour être exécutée selon sa forme et teneur. Si mandons mettre le présent arrêt à exécution. Donné à Paris en parlement, le 12 novembre 1728 et de notre règne le quatorzième. Au-dessous est écrit : Collationné avec paraphe : et plus bas, par la chambre :

Signé : ISABEAU *(avec paraphe).*

ARREST DU CONSEIL D'ETAT DU ROY

Du 9 février 1734,

Qui ordonne qu'à l'avenir et à commencer du mois de
décembre de la présente année 1734, il sera procédé tous
les ans, depuis le premier jusqu'au dix du même mois,
à l'élection de nouveaux gardes-jurés des fabricants et
des marchands dans toutes les villes et lieux du royaume
dans lesquels il y a des bureaux de fabrique et de contrôle
établis, pour entrer en exercice au 2 janvier de l'année
suivante ;

Qu'à l'avenir et à commencer du 2 janvier 1735, la date
de l'année de l'exercice des dits jurés sera gravée sur
les plombs de fabrique et de contrôle, qui doivent être
appliqués sur les étoffes qu'ils auront visitées et que
chacun d'eux aura son coin ou marque particulière, sur
laquelle la première lettre de son nom et son surnom en
entier seront gravés au-dessous de l'année d'exercice, etc.

PLACET

DE MM. LES FABRICANTS DE LA MANUFACTURE D'AUBUSSON

Qui demandent que le peintre chargé de la fourniture des
dessins de cette manufacture se conforme à l'avenir à
la hauteur de 2 aulnes 1/2, qui est la mesure courante
pour leurs ouvrages (les bordures comprises).

Paquet 1459, F 12.

ARREST DU CONSEIL D'ÉTAT DU ROY

ET LETTRES PATENTES SUR ICELUI, REGISTRÉES EN PARLEMENT

Le 31 janvier 1749,

Portant règlement pour les compagnons et ouvriers qui travaillent dans les fabriques et manufactures du royaume, du 27 janvier 1749. — A Paris, chez Prault, imprimeur, quai de Gèvres, au Paradis. MDDCCLXIII.

Paquet 1459, F 12.

DIVERS

ARRÊTS ET SENTENCES

CONCERNANT LES

COMMUNAUTÉS DE TAPISSIERS

CONTRE DIVERS

— 1616 à 1735 —

EXTRAIT DE LA COUR DE PARLEMENT

Du 20 février 1616,

Qui déclare la saisie de 480 livres de plume neuve, faite sur
Dutrou, maître fripier, bonne et valable ; fait défense aux
fripiers d'entreprendre sur le métier des maistres tapissiers
et leur enjoint de souffrir la visitation des gardes et jurés
tapissiers (1).

ARRÊT DE LA COUR DE PARLEMENT

Du 5 février 1718.

Rendu en faveur de la communauté des maistres tapissiers,
qui confirme les sentences de Monsieur le lieutenant général
de police par lesquelles il est ordonné à tous marchands
tapissiers de faire marquer et visiter les tapisseries de
hautelisse et basselisse, tapisserie de Bergame et point de
de Hongrie, et à payer les droits dus à la communauté (1).

(1) Bibliothèque Richelieu, 4º F 2795.

EXTRAIT DES REGISTRES DE LA COUR
DE PARLEMENT

Entre Jean Bardou, marchand tapissier à Paris, appelant de la sentence rendue par le sieur lieutenant général de police du Châtelet de Paris le 26 novembre 1717, par laquelle, en confirmant l'avis du substitut de Monsieur le procureur général du Châtelet, du seize novembre dernier, la saisie faite sur l'appelant a été déclarée bonne et valable, la plume noire étant dans les traversins ôtée et jettée : défense au dit Bardou de récidiver, à peine de confiscation ; que les pièces de tapisseries seraient portées au bureau des tapissiers pour être visitées et marquées conformément à l'article XXII des statuts et règlement et aux sentences de police ; néanmoins pour cette fois rendues, en payant par le dit Bardou les dits dûs à la dite communauté à raison de 5 sols par pièce de tapisserie de basselisse et de 15 deniers par pièce de tapisserie de Bergame et de point de Hongrie, en 3 livres d'amende aux dépens, d'une part, et les jurez et gardes en charge de la communauté des maîtres et marchands tapissiers de cette ville de Paris, intimez, d'autre part. Après que Guérin, avocat de la communauté des tapissiers, a demandé la réception de l'appointement avisé au parquet et paraphé de Chauvelin, pour le procureur général du roi et signifié le premier février présent mois à Pallu, procureur ; la cour ordonne que l'appointement sera reçu suivant icelui, a mis et met l'appelant à néant, ordonne que ce dont a été appelé sortira effet, condamne l'appelant à l'amende ordinaire de 12 livres et aux dépens de la cause d'appel. Fait en parlement, ce 5 février 1818. Collationné, Gillerot.

SENTENCE DE POLICE

ARRÊT DU PARLEMENT

Concernant la corporation des tapissiers contre celle des crieurs de corps et de vins (pompes funèbres) de la dite ville de Paris.

14 août 1638. — Règne de Louis XIII (Année de la naissance de Louis XIV.)

LOUIS, par la grace de Dieu, roy de France et de Navarre, au premier des huissiers de notre Cour en parlement ou autre notre huyssier ou sergent sur ce requis, salut :

Sçavoir faisons que comme le jour et date des présentes comparans en notre dite Cour les jurés tapissiers de cette ville de Paris appelants de trois sentences données par le prévôt des marchands et échevins de la dite ville et prévôt de Paris ou son lieutenant civil les 5 et 17 mars et 21 avril dernier, et de tout ce qui s'en serait ensuivi, demandeurs en requête du 16e du dit mois et deffendeurs d'une part, et la communauté des jurés crieurs de corps et de vins de la ville et fauxbourgs de Paris intimés, deffendeurs et demandeurs en requête du 4 mai suivant à fin d'évocquation du principal pendant par-devant le prévôt des marchands entre les dits crieurs, demandeurs, et Noël Payen et Jean Bidault, maîtres tapissiers et les dits jurez tapissiers intervenants d'autre part. Veu par notre dite Cour les dites sentences : la première par laquelle le dit prévôt des marchands aurait appointé les parties à

13

mettre et joint à autre instance d'entre elles, et cependant fait défense aux dits maistres tapissiers d'entreprendre ni faire la fonction et exercices des charges des dits crieurs ne rien innover, et main levée aux dits tapissiers des draps et serges sur eux saisies en baillant bonne et suffisante caution d'icelles.

Les 2 et 3 par lesquelles le dit prévôt de Paris aurait fait main levée à Jacques Piget, crieur, de la saisie chez lui faite d'une tenture de serge noire qu'il aurait tendue en la maison du sieur Hardy, lors des funérailles, convoy et enterrement de sa femme, laquelle lui serait rendue par le dit Hardy, ce faisant en demeurant déchargé, maintenus et gardés les dits jurés crieurs de corps et vins en la possession en laquelle ils étaient de fournir des tentures de draps, serges et autres tentures dont était accoutumé d'user tant aux églises que maisons aux obsèques et funépailles des défunts tant que les dits tapissiers les y puissent troubler ni empêcher, auxquels défenses auraient été faites de ce faire ny de plus procéder par saisie, à peine de tous dépens, dommages et intérêts, nonobstant opposition ou appellation quelconques et les dépens la dite requeste du 16e mars à ce que les saisies faites sur les dits tapissiers à la requête des dits crieurs, des tentures qui auraient été mises es paroisses Saint-Symphorien et Sainte-Croix-de-la-Cité fussent déclarées injurieuses avec défenses aux dits crieurs de tendre aux maisons des particuliers, ni aux églises de cette ville et fauxbourgs aucunes tentures deuil ni meubles noirs manufacturés pour le deuil des défunts.

Arrêt du 15 mai dernier, par lequel sur les dites appellations les parties auraient été appointées au Conseil, jointes les prétendues fins de non-recevoir et sur le principal évocque, ordonne qu'elles viendront procéder suivant les derniers errements et appointer à produire et ouïr droit comme devant la dite requête du 16 mars appointé et mettre par le procès-verbal de l'un des conseillers de notre dite Cour au 18 du même mois.

Requête des dits crieurs employés pour fin de non-recevoir, forclusion de fournir réponse. Causes d'appel : réponse, production des dites parties tant sur les dites appellations principales évoquées que requêtes du 16 mars. Contredit d'icelles parties suivant l'arrêt du 16 mai dernier. Salvations des dits tapissiers, productions nouvelles par eux faites. Contredits et salvations le tout joint. Conclusions de notre procureur général tout considéré. Notre dite Cour faisant droit sur le tout et sans s'arrêter aux dites fins de non-recevoir, a mis et met sur les dites appellations les parties hors de Cour et de procès, a maintenu et gardé les dits jurez crieurs de corps et de vins en la possession de faire tentures de drap, serges et autres tentures dont il est accoutumé d'user tant es maisons des défunts qu'es églises, les jours de convois, enterrements, services ou annuels seulement, avec défenses aux jurés tapissiers et tous autres de les y troubler ou empêcher, la liberté néanmoins demeurant aux bourgeois de prendre ou louer des draps ou serges à faire les dites tentures, conformément aux arrêts de notre dite Cour, a fait main levée pure et simple pour cette fois aux dits Payen et Bidault, tapissiers, des tentures sur eux saisies à la requête des dits jurés crieurs, auxquels notre dite Cour fait défense louer au mois ni à l'année aucune tenture de deuils, ny celles de tendre es maisons des défunts et hors des jours ci-dessus, à peine de confiscation des dites tentures et d'amendes, et pour régler la taxe des droits des dits jurés et crieurs au soulagement des bourgeois, ordonne que six anciens seront ouïs d'office à la requête et diligence de notre dit procureur général, dont il sera dressé procès-verbal pour ce fait rapporté et à lui communiqué; ordonne ce qu'il appartiendra, et sur le surplus des dites demandes les parties hors de Cour sans dépens des dites causes d'appel et procès évoqué. Si te mandons et comettons, à la requête des dits jurés tapissiers le présent arrest mettre à deüe et entière exécution de point en point selon sa forme et teneur. De ce fait te donnons pouvoir en notre dite Cour.

Le 14 août 1638 et de notre règne la vingt-neuvième année.

Voir le roi.

SENTENCES

CONCERNANT LES TAPISSIERS (1).

Chaises portatives.

Sentence du 25 juin 1669 confirmative d'une sentence du 11 avril 1667 qui avait déclaré valable la saisie de quatre chaises portatives, faite à la requête des jurés tapissiers sur E. Barbier, maître menuisier, en avait ordonné la confiscation et fait défense audit Barbier et à tous autres menuisiers de vendre aucunes chaises garnies, à peine, etc.

Chaises à porteurs.

Du 4 juillet 1670, confirmative d'une sentence du 16 septembre 1665 par laquelle il est dit que la fabrication des chaises à porter par hommes appartient aux seuls maîtres tapissiers et fait défenses à tous selliers d'en faire ni entreprendre faire faire.

(1) Bibliothèque Richelieu, 4º F. 2795.

SENTENCE DE POLICE

**Qui déclare nulle la maîtrise de Martin Poiret, comme reçu
maître Cordier Crainier sans qualité.**

(24 juillet 1722.)

———

A tous ceux qui ces présentes lettres verront : Guillaume-
François Jolly, chevalier, seigneur de Fleury et autres lieux,
conseiller du roy en ses conseils, son procureur général
du parlement, garde de la ville, prévôté et vicomté de
Paris, le siége vacant, salut :

Sçavoir faisons que sur la requête faite en la chambre de
police du Châtelet par Maître Denis-Henry de la Rivoire,
procureur, de Nicolas Duhannois, Simon Paillard, Antoine
Leguay, Claude Lallouette, Sébastien Aubin, Claude Ricor-
deau, François Leguay, Pierre Picardat, François Angue-
hard, François-André Gillot, Antoine Lemaire, Nicolas-
Jérôme Aubain, Nicolas Duhannois fils, Pierre Hébert,
Claude Martin, Antoine Harlet, Jean Martin, Jean Petit,
Paul-Denis Chadar, François Hubert et Marie-Françoise
Raumin, François Grévy, Catherine Paris veuve Hubert,
Marie-Anne Ardon veuve Romain, Louis Ausiaux, Félix
Porcher, Maurice Masson, Philippe Porcher, Augustin Tou-

pris, Nicolas Toupris, et autres en grand nombre, tous maistres cordiers-crainiers à Paris, demandeurs en exécution d'une sentence contradictoire rendue par feu M. D'Argenson, lors lieutenant-général de police, entre les y dénommez maîtres cordiers-crainiers et les jurez lors en charge de la dite communauté le 15 septembre 1699, qui déclare nulle la maîtrise de Jean Bridart en la dite communauté comme reçu sans qualité, lui faisant défenses de faire aucun acte de maître et aux jurez et à leurs successeurs de recevoir à la maîtrise aucun particulier sans qualité et à peine de destitution et de tous dépens.

Opposans par exploit du 20 décembre dernier à la réception de Martin Poiret, comme étant sans qualité, demandeurs aux fins de l'exploit d'assignation de Rouanne, huissier, du 7 janvier dernier, controllé le 9 du dit mois par Le Grand, et présenté le 7 février, portée devant Monsieur le Procureur du roy, à ce qu'attendu que le dit Poiret a été reçu sans qualité, sa réception à la maîtrise sera déclarée nulle, défenses d'exercer la profession et aux jurez et leurs successeurs de recevoir aucun maître sans qualité, à peine de nullité, destitution, amende, dépens, dommages et intérêts, défendeurs à la requête verbale du 26 janvier dernier, à fin de confirmation de l'avis contradictoire de Monsieur le Procureur du roy du 20 du dit mois de janvier, par lequel il est dit que attendu que les demandeurs n'ont pu justifier qu'il a été reçu quatorze maistres cordiers-crainiers sans qualité et en conséquence de l'arrêt du Conseil du 20 aoust 1696, la réception du dit Poiret sera confirmée et les demandeurs déboutez de leurs demandes avec dépens, demandeurs aux fins de la requête verbale du 27 du dit mois de janvier, à ce que le dit avis fût infirmé et les conclusions des demandeurs adjugées ;

En tout cas qu'avant faire droit, les jurés seraient tenus de communiquer par la voye du greffe tous les re-

gistres de la communauté pour être sur iceux tiré les réceptions des maistres qui ont été reçus sans qualités depuis et
en conséquence de l'arrest du 28 aoust 1696 et les dits
jurez tenus de rendre compte des deniers par eux reçus
en faveur des dites maîtrises, et autres conclusions, en
exécution de notre sentence contradictoire du 10 du dit
mois de février, qui ordonne qu'il sera communiqué à
Messieurs les gens du roy, et que les dits jurez communi-
queront aux demandeurs par la voye du greffe leurs
registres des réceptions des maistres et justifieront de
l'employ qu'ils ont fait ou dû faire des deniers provenant
des dites réceptions, pour ensuite sur le tout être fait droit
ainsi qu'il appartiendra aux fins de la requête verbale
du 20 du dit mois aux fins y contenues ;

Défendeurs à celle du 14 mars suivant aux fins y énoncées, et demandeurs suivant les défenses du 19 du dit mois
de mars, à ce que les dits jurés fussent tenus de communiquer tous les comptes dont les arrêtez sont portez dans
les registres qui ont été communiqués, et ce conformément
à la sentence contradictoire du 10 février précédent, sinon,
condamnez à payer à la décharge de la communauté la
somme de dix mille livres pour acquitter les charges et
dettes d'icelle, et être le surplus réparty entre les maistres ;

Le tout attendu la preuve apportée par les demandeurs
qu'il a été reçu plus de neuf maistres sans qualité, tant
cordiers que crainiers, en conséquence de l'arrêt du
28 aoust 1696 par la liste des réceptions des maistres, tirée
des registres de Monsieur le Procureur du roy, délivrée le
30 mars dernier, signifiée aux cy-après nommez le 8 avril
suivant ;

Les nouveaux jurez cy-après nommez intervenans par
moyens du 28 du dit mois d'avril et demandeurs suivant
ceux du 8 juin suivant, à ce que la sentence qui interviendrait contre les anciens jurez fût déclarée commune

avec les nouveaux jurez, et encore demandeurs aux fins
de l'exploit du 8 du dit mois de juin, contrôlé le 10 par Sau-
vage et présenté à ce que le dit avis de Monsieur le Procureur
du roy fût infirmé, et les conclusions prises contre le
dit Poiret et adjugées avec dépens, assistez de Maître
Barbier, leur avocat, contre Maître Roger II, procureur
de François Dupré, Louis Guérin et Henry Morel, maîtres
et anciens jurez de la dite communauté, ayant reçu le dit
Poiret sans qualité, et encore procureur d'Henry Tronçon,
Jean Maillard et Vincent Jacob, aussi maîtres et jurez du
présent en charge de ladite communauté, défendeur et
demandeur, assistez de Maître Sandrier, leur avocat, et encore contre le dit Martin Poiret, défendeur et défaillant ;

Parties ouyes, ensemble noble homme monsieur Maistre
Farge, avocat du roy en ses conclusions, sans que les
qualitez puissent nuire ni préjudicier ;

Nous, faisant droit sur les demandes et contestations des
parties, avons infirmé l'avis du procureur du roy ;

Ordonnons que les statuts de la communauté des maistres cordiers et crainiers seront exécutez selon leur forme
et teneur, déclarant nulle la délibération de 1721, ensemble
la réception du nommé Poiret, lui faisons défenses de faire
les fonctions dudit métier, sauf son recours contre les parties
de Sandrier, que nous avons condamné aux dépens, lesquels ils pourront employer dans leurs comptes ;

Faisons défenses aux jurez de plus recevoir à l'avenir
aucuns maistres sans qualité ; et, faisant droit sur les
demandes des parties de Barbier, avons donné défaut contre
les jurez de présent en charge ; et pour leur profit, disons
qu'ils seront tenus de communiquer leur compte, ce qui
sera exécuté nonobstant et sans préjudice de l'appel et
soit signifié. En témoin de ce, nous avons fait sceller ces
présentes qui furent données par messire Marc Pierre de
Voyer de Paulmy, chevalier, comte d'Argenson, conseiller

du roy en ses conseils, lieutenant général de police, tenant siége le vendredi 10 juillet 1722.

Signé : Tardiveau. Collationnné. Scellé le 17 juillet 1722. Signé : de Chambault.

Signé et baillé copie à Maistre Royer II, procureur, ce 18 juillet 1722. Signé Cocquart.

L'an 1722, vingt-deuxième jour de juillet, à la requête de Nicolas de Hannois, maître cordier et crainier à Paris, et ancien de la communauté, demeurant aux Quinze-Vingts, rue Saint-Honoré, Simon Paillard, aussi maître cordier crainier demeurant à la Croix-Rouge, fauxbourgs Saint-Germain et consorts en grand nombre, tous maistres cordiers-crainiers à Paris, pour tous lesquels domicile est élu à la maison de Maistre Henry de la Rivoire, procureur au Châtelet de Paris, sise rue du Chevalier du Guet, paroisse Saint-Germain l'Auxerrois : j'ay, Gabriel Rouanne, huissier à verge audit Châtelet demeurant rue de la Vieille-Orangerie, paroisse Sainte-Opportune, soussigné, signifié, baillé et laissé copie à Martin Poiret, reçu maître sans qualité, demeurant carrefour de la rue de Richelieu au coin de la rue Neuve des Petits-Champs en son domicile parlant à la fille de la veuve Boulingue, de la sentence des autres parties, rendue sur les conclusions de Monsieur l'Avocat du roy, qui casse et annulle la réception à la maîtrise dudit Poiret et lui fait défense de faire aucun acte de maître ; à ce qu'il n'en ignore, lui réitérant les dites défenses et le sommant d'ôter sa boutique, et de cesser l'exercice des fonctions dudit métier, lui déclarant que faute de ce faire, les dits de Hannois et consorts se pourvoiraient à l'effet de faire saisir les outils et marchandises et faire prononcer des peines

corporelles contre ledit Poiret en cas de récidive et de
contravention, et de répéter contre lui toutes pertes, dépens,
dommages et intérêts, et lui ay, parlant comme dessus,
laissé copie de la dite sentence et du présent exploit :
Rouanne.

Controllé à Paris, le 24 juillet 1722. Rº 163, Fº 178.

Signé LEGRAND.

(Archives. Carton V 7 420. Grande chancellerie et conseils. Commissions extraordinaires du conseil.)

———

ARRÊT DE LA COUR DE PARLEMENT (1)

Du 29 janvier 1724,

Qui fait défenses à tous maistres et marchands tapissiers de demeurer chez les marchands merciers, de leur prêter leur nom, de faire commerce ou société avec eux, à peine de trois cents livres d'amende, et qui défend sous pareille peine et même de ne point parvenir à la maîtrise aux garçons et compagnons tapissiers de demeurer chez eux et d'y travailler au mois ou à la journée.

LOUIS, PAR LA GRACE DE DIEU, ROI DE FRANCE ET DE NAVARRE, au premier nôtre huissier ou autre huissier ou sergent sur ce requis; vu par la Cour la requête à elle présentée par les maîtres et gardes et marchands tapissiers de Paris et de la dite communauté, à ce qu'il plût à la dite Cour, vu l'avis du lieutenant général de police et du substitut du procureur général au Châtelet de Paris, rendus en conséquence de l'arrêt de la Cour du 26 août dernier, ordonner que les deux articles de nouveaux statuts et règlements, pour la communauté des maîtres et marchands tapissiers de Paris, énoncés en la délibération de la communauté du 19 août 1723, ensemble la dite délibération serait homologuée pour être exécutée selon leur forme et teneur; ce faisant, permettre aux supplians de faire imprimer, publier et afficher l'arrêt qui interviendra partout où besoin serait.

Ensuit la teneur des dits statuts. Ce jourd'hui 19 du mois d'août 1723, l'assemblée étant au bureau, à la diligence de Jacques Durand, Nicolas Lespy, François Boucart, Nicolas Le Roi et Antoine Rougeot, tous maîtres et gardes

----

(1) Bibliothèque Richelieu, 4°, F° 2793.

syndics en charge, lesquels ont représenté à l'assemblée des anciens gardes et des douze auditeurs des comptes, petits jurez, qui sont en charge ou ont passé les charges, que depuis plusieurs années quelques marchands merciers de cette ville de Paris font travailler journellement chez eux, vendent et débitent des chaises, fauteuils, sophas, lits et autres ameublements, même des tapisseries de hautelisse et basselisse, et font le commerce d'icelles réservé aux seuls maîtres et marchands tapissiers de Paris, ce qui leur est prohibé par les statuts et règlements des marchands merciers de Paris, ce qui cause un préjudice notable à la communauté. Que cette entreprise des marchands merciers sur le commerce des maîtres et marchands tapissiers ne se soutient que par quelques maîtres et marchands tapissiers de Paris qui ont la facilité de prêter leurs noms aux marchands merciers chez lesquels ils demeurent, ou bien par le nombre de garçons tapissiers que les marchands merciers prennent à leur service pour travailler chez eux à la journée, au mois ou à l'année, ce qui est contraire aux statuts et règlements de la communauté et sert à autoriser les contraventions. Pour quoi, pour obvier à ces abus, les dits maîtres, gardes syndics ont, sous le plaisir des magistrats, dressé les deux articles de règlement qui suivent pour être proposés à l'assemblée générale de la communauté pour ce convoquée.

1. — Pour obvier aux abus qui se commettent journellement au préjudice de l'article xi des statuts de la communauté accordés par lettres patentes de Sa Majesté du mois de mars 1719, registrés au parlement au mois d'août de la même année, défenses sont faites à tous maîtres et marchands tapissiers de demeurer chez les marchands merciers, travailler chez eux, ni faire commerce avec eux directement ou indirectement ou leur prêter leurs noms

sous quelque prétexte que ce puisse être, à peine de trois cents livres d'amende applicables aux pauvres de la communauté, même de plus grande peine s'il y échet ; comme aussy défenses seront faites à tous garçons tapissiers de travailler à la journée, au mois ou à l'année, ou demeurer chez aucun marchand mercier pour quelques causes et raisons que ce puisse être, sous les mêmes peines cy-dessus, même, en cas de récidive, sous peine de ne pouvoir parvenir à la maîtrise dans la communauté des maîtres et marchands tapissiers de Paris.

2. — Pourront néanmoins les marchands tapissiers, lorsqu'ils en seront requis, travailler et fabriquer dans leurs maisons, autres que celles où demeureront les marchands merciers, ou ateliers ou chambres qu'ils tiendront à bail ou loyer ordinaire et lieux appartenant suivant et conformément aux statuts et règlements de la communauté ; pour les merciers, comme et ainsi qu'il se pratique pour les bourgeois et pour leur usage seulement, dont et de quoi ils feront mention dans leurs registres, où ils seront tenus d'écrire les fournitures, façons et marchandises qu'ils auront fabriquées et vendues, à peine de cinquante livres d'amende.

L'assemblée, qui a examiné les deux articles de règlemens, les a trouvés très-nécessaires pour l'intérêt et le bien du corps de la communauté en général, consent que les maîtres, gardes et syndics en charge donnent leur requête où besoin sera, pour en obtenir l'homologation, à l'effet qu'ils soient exécutés en leur forme et teneur. Fait au bureau les jour et an que dessus. Étant ainsi signé : Le Mercier, Huart, de Buire, Durand, Baudichon, Ballet, Boucard, Le Roy, Molin, Durand, Rougeot, Lespy, Pignon, Martel, Vaucher, Hinard, Cossard, Hénault, Daniel, Brumant, Sallior, Grognet, Fontaine, de Baize, Labrière, Doué,

Leguillon, Gervais, Corbin, Le Lorin, Boully, Pigeon, Bamassy, Le Roi et Cellier. Veu aussi les pièces attachées à la dite requête. Signé : Blandin, le jeune, procureur.

Conclusions du procureur général du roi : Ouï le rapport de Monsieur Philippe-Charles Gautier Dubois, conseiller, tout considéré : la Cour a homologué et homologue la dite délibération pour être exécutée selon sa forme et teneur. Si mandons mettre le présent arrêt à exécution, de ce faire te donnons pouvoir et commission. Fait en parlement, le 29 janvier 1724. Collationné avec paraphe. Signé : Isabeau, avec paraphe; scellé le 5 février 1724.

ARRÊT DE LA COUR DE PARLEMENT

Portant règlement contre la communauté des maîtres brodeurs, qui les déboute de leur requête, déclare la saisie faite chez le nommé de Braize, marchand tapissier, nulle ; en conséquence, condamne les jurés brodeurs en tous leurs dépens, tant en cause principale que d'appel. Jugé le 5 septembre 1735, au rapport de M. Delpesche.

LOUIS, PAR LA GRACE DE DIEU, ROI DE FRANCE ET DE NAVARRE, au premier des huissiers de notre Cour de parlement ou autre notre huissier ou sergent sur ce requis, sçavoir faisons, qu'entre les syndic et gardes de la communauté des maîtres et marchands tapissiers de la ville de Paris, appelans de la sentence du lieutenant-général de Paris, du 23 juillet 1722, et demandeurs en requête du 18 janvier 1729 et défendeurs d'une part ; et les jurés brodeurs à Paris, intimés, défendeurs d'autre, et entre les dits syndic et gardes tapissiers, appelans incidemment en adhérant à leur premier appel des sentences rendues par le lieutenant-général de police de Paris, des 6 juillet 1677, 19 mars et 16 octobre 1686, et demandeurs en requête du 23 mars 1735, d'autre part, et les dits jurez brodeurs, intimés et défendeurs d'autre.

Veu par notre dite Cour la sentence dont est appel, rendue par le lieutenant-général de police au Châtelet de Paris contradictoirement entre les dits jurez, gardes et communauté des maîtres brodeurs, découpeurs, marchands chasubliers à Paris, Charles Roger, curateur créé par justice à la succession vacante de Charles de Baize, maître tapissier, la communauté des tapissiers et autres parties, sur les conclusions des gens du roi et sur délibéré le 23 juillet 1738, par laquelle, sans s'arrêter ni avoir égard aux

deux premiers rapports faits les 13 et 16 juillet de
l'année 1725, aurait été dit que le nouveau rapport du
23 février 1726 fait par Pierre, André Martin et Louis
Chateau, maîtres et marchands tissuriers, rubanniers
serait entériné en conséquence de la visite faite sur Charles
de Baize, maître tapissier le 5 mai 1724, aurait été déclarée
bonne et valable, et néanmoins, ayant égard à la réclamation faite par le marquis de Bertillac, aurait été ordonné
que la courtepointe en question lui serait rendue, si fait
n'avait été ; quoi faisant Jean Boistel, gardien, en demeure-
rait déchargé, ordonne que les statuts et règlements concernant la communauté des brodeurs-découpeurs et des
tapissiers, et notamment la sentence du 19 mars 1686,
seraient exécutés selon leur forme et teneur, les maîtres
brodeurs-découpeurs, maintenus dans le droit de faire et
fabriquer toutes sortes d'ouvrages de broderie et spécialement les ouvrages de découpure appliqués, profilés et lisérés ; défenses faites à tous maîtres tapissiers et autres de
faire et fabriquer à l'avenir aucuns ouvrages de broderie
ou de découpure, profilés et lisérés, à peine de confiscation
et d'amende ; Charles Roger, au dit nom de curateur à la
succession vacante du dit défunt de Baize, condamné en
50 livres d'amende :

Ordonne que la dite sentence serait insérée dans le
registre de la communauté des tapissiers, et sur le surplus
les parties mises hors de Cour et de procès, le dit Roger
au dit nom et les dits maîtres tapissiers condamnés aux
dépens, envers les dits maîtres brodeurs et envers le dit
Boistel, gardien, même en ceux faits par les dits brodeurs,
contre le dit gardien ; dépense compensée entre les autres
parties, ce qui serait exécuté nonobstant opposition ou
appellation quelconque et sans préjudice d'icelle.

Requête et demande des dits tapissiers du 18 janvier 1729
à ce que l'appellation et ce fût mise à néant, émendant,

sans avoir égard au rapport de Martin et Chateau, tissuriers et rubanniers, du 23 janvier 1726, qui serait déclaré
nul ; les rapports faits par Dubois, Durand, Delavigne et
Chaillot, experts, les 13 et 15 juillet 1725, fussent enté-
rinés, en conséquence la saisie faite par les dits brodeurs,
par exploit du 5 mai 1724 de la courtepointe en question,
fût déclarée nulle, torsionnaire et déraisonnable, ce faisant,
les dits tapissiers fussent maintenus et gardés dans le
droit et possession où ils sont et ont toujours été depuis
leur établissement de faire et fabriquer toutes sortes de
lits et ameublements des appartemens, de les orner, enjoliver, y poser et appliquer toutes sortes d'ouvrages de boutonnerie et rubannerie, et autres fabriques, comme galon
d'or, d'argent, de soye, point d'Espagne, chenille, milanoise, courtisanne, crête, milleraye, frange, mollettes, fleurs
et ornements et autres ouvrages de fleurs simples, plattes,
cartouches pour mêler les étoffes propres à enrichir les
dites étoffes, et de couvrir les coutures et ornements des
dites étoffes et fabriques, défenses fussent faites aux dits
brodeurs de plus faire de pareilles saisies, et pour l'avoir
fait ils fussent condamnés en 3,000 livres, dommages ou
intérêts, ou telle autre somme qu'il plairait à notre dite
Cour fixer, et les dits jurez gardes de la communauté des
maîtres brodeurs fussent condamnés aux dépens des causes
principales et d'appel.

Requête des dits jurez brodeurs du 31 du dit mois de
janvier 1729 et demande à ce que sans s'arrêter à la
requête des dits tapissiers, dont ils seraient déboutés, ils
fussent déclarés non recevables, et mal fondés dans leur
appel, ou en tout cas l'appellation fût mise à néant avec
amende et dépens, le tout sans préjudice aux dits brodeurs
de leurs autres droits et actions. Arrêt du 17 février 1729,
qui aurait, sur l'appel, appointé les parties au conseil, et
sur les demandes en droit et joint.

14

Requête des dits tapissiers du 5 juin 1730 employée pour cause et moyen d'appel et avertissement. Réponses des dits brodeurs du 30 janvier 1731 aux dites causes d'appel et d'avertissement servant de fins de non-recevoir. Défenses et avertissements. Production respective des parties. Contredits des dits brodeurs du 3 mars 1731 contre la production des dits tapissiers.

Requête des dits tapissiers du septième septembre 1731, d'employé pour salvations de leur cause d'appel et contredits contre la production des dits brodeurs ; et leur autre requête du quatrième décembre suivant, d'employé pour réponses aux contredits des dits brodeurs.

Autre requête des dits tapissiers du 27 janvier 1735, contenant demande à ce que leur adjugeant leurs fins et conclusions avec dépens de l'instance d'appointé à mettre sur leur demande portée par la requête du 17 janvier 1729 à fin d'opposition à l'arrêt du 14 septembre 1728 comme aussi aux dépens faits sur leur opposition formée par la requête du 29 janvier 1729 à l'ordonnance ce soit ajouté au rôle, et en ceux de la dite requête, au bas de laquelle employée pour écritures et productions sur la demande y portée est l'ordonnance de notre dite Cour qui l'a réglée en droit et joint, et donné acte de l'employé. Requête des dits brodeurs du 1er février 1735 d'employé pour défenses à la dite demande, écritures et productions sur icelles et contredits contre l'employé de production y portée. Sentences dont est appel ; incident rendu en la chambre de police au Châtelet de Paris ; la première du sixième juillet 1617, contradictoire entre la communauté des dits brodeurs et Barthélemy Roberday, maître tapissier à Paris, qui avait confirmé l'avis contradictoire dont était question, pour être exécuté selon sa forme et teneur, et suivant icelui aurait déclaré bonne et valable la saisie faite sur le dit Roberday, aurait ordonné que les statuts de la com-

munauté des maîtres brodeurs seraient exécutés selon
leur forme et teneur, avec défense au dit Roberday de
plus entreprendre sur le métier de brodeur, à peine de
confiscation et d'amende ; la deuxième aussi contradictoire
entre la dite communauté des brodeurs, et Mathieu Duplessis, tapissier à Paris, du 19 mars 1626, qui aurait
ordonné que les règlemens de la communauté des brodeurs seraient exécutés, et défenses au dit Duplessis d'y
contrevenir, et le dit Duplessis condamné aux dépens ; et
la troisième pareillement contradictoire entre la dite communauté des brodeurs et François Bon, maître tapissier
à Paris, du 11 octobre 1686, qui aurait ordonné que les
métiers saisis demeureraient confisqués au profit des dits
brodeurs, et à l'égard des ouvrages, attendu la réclamation,
ils seraient vendus ; le dit Bon condamné aux dépens.
Requête des dits syndic et gardes de la communauté des
tapissiers, du 23 mai 1735, contenant leur appel incident
en adhérant à l'appel des susdits soutenus, et ce en
tant que les dites sentences donneraient atteinte aux droits
qu'ils auraient de poser et appliquer toutes sortes d'ornements sur les meubles, et de les orner avec des galons,
et de la milanoise, et généralement de toutes sortes d'ouvrages de boutonnerie et rubannerie, et émendant quant
à ce en adjugeant aux dits tapissiers les conclusions par
eux prises en l'instance, la communauté des tapissiers fût
maintenue et gardée dans le droit de possession où ils
sont et ont toujours été depuis leur établissement, de faire
toutes sortes de lits, emmeublements, et les orner et enjoliver, y poser toutes sortes d'ouvrages de boutonnerie et
rubannerie et autres fabriques, comme galon d'or, d'argent, point d'Espagne, chenille, milanoise, courtisanne,
crête, millerets, franges, mollettes, et autres ouvrages
simples, plattes, cartouches pour mêler les étoffes propres
et les enrichir, et de couvrir les coutures des dites étoffes ;

Défenses fussent faites aux dits brodeurs de plus troubler les dits tapissiers ni de faire de pareilles saisies, et
pour l'avoir fait, ils fussent condamnés en 3.000 livres de
dommages et intérêts ou autre somme qu'il plairait à
notre dite Cour fixer, et en outre en tous les dépens tant
des causes principales que d'appel, sur le dit appel incident, écritures et production sur la demande y portée, est
l'ordonnance de notre dite cour qui aurait réglé l'appel
au conseil, la demande en droit et joint et donné acte
de l'employ ; fins de non-recevoir des dits brodeurs du
11 juin 1735, servant en tant que besoin d'avertissement
et de réponses aux dites causes d'appel. Production nouvelle des dits tapissiers par requête du 29 mars 1735.
Contredits contre icelle des dits tapissiers du 28 du dit
mois de juillet, servant aussi de salvations de leurs causes
et moyens d'appel. Mémoires respectifs, imprimés et si-
gnifiés les 9 août et 2 septembre 1735. Sommations générales de satisfaire à tous les règlemens de l'instance.
Conclusions de notre procureur général tout joint et considéré, notre dite Cour faisant droit sur le tout, sans qu'il
soit besoin de s'arrêter à l'appel incident des dits syndic
et gardes de la communauté des tapissiers de Paris, en
tant que touche l'appel par eux interjetté de la sentence
du lieutenant général de police du 23 juillet 1728, sans
s'arrêter à la requête des dits jurez brodeurs du 31 janvier 1729, dont ils sont déboutés, a mis et met l'appellation et ce dont a été appelé au néant, émendant, n'ayant
aucunement égard aux demandes des dits tapissiers, sans
avoir égard au rapport du 23 février 1726, a entériné et
entérine les rapports des 13 et 15 juillet 1725 ; en conséquence, déclare la saisie faite à la requête des dits brodeurs par exploit du 5 mai 1724 nulle, ce faisant maintient et garde les dits tapissiers dans leur droit et possession de faire et fabriquer toutes sortes de meubles, de les

enjoliver, y poser et appliquer tous ouvrages de boutonnerie et rubannerie, de les orner de galons d'or, d'argent,
de soye, points d'Espagne, chenille, milanoise, courtisanne, crête, milleret, franges, mollettes, fleurs simples et
autres ouvrages de fleurs simples plattes et cartouches
pour mêler les étoffes et d'en faire couvrir les coutures,
fait défenses aux dits brodeurs de les y troubler, sur les
demandes des dits tapissiers en dommages et intérêts, et
le surplus des fins et conclusions respectives des parties,
les a mises hors de Cour, condamne les dits jurez brodeurs
en tous les dépens des causes principales, d'appel et demande. Si te mandons de mettre le présent arrêt à düe
et entière exécution selon sa forme et teneur, de ce faire
te donnons pouvoir.

Donné à Paris en notre dite Cour de parlement, le cinquième jour de septembre de l'an de grâce 1735 et de
notre règne le vingt-unième. Et au dessous est écrit :
Collationné. Signé Dauvergne, et plus bas avec paraphe
par la chambre : signé Du Franc, avec paraphe.

Le cinquième septembre 1735, signifié et donné copie
à maître Petitjean, procureur, en son domicile, parlant à
son clerc, par moi, huissier au parlement. Signé : Jamet
avec paraphe.

Ce arrêt a été obtenu des années de François Boucard,
syndic et Jacques Moire, Nicolas Lespy, Jacques Flamand,
Pierre Deshayes et Louis Durand, tous gardes en charge
de la dite communauté.

LIQUIDATION

DE LA

COMMUNAUTÉ DES TAPISSIERS

— 1719 à 1778 —

LIQUIDATION

DES COMMUNAUTÉS DE TAPISSIERS

DE LA VILLE ET FAUBOURGS DE PARIS

Communautés. — Tapissiers (12 janvier 1719).

LES COMMISSAIRES GÉNÉRAUX DU CONSEIL, députés par Sa Majesté par arrest du Conseil d'État des 3 mars et 16 may 1716, 4 novembre 1717, 14 février et 19 mars 1718, pour procéder à la liquidation des dettes des communautez d'arts et métiers de la ville et faubourgs de Paris et à la révision des comptes rendus depuis l'année 1689 par les syndics jurez et autres qui ont eu le maniement et administration des deniers tant ordinaires qu'extraordinaires de leurs communautez, arrester les dits comptes et juger en dernier ressort les contestations qui naîtront à ce sujet.

Veu les dits arrêts portant, entre autres choses, qu'il sera procédé par devant nous à la liquidation de toutes es sommes dues par les dites communautez, et à cet effet tous ceux qui se prétendent créanciers des dites communautez seront tenus de représenter les titres justificatifs de leurs créances. Grosse en parchemin d'un contrat de vente passé par devant Levesque et de Bouchet, notaires au Châtelet de Paris, le 2ᵉ octobre 1662, d'une maison sise rue Saint-Martin, moyennant la somme de vingt-deux mil cinq cents livres ; avec une déclaration du même jour

passée devant les mêmes notaires que cette acquisition a
esté faite pour et au nom de la communauté des maîtres
et marchands tapissiers de cette ville et fauxbourgs de
Paris. Quittance de finance signée Bertin, trésorier des
revenus. Casuels de Sa Majesté du 29 avril 1692, controllé
le 10e may. Ensuivant de la somme de quarante-quatre
mil livres payée par la dite communauté des marchands
tapissiers, pour la finance des quatre offices des jurez
héréditaires créez par édit du mois de mars 1691, unis et
incorporez en leur communauté par déclaration du roy
du 9 novembre au dit an 1691. Quittance signée le 15 may
de l'année 1692, de la somme de quatre mil quatre cents
livres, à luy payée pour les deux sols par livre; autre
quittance de finances, signée Bertin, du 18 avril 1697, con-
trollée le 24 du mesme mois, pour la réunion à la communauté des dits marchands tapissiers des deux offices
d'auditeurs et examinateurs des comptes des deniers de
la dite communauté créée par édit du mois de mars 1694
et unis à la dite communauté par arrest du 14 juin 1696,
de la somme de trente-trois mil livres, payée par la dite
communauté des tapissiers, pour jouir de quinze cent vingt
livres de gages pour chacun an ; la dite quittance enregistrée au bureau des finances de la généralité de Paris
du 16 décembre 1698. Autre quittance signée, de la somme
de trois mil trois cents livres pour les deux sols pour livre
de la dite somme de trente-trois mil livres ; quittance de
finances signée Bertin, de la somme de trente-six mil livres
payée par la dite communauté des tapissiers pour être
confirmés et maintenus en conséquence de l'édit du mois
d'août 1701, et de l'arrest du Conseil du 11e juillet 1702
dans l'hérédité de leurs offices de jurez syndics et auditeurs
de leurs comptes, et pour l'union et incorporation à leur
communauté de l'office du trésorier-receveur et payeur
de la bourse commune, et pour jouir de sept cent soixante-

dix livres de gages. Quittance du même jour, du sieur Garnier, de la somme de trois mil six cent livres pour les deux sols pour livre de la dite finance de trente-six mil livres. Récépissé du sieur d'Argenson, lors lieutenant-général de police, de la somme de dix-neuf cens livres, payées par la dite communauté pour dix-neuf soldats de milice qu'elle a été obligée de fournir en exécution de l'ordonnance du roy du mois de décembre 1701. Seize récépissés de Bony, montant à la somme de trente-cinq mil neuf cent neuf livres quatre sols deux deniers, payés par la dite communauté pour la finance des offices de contrôleurs visiteurs des poids et mesures et des greffiers des enregistrements des brevets d'apprentissage et autres actes créez par édit du mois d'août 1704 et pour jouir des gages y attribuez.

Veu aussy les titres et contrats des créanciers qui ont presté leurs deniers à la dite communauté, pour employer au payement qu'elle devait des dites finances et généralement de tout ce qui a esté fourny par les maîtres et gardes et les jurez en charge de la dite communauté des marchands tapissiers de Paris ; et a été remis par devant le sieur Bidé de la Grandville, chevalier du roy en ses conseils, maistre des requestes ordinaires de l'hôtel de Sa Majesté ; l'un de nous, ouy son rapport et tout considéré :

Nous, commissaires généraux sus dits, en vertu des pouvoirs à nous donnés par Sa Majesté par les dits arrêts du Conseil des 3e mars et 16e may 1716, 4e novembre 1717, 14e février et 19e mars 1718,

Avons ordonné et ordonnons pour jugement en dernier ressort que les dettes de la dite communauté des maîtres marchands tapissiers de la ville et fauxbourgs de Paris seront et demeureront terriffiées et liquidées ainsi qu'il suit :

Premièrement. Celles deües à ceux qui ont presté leurs deniers pour l'acquisition de la maison où la dite commu-

nauté tient son bureau, à la somme de quatorze mil quatre
cents livres de principal,

Sçavoir : Au sieur abbé de Lionne, prieur commanditaire
à Saint-Martin des Champs, celle de trois mil livres, pour
le sort principal de cent vingt-cinq livres de rente constitué
à son profit par la dite communauté, par contrat passé
devant Le Bœuf et son confrère, notaires au Châtelet de
Paris, le 10e décembre 1666 ;

Aux religieux du dit Saint-Martin des Champs, la somme
de quinze cens livres, pour le sort principal de soixante-
deux livres dix sols de rente constituée à leur profit par
la dite communauté par contract passé le même jour dix
décembre par les mêmes notaires ;

Au sieur Claude Fremery, la somme de quatre mil neuf
cens cinquante livres, pour le sort principal de deux cens
vingt-cinq livres de rente constituée à son profit par la
dite communauté par contract passé par devant Raveneau
et Bonot, notaires au dit Châtelet de Paris, le 18e janvier 1670,

Et au sieur Lambert Huet, étant aux droits du sieur
Nicolas Morand par deux différents transports des dernier
décembre mil six cens quatre-vingt et vingt-neuvième
août mil six cens quatre-vingt, un passé par devant le dit
Raveneau et son confrère, notaires au dit Châtelet de Paris,
et signiffiez à la requête du dit Huet aux jurez et communauté des dits maistres tapissiers, le 28 novembre au
dit an mil six cens quatre-vingt-un, pareille somme de
quatre mil neuf cens livres, pour le sort principal de pareils
deux cens vingt-cinq livres constituées au profit du dit
Morand par la dite communauté par contract passé par
le même Raveneau et son confrère, le 18e janvier 1670 ;

Avons pareillement liquidé les sommes deües à ceux
qui ont presté leurs deniers pour employer au payement
tant des dits quarante mille livres, pour la finance, union
et incorporation de la dite communauté des quatre offices

de jurez créez par édit du mois de mars mil six cens
quatre-vingt-onze, et unis par la déclaration du roi du
neuvième novembre au dit an, que des dites quatre mil
quatre cens livres pour les deux sols pour livre des dites
quarante quatre mil livres à la somme de vingt-quatre
mil quatre cens onze livres treize sols quatre deniers,
pour le restant à rembourser des principaux de rentes
constituées par la dite communauté au sujet des dits
quatre offices de jurez, dont sera payé, sçavoir :

A Pierre Ponteaux, la somme de trois mil livres, pour le
sort principal de cent cinquante livres de rente constituée
à son profit par la dite communauté, par contract passé
par devant Chupin et son confrère, notaires au Châtelet
de Paris, le vingt neuf may mil six cens quatre-vingt-onze ;

A Louis et Guillaume Vieillard, représentant Marguerite
Frichet de la Coussy, femme de Maximilien Faroul, la
somme de quatre mil livres, pour le sort principal de deux
cens livres de rente constituée au profit de la dite damoiselle Marguerite Frichot, par la dite communauté des
tapissiers, par contract passé par devant Le Feure et son
confrère, notaires au dit Châtelet, le quatorzième août mil
six cens quatre-vingt-onze ;

A Sébastien Malet, la somme de mil livres, pour le sort
principal de cinquante livres de rente, constituée à son
profit par la dite communauté, par contract du premier
août mil six cens quatre-vingt-onze, par devant Le Faire
et son confrère, notaires au Châtelet de Paris ;

A Christophe Petit, la somme de deux mil cinq cens
livres, pour le sort principal de cent vingt-cinq livres de
rente constituée à son profit par la dite communauté, par
contract passé par devant le dit Le Faire et son confrère,
notaires, le dixième jour de janvier mil six cens quatre-
vingt-deux ;

A Charles Langlois, la somme de quatre mil livres, pour

le sort principal de deux cens livres de rente constituée au profit de Charles Langlois, son père, par la dite communauté, par contract passé par devant Lefeure et son confrère, notaires, le vingt et unième janvier mil six cens quatre-vingt-douze, et à lui cédé et transporté par François Langlois, son frère, et damoiselle Geneviève Durand, son épouse, par acte passé par devant Regnault et de Lambon, notaires, le neuvième janvier mil sept cens quatorze ;

A Marguerite Galet, veuve de Pierre Corneille, la somme de deux mille livres pour le sort principal de cent livres de rente, constituée au profit du dit Pierre Corneille et Marguerite Galet, sa femme, par la dite communauté, par contract du vingt-huictième janvier mil six cens quatre-vingt-douze, par devant Le Feure et son confrère, notaires ;

A dame Geneviève du Bourg, épouse séparée de biens de Louis Lantier, écuyer sieur Dornoy, la somme de deux mil livres pour le sort principal de cent livres de rente constituée à son profit par la ditte communauté, par contract passé par-devant Lefeure et son confrère, notaires, le premier avril mil six cents quatre-vingt-douze ;

A Edme Ollivier, la somme de quinze cens livres, pour le sort principal de soixante-quinze livres de rente faisant partie de cent cinquante livres aussi de rente, constituée au profit du dit Ollivier par la ditte communauté, par contract passé par-devant Lefeure et son consort, le seize avril mil six cent quatre-vingt-douze ;

Audit Edme Ollivier, autre somme de quinze cens livres, pour le sort principal de pareilles soixante-quinze livres de rente constituée à son profit de ladite communauté par contract passé par-devant Lefeure et Aveline, notaires, le 1er août mil six cens quatre-vingt-treize ;

A Sébastien Malet, pareille somme de quinze cens livres. pour le sort principal de soixante-quinze livres de rente, constituée à son profit par la dite communauté, par con-

tract passé par-devant Lefeure et Hurel, notaires, le treize
juin mil six cens quatre vingt dix huit ;

A Jacques Rioul et Crispine Lefeure, sa femme la somme
de quatorze cens onzel ivres treize sols quatre deniers, pour
le sort principal de soixante-dix livres treize sols huit
deniers de rente constituée à leur profit par la ditte communauté des tapissiers, par contract passé par-devant
Froment et son confrère, notaires, le 26ᵉ mars mil six
cens quatre-vingt-treize.

Avons pareillement liquidé les sommes deües à ceux
qui ont prêté leurs deniers pour employer au payement
tant de la somme de trente-trois mil livres des finances
principalles, pour les deux offices d'auditeur des comptes
créez par le dit édit du mois de mars 1694 et unis à la
communauté par arrest du conseil du 15 juin 1696, que
de trois mil trois cens livres, pour les deux sols par livre
des dits trente-trois mil livres à la somme de six mil cinq
cens livres restant à rembourser des principaux de rente,
constituée par la dite communauté au sujet des dits deux
offices d'auditeurs, dont sera payé, sçavoir :

A Louis Dannequin, la sommme de dix-huit cens livres,
pour le sort principal de quatre-vingt-dix livres de rente
constituée à son profit par la dite communauté des tapissiers par contract passé devant des Forges et son confrère,
notaires le 14ᵉ septembre 1696 ;

A Pierre Lallier, la somme de trois cens livres, du sort
principal de quinze livres de rente constituée à son profit
par la dite communauté par contract passé devant Gachier
et son confrère, notaires, le 18 juillet 1697 ;

A Nicolas Turin, cinq cens livres pour le sort principal
de vingt-cinq livres de rente au denier vingt, constituée à
son profit par ladite communauté par contract passé par-
devant Lefeure et son confrère, notaires au dit Châtelet de
Paris, le 18 juillet 1697;

A Pierre Gasse, étant aux droits des héritiers de Pierre Lebourt, qui étaient aux droits de Françoise Culeron, veuve de Jacques Lebourt, deux cens livres, pour le sort principal de dix livres de rente, constituée au denier vingt par la dite communauté au profit de la dite Françoise Culeron, par contract du 18e juillet 1697, passé par-devant le dit Lefeure et son confrère, notaires, et les dites dix livre de rente cédées et transportées par les dits Lebourt, enfans et héritiers de la dite Françoise Culeron, leur mère, par acte passé devant Thouvenot et son confrère, notaires, le 24 septembre 1710 ;

A Antoine Drasuy, la somme de mille livres, pour le sort principal de cinquante livres de rente au denier vingt, constituée au profit de Pierre l'Hospital par la dite communauté par contract du 18e juillet 1697 passé par-devant le dit Lefeure et son confrère, notaires, et cédée et transportée par le dit l'Hospital au dit Drausy par acte passé par le dit Lefeure et son confrère, le 27e de décembre au dit an ;

Au dit Drausy, la somme de trois cens livres, pour le sor principal de quinze livres de rente au denier vingt, constituée par la dite communauté au profit de Lambert de la Haise, par contract passé par-devant le dit Lefeure et son confrère, le 18e juillet 1697 et par lui cédée et transportée au dit Drausy par acte passé par-devant le dit Lefeure et son confrère, notaires, le 27 décembre 1697 ;

A Marguerite Frichot, étant aux droits de Nicolas, frère, la somme de deux cens livres, pour le sort principal de dix-huit livres de rente au denier vingt, constituée au profit de Nicolas frère par la dite communauté, par contract passé par-devant Lefeure et son confrère, notaires, le 18 juillet 1697, cédée et transportée à la dite Frichot par acte passé par-devant le dit Lefeure et son confrère, notaires, le 26 novembre 1700 ;

A la dite Frichot, la somme de cinq cens livres, pour

le sort principal de vingt-cinq livres de rente constituée au profit de Gilles Morand par la dite communauté, par contract passé par-devant le dit Lefeure et son confrère, notaires, le 18 juillet 1697, et par luy cédée et transportée à la dite Frichot par acte du même jour 26 novembre 1700, passé par le dit Lefeure et son confrère ;

A la dite Frichot, la somme de trois cens livres, pour le sort principal de quinze livres de rente constituée par la dite communauté au denier vingt au profit de Simon Prévost, par contract passé par-devant le dit Lefeure et son confrère, notaires, le même jour 18 juillet 1697, cédée et transportée à la dite damoiselle Frichot par le dit Prévost par acte passé par-devant les mêmes notaires, le dit jour 26 novembre 1700 ;

A Anne Sadot, veuve Louis Crelos, la somme de trois cens livres, pour le sort principal de quinze livres de rente au denier vingt, constituée par la dite communauté au profit du dit Crelos par contract passé par-devant Lefeure et Murel, notaires, le dit jour 18 juillet 1697 ;

A Richard Heurtault, la somme de deux cens livres, pour le sort principal de dix livres de rente au denier vingt, restant et faisant moitié de quatre cens livres, sort principal de vingt livres de rente constituée par la dite communauté au profit du dit Heurtault, par contract passé par Lefeure et Anceline, notaires, le même jour 18 juillet 1697 ;

A Catherine Gaudouin, veuve de Pierre de la Belle, la somme de cent livres, pour le sort principal de cent sols de rente au denier vingt, constituée par la dite communauté au profit de la dite Gaudouin, par contract passé par le dit Lefeure et son confrère, les mêmes jour et an ;

A Pierre Lauray, la somme de cent livres, pour le sort principal de cent sols de rente au denier vingt, constituée par la communauté au profit d'Antoine Boulemer par con-

15

tract du dit jour 18 juillet 1697, passé par-devant Lefeure et son confrère, notaires, cédée et transportée par le dit Boulemer au dit Lauray par acte aussy passé par-devant Desforges et son confrère, notaires, le 11ᵉ janvier 1699, signiffiée le 16 octobre au dit an ;

A Angélique Michelle Le Maire, la somme de trois cens livres, faisant le sort principal de quinze livres de rente constituée par la dite communauté au profit de Louis Cagnard, par contract du dit jour 18 juillet au dit an 1697, passé par-devant les dits Lefeure et Aveline, notaires, la dite rente cédée et transportée par le dit Cagnard à Antoine Morand, par acte passé par-devant les mêmes notaires, le 24 du dit mois de juillet, et par le dit Morand aussy cédée et transportée à la dite Le Maire, par acte du 18 septembre 1701, par-devant Lefeure et Vatel, notaires ;

A la dite damoiselle Le Maire, la somme de quatre cens livres, faisant le sort principal de vingt livres de rente au denier vingt, constituée par la dite communauté des tapissiers au profit du dit Antoine Morand, par contract du même jour 18ᵉ juillet 1697, passé par-devant les dits Lefeure et Aveline, notaires, et par le dit Morand cédée et transportée à la dite damoiselle Le Maire avec les dites trois cents livres, par le dit acte du 18ᵉ septembre 1701, passé par les dits Lefébure et Vatel, notaires ;

Comme aussy nous avons liquidé les sommes deües de ceux qui ont presté leurs deniers pour employer au paiement tant de la somme de trente-six mil livres de finances, principal pour la confirmation de l'hérédité des offices de jurez, syndics, d'auditeur des comptes de la communauté et réunion de celuy de trésorier-receveur et payeur de la bource commune, créez par édit du mois de juillet 1702, la dite réunion faite par arrest du Conseil du 27ᵉ février 1703, que de la somme de trois mil six cens livres, pour les deux sols pour livre de la dite somme de trente-six mil livres, à la somme de vingt-un mil six cent-cinquante-sept livres dix sols, restante à rembourser des principaux de rente constituée par la dite communauté, à cause des dites confirmation et réunion faite des dits offices des syndics, auditeurs et trésorier-receveur et payeur de la bource commune, de laquelle somme de vingt-un mil six cent-cinquante-sept livres dix sols, il en sera payé, sçavoir :

A Jean Hugard, deux mil livres, pour le sort principal de cent livres de rente constituée à son profit par la dite communauté, par contract du 20e septembre 1703, par-devant Clignet et Legrand, notaires au Châtelet de Paris;

A Nicolas-Barbe Le Roy, trois cens livres, pour le sort principal de quinze livres de rente constituée à son profit par la dite communauté, par contract passé par-devant les dits Clignet et Legrand, notaires, le dit jour, 27e mars 1703;

A Gabriel Badouleau, la somme de deux mil livres, pour le sort principal de cent livres de rente constituée à son profit par la dite communauté, par contract passé par-devant les dits Clignet et Legrand, les mêmes jour et an;

A Guy Oursel, la somme de cinq cens livres, pour le sort principal de vingt-cinq livres de rente constituée par la dite communauté à son profit, par contract passé par-devant Lefeure et son confrère, notaires, le 2e septembre 1704;

Au dit Guy Oursel et Nicolle-Françoise Bruet, sa femme, la somme de douze cent trente livres, pour le sort principal de soixante et une livres dix sols de rente constituée par la dite communauté au profit de Adrien Briest, par contract passé par-devant Lefébure et son confrère, notaires, le dit jour 2e septembre 1704, les dites soixante et une livres dix sols de rente écheües aussy au dit Oursel et sa femme, ainsy qu'il appert par le partage des biens du dit Briet du 25e avril 1706, passé par Boursier et son confrère, notaires au dit Châtelet de Paris, extrait duquel partage a été signifié aux jurez et communauté des dits tapissiers en leur bureau, le 11ᵉ juillet 1707 ;

A Pierre Baudoin, la somme de huit cens livres, pour le sort principal de quarante livres de rente constituée à son profit par la dite communauté, par contract passé par devant Lefeure, notaire, le 12ᵉ octobre 1704 ;

A Jean Huiard, la somme de deux mil cinquante livres, pour le sort principal de cent deux livres dix sols de rente, constituée par la dite communauté au profit du dit Huyard par contract passé par-devant Lefébure et son confrère, notaires, le 17ᵉ mars 1705 ;

A Jeanne Mercier, veuve Hutreau, deux mil livres, pour le sort principal de cent livres de rente au denier vingt, constituée à son profit par la dite communauté, par contract passé par-devant Lefeure et son confrère, le 29ᵉ août 1705 ;

A Gabriel Badoulleau, deux mil livres, pour le sort principal de cent livres de rente au denier vingt, constituée à son profit par la dite communauté, par contract passé par-devant Lefeure et Aveline, notaires, le 19ᵉ janvier 1706 ;

A Gabriel Badoulleau, pareille somme de deux mil livres, pour le sort principal de cent livres de rente au denier vingt, constituée à son profit par la dite communauté, par contract du 30ᵉ juillet 1706, passé par-devant Doyen et Auvray, notaires ;

A Pierre Villards, la somme de mil livres, pour le sort principal de cinquante livres de rente au denier vingt, constituée par la dite communauté au profit de Jean Huguetan, par contract passé par-devant Lefébure et Cleres, notaires, le 4ᵉ décembre 1706, la dite rente cédée et transportée par le dit Huguetan au dit Villards par acte aussy passé par-devant Gachier et Anceline, notaires, le 30ᵉ juillet 1714 ;

A Louis Dannequin, la somme de deux cens livres,

sort principal de dix livres de rente au denier vingt,
constituée à son profit par la dite communauté, par
contract passé par-devant Lefébure et son confrère,
le 7ᵉ décembre 1706;

A Louis Hams, la somme de deux cens livres, sort
principal de dix livres de rente au denier vingt, constituée par la dite communauté au profit du dit Hams,
passé le 16ᵉ avril 1707, par-devant Gentis et son confrère,
notaires;

A Cautien Couteau, deux cens livres pour le sort principal de dix livres de rente au denier vingt, constituée à
son profit par la dite communauté, par contract passé par-
devant Lefeure et son confrère, notaires, le 26ᵉ avril 1707;

A Pierre Lallier, deux cens livres, pour le sort principal
de dix livres de rente au denier vingt, constituée par la
dite communauté au profit du dit Lallier, par contract
du 10ᵉ may 1707, passé par-devant Lefeure et son confrère, notaires, le 10ᵉ may 1707;

A Françoise Hyacinthe de Lan, estant aux droits de
Louis de Lan, la somme de deux cens livres, pour le sort
principal de dix livres de rente au denier vingt, constituée
par la dite communauté au profit du dit Louis de Lan,
par contract passé par-devant Lefeure et son confrère,
notaires, le 17 du dit mois de may 1707;

A la veuve de Frédéric Lenain, cinquante livres, sort
principal de cinquante sols de rente, constituée par la
dite communauté au profit du dit Lenain, par contract
passé par le dit Lefeure et son confrère, le même jour
17ᵉ may 1707;

A Catherine Gaudouin, veuve de Lobel, cinquante livres,
sort principal de cinquante sols de rente au denier vingt,
constituée à son profit par la dite communauté, par contract passé par-devant le dit Lefeure et son confrère,
le 1ᵉʳ juin 1707;

A Jacques Lochel ou ses représentants, la somme de mil livres, pour le sort principal de cinquante livres de rente au denier vingt, constituée par la dite communauté au profit du dit Lochel par contract passé par devant Lefébure et Aveline, notaires, le 1er juillet 1707 ;

A Denis Forgeot ou ses représentants, soixante livres pour le sort principal de trois livres de rente au denier vingt, constituée par la dite communauté au profit du dit Forgeot par contract passé par devant Lefébure et Aveline, notaires, le 22e du dit mois de juillet 1707 ;

A Antoine Morand, six cens livres, principal de trente livres de rente au denier vingt, constituée par la dite communauté au profit du dit Morand, par contract du 3e août au dit an, passé par devant Gaschier et Cosson, notaires ;

A Pierre de l'Hospital ou ses représentants, deux cens livres, pour le sort principal de dix livres de rente, constituée à son profit par la dite communauté, par contract passé par devant le dit Gaschier et son confrère, le 3e août 1707 ;

A Marguerite Jacqueminet, veuve Petit ou ses représentants, onze cens livres, pour le sort principal de cinquante-cinq livres de rente au denier vingt, constituée par la dite communauté par contract passé par devant Gaschier et son confrère, le 3e août 1707 ;

A Nicolle Harlay, veuve Jean-Baptiste Guillaumont, cent livres, sort principal de cent sols de rente, constituée à son profit par la dite communauté, par contract passé par devant Gaschier et Aveline, notaires, le même jour 3e août ;

A Pierre Le Prévost ou ses représentants, cent livres, sort principal de cent sols de rente, constituée à son profit par contract passé par devant Gaschier et son confrère, notaires, le 20e du dit mois d'août en 1707 ;

A Henry Royer, soixante livres, sort principal de cin-

quante sols de rente, constituée au profit de Jean Cocuel
par contract passé par devant Gaschier et son confrère,
le 6ᵉ octobre 1707, et par le dit Cocuel cédée et transportée au dit Langlois par acte passé par devant le dit
Gaschier et son confrère, notaires, le 31ᵉ novembre 1711 ;

A Claude Baressy, deux cens livres, sort principal de
dix livres de rente au denier vingt, constituée à son profit
par la dite communauté par contract du 17ᵉ octobre 1707,
passé par devant Gaschier et Aveline, notaires ;

A Jean Huyard, deux cens livres, sort principal de dix
livres de rente, constituée à son profit par la dite communauté, par contract passé par devant Gaschier et son
confrère, notaires, le 21 novembre au dit an 1707 ;

A Marie Agnès Briet, veuve Boschot, cent livres, sort
principal de vingt-cinq livres de rente au denier vingt,
constituée à son profit par la dite communauté, par contract passé par devant Cosson et Desforges, notaires, le
24ᵉ novembre 1707 ;

A Pierre Lespy, deux cent sept livres dix sols, sort principal de dix livres sept sols six deniers de rente, constituée à
son profit par la dite communauté, par contract passé par
devant Gaschier et Aveline, notaires, le 12ᵉ décembre 1707 ;

A François Petit, deux cens livres, sort principal de dix
livres de rente, constituée à son profit par la dite communauté, par contract passé par devant Gaschier et son
confrère, le 27ᵉ du dit mois de décembre 1707 ;

A Jean Parquet ou ses représentants, deux cens livres,
sort principal de dix livres de rente, constituée au profit
du dit Parquet par contract passé par devant Gaschier et
son collègue, notaires, le 19 janvier 1708 ;

Et enfin avons pareillement liquidé les sommes deües
à ceux qui ont presté leurs deniers pour employer au paiement tant de la somme de trente-six mil livres de finance
principalle des offices de controlleur, visiteur des poids et

mesures et greffier d'enregistrement des brevets d'apprentissages créez par édits des mois de janvier et août 1704, incorporé à la communauté par arrest du Conseil du 27 juillet 1706, que des trois mil six cents livres pour les deux sols pour livre des dites trente-six mil livres et de deux mil livres pour les frais faits au sujet de cet emprunt à la somme de huit mil cinq cent quatre-vingt livres huit sols restant à rembourser des principaux de rente, constituée par la mesme communauté à l'occasion des dits offices, par contract passé devant Gaschier, notaire à Paris, dont ceux cy après dattés sont du nombre et de laquelle somme de dix-huit mil cinq cent trente livres huit sols, il en sera payé, sçavoir :

A Louis Dannequin ou ses représentants, la somme de six cent quarante livres, sort principal de trente-deux livres de rente, constituée au profit du dit Dannequin par la dite communauté, par contract passé par devant Gaschier et son confrère, notaires, le 6 avril 1708 ;

A Antoine Morand, marchand tapissier à Paris, deux cent quatre-vingt-dix livres, pour le sort principal de quatorze livres dix sols de rente, constituée à son profit par la dite communauté, par contract passé par devant Gaschier et son confrère, notaires, au Châtelet de Paris, le 14e avril 1708 ;

A Pierre de l'Hospital, quatre cent trente-deux livres dix sols, sort principal de vingt et une livres douze sols six deniers de rente au denier vingt, constituée à son profit par la dite communauté, par contract passé par devant Gaschier et son confrère, notaires, à Paris, le 18e avril 1708 ;

A Henry Boyer, aussy marchand tapissier, la somme de cent vingt livres, sort principal de six livres de rente au denier vingt, constituée à son profit par la dite communauté, par contract passé à son profit par devant Gaschier et son confrère, notaires, le 21 avril 1708 ;

A Pierre Savart, la somme de trois cens onze livres
cinq sols, sort principal de quinze livres onze sols trois
denier de rente au denier vingt, constituée à son profit par
ladite communauté par contract passé par-devant Gaschier
et son confrère, notaires, le 21 mai 1708 ;

A Maître Louis Hanis, controlleur des rentes à l'hostel de
ville de Paris, la somme de mil cinquante livres, sort principal de cinquante-deux livres dix sols de rente, constituée
à son profit par ladite communauté par contract passé
par-devant Gaschier et Auget, notaires, le 1er juin, au dit an.

A Claude Barass, deux cens livres, sort principal de dix
livres de rente, constituée à son profit par la dite communauté par contract passé par-devant Gaschier et son confrère, notaires, le 11 du dit mois de juin ;

A René Prévost ou ses représentans, trois cens livres,
sort principal de quinze livres de rente au denier vingt,
constituée au profit du dit Prévost par la dite communauté,
par contract passé par-devant Gaschier et son confrère, le
18e du dit mois de juin ;

A Denis Forgeot ou à ses représentans, deux cens livres,
sort principal de dix livres de rente, constituée au profit du
dit Forgeot par la dite communauté, par contract passé par-
devant Gaschier et son confrère, notaires, le 22e juin 1708 ;

. A Joseph Parquet ou ses représentans, la somme de quatre
cens quarante livres, sort principal de vingt-deux livres
quatre sols de rente, constituée par la dite communauté au
profit du dit Parquet par contract passé par-devant le dit
Gaschier et son confrère, notaires à Paris, le 25e du dit
mois de juin 1708 ;

A Jacques Lochet ou ses représentans, la somme de deux
cens cinquante livres, sort principal de douze livres dix
sols de rente, constituée par la dite communauté au profit
du dit Lochet par contract passé par-devant le dit Gaschier
et son confrère, notaires à Paris, le 7e juillet, au dit an 1708 ;

A François Hyacinthe de Lan, au lieu de Louis de Lan son père, la somme de cinq cens trente-cinq livres, sort principal de vingt-six livres quinze sols de rente au denier vingt, constituée par la dite communauté au profit du dit Louis de Lan, par contract passé par-devant ledit Gaschier et son confrère, notaires à Paris, le 19e du dit mois de juillet 1708 ;

A Louis Caignard, quatre cens livres, sort principal de vingt livres de rente constituée à son profit par ladite communauté, par contract passé par-devant le dit Gaschier et son confrère, le 17e du dit mois de juillet ;

A Gabriel Le Cellier, la somme de quatre cens douze livres treize sols, sort principal de vingt livres douze sols six deniers de rente, constituée par la dite communauté au profit du dit Cellier, par contract passé par-devant Gaschier et son confrère, notaires à Paris, le 19e juillet 1708 ;

A Louise Boudault, veuve Couteau, cent livres, sort principal de cent sols de rente, constituée à son profit par la dite communauté, par contract passé par-devant Gaschier et son confrère, le 20e du mois de juillet 1708 ;

A Louise Boudault, veuve Couteau, cent livres, sort principal de cent sols de rente, constituée à son profit par la dite communauté, par contract passé par-devant le dit Gaschier et son confrère, le 20e du dit mois de juillet 1708 ;

A Pierre Lequeuls ou ses représentans, cent livres, sort principal de cent sols de rente, constituée au profit du dit Lequeuls par la dite communauté, par contract passé par-devant Gaschier et son confrère, le 30e du dit mois de juillet ;

A Joseph Guignand, cinquante livres, sort principal de cinquante sols de rente, constituée à son profit par la dite communauté, par contract passé par-devant Gaschier et son confrère, notaires à Paris, le 30e juillet, au dit an 1708 ;

A François Petit, deux cens cinquante livres, sort principal de douze livres dix sols de rente, constituée à son profit par la dite communauté, par contract passé par-devant le dit Gaschier et son collègue, notaires, le 2ᵉ août 1708 ;

A Pierre Lallier ou ses représentans, la somme de cinq cens quarante livres, sort principal de vingt-sept livres de rente, constituée à son profit par la dite communauté, par contract passé par-devant Gaschier et Aveline, notaires, le 4ᵉ août 1708 ;

A Charles Langlois, deux cens cinquante livres, sort principal de douze livres dix sols de rente, constituée à son profit par la dite communauté, par contract passé par-devant Gaschier et son confrère, notaires, le 18ᵉ du dit mois d'août ;

A Jean Huyard, la somme de trois cens vingt-cinq livres, sort principal de seize livres cinq sols de rente au denier vingt, constituée à son profit par la dite communauté, par contract passé par devant Gaschier et son confrère, notaires à Paris, le 30ᵉ de septembre 1708 ;

A Philippe Rossignol, soixante livres, sort principal de trois livres de rente, constituée à son profit par la dite communauté par contract passé par devant le dit Gaschier et son confrère, le 5ᵉ octobre 1708 ;

A Pierre Lepy, cent livres, sort principal de cent sols de rente, constituée à son profit par la dite communauté, par contract passé par devant Gaschier et son confrère, le 14ᵉ janvier 1709 ;

A Charles Gumaud, deux cens livres, sort principal de dix livres de rente, constituée à son profit par la dite communauté, par contract passé par devant Gaschier et son confrère, le 20ᵉ may 1709 ;

A Catherine Gandouin, veuve de Pierre-Nicolas de Lobel, cent livres, sort principal de cent sols de rente, constituée à son profit par la dite communauté, par contract passé par devant Gaschier et son collègue, notaires, le 5ᵉ décembre 1710 ;

A Jeanne Pupin, veuve du sieur Jean Penard, deux cens livres, sort principal de dix livres de rente, constituée à son profit par la dite communauté par contract passé par devant Gaschier et son confrère, le 24e décembre 1710, l'acte du mesme jour et an, estant au bas ;

A Louis Brumand, cent livres, sort principal de cent sols de rente, constituée à son profit par la dite communauté, par contract passé par devant le dit Gaschier et son confrère, notaires, le même jour, 24e décembre ;

A Nicolle Harlay, veuve Guillaumont, deux cens soixante-dix livres, pour le sort principal de treize livres dix sols de rente au denier vingt, constituée à son profit par la dite communauté, par contract passé par devant le dit Gaschier et son confrère, notaires, le 9e juin 1711 ;

A Joseph-Bernard Petit ou ses représentans, cent cinquante livres, pour le sort principal de sept livres dix sols de rente, constituée au profit du dit Petit par la dite communauté, par contract passé par devant Gaschier et Aveline, notaires, le 3e décembre 1711.

Au moyen de la liquidation cy-dessus, la dite communauté des dits maîtres et marchands tapissiers de Paris ne se trouve plus débitrice d'aucune dette exigible, mais seulement de la somme de soixante-quinze mille quatre cens quarante-neuf livres huit sols quatre deniers de principal contenue aux contracts cy-dessus mentionnez. Nous ordonnons que les arrérages écheus du passé et ceux qui écherront à l'avenir jusqu'à l'actuel remboursement seront annuellement payez par demi-année aux créanciers sur les droits et gages attribuez aux offices pour la réunion desquels ils ont presté, et ce qui restera des deniers, après les arrérages païés, sera chascun an emploïé au remboursement de portion des principaux de rente, à commencer par les créanciers qui ne sont point de la communauté, qui seront rembourcés par préférence aux maîtres et veuves de la communauté, et après, des plus petites parties deues aux veuves et héritiers des maistres qui ont presté, et ensuite aux maistres qui sont créanciers, sans que les dits maistres ou gardes jurez en charge puissent se rembourser par leurs mains, sous peine de radiation de l'article du remboursement, qu'après tous les autres créanciers sur la même finance et de perte de leurs arrérages depuis le jour qu'ils se seront rembourcés jusqu'à l'effectif remboursement ;

Ordonnons que les dits maistres et gardes jurez en charge seront tenus d'inscrire sur des registres particuliers pour chaque finance les rembourcements qu'ils feront pendant leurs demandes à l'instance ; qu'ils seront tenus de faire quittancer les contrats et récépissez rembourcez et de les bastonner, comme aussy de rayer de dessus les états de dettes de chaque finance les créanciers qui auraient été rembourcez ;

Faisons deffenses aux dits maistres et gardes jurez en charge de payer aucunes autres sommes que celles comprises au présent jugement de liquidation et au contenu aux titres par nous visé, à peinne de radiations dans leurs comptes de ce qu'ils payeraient au préjudice.

Fait en notre assemblée tenue à Paris le 12ᵉ janvier 1719.

BIDÉ DE LA GRANDVILLE, LEGENDRE SAINT-AUBIN, DE BÉRULLE, LAFONT, DE CHACHAURT.

Les Commissaires généraux du Conseil, députés par
Sa Majesté par les arrêts de son Conseil des 3e mars et
16e may 1716 et autres subséquens, pour procéder à la
liquidation des dettes et à l'examen et révision des comptes
des communautés d'arts et métiers de la ville et faubourgs
de Paris :

Sur ce qui nous a été remontré par le procureur général
du roy en la commission que dans la pluspart des comptes
qui ont passé jusqu'icy par son examen, il s'est aperçu
que les jurés qui ont eu l'administration des deniers communs de leur communauté, ont eu l'adresse de paraître
en avance, soit en diminuant la recette effective des droits
qu'ils ont réellement perçus ou dû percevoir, soit par des
dépenses fictives employées dans leurs comptes, qui leur
ont été passées ou allouées par l'inattention des anciens
jurés ou des autres membres des dites communautés pré-
posés pour assister à l'examen de l'arrêté des dits comptes ;
au moyen de quoy les comptables se sont fait rembourser
par leurs successeurs des dites prétendües avances ou se
sont fait passer des contracts de rente à leur profit et à
la charge des communautés ; que c'est de tous les abus le
plus intolérable, puisque ces mêmes comptes passant
ensuite par la révision du bureau, il se trouve, par l'examen
qui en est fait et par les jugements qui interviennent, que
les mêmes comptables qui s'étaient constitués en avance
sont au contraire reliquataires de sommes considérables
envers leur dittes communautés ; qu'il est d'autant plus
nécessaire d'en arrêter le cours, que les remboursements
de ces prétendues avances empêchent les communautés
de payer les arrérages de leurs créances légitimes et d'en

rembourser les capitaux; que les débits des comptables, grossis par ces mêmes remboursements, en deviennent plus difficiles à recouvrer et tournent souvent en pure perte pour les communautés par l'insolvabilité des comptables ou de leurs héritiers. A ces causes, requérait le procureur général du roy en la commission, que, faisant droit sur son réquisitoire, il nous plût ordonner : qu'à l'avenir tous les syndics, jurez ou autres comptables des communautés d'arts et métiers, ensemble leurs héritiers ou ayants cause, seront tenus de remettre leurs comptes entre ses mains pour être revus, examinez et par nous arrêtés, avant que de pouvoir répéter les sommes dont ils prétendent avoir fait les avances pour le compte des dites communautés, pendant le temps de leur administration ; faire défenses aux syndics et jurez leurs successeurs de rembourser aucuns deniers pour raison des dites prétendües avances, à moins qu'elles ne soyent constatées par le bureau et qu'il ne leur soit aparu d'un jugement pour les y autoriser, à peine d'en répondre en leur propre et privé nom ; ordonner en outre que le jugement qui interviendra sera transcrit sur le registre des délibérations des dites communautés après la signification qui en sera faite à la requête du dit procureur général de la commission.

FEYDEAU DE MARVILLE.

Vu le réquisitoire signé : Feydeau de Marville, les arrêts du Conseil portant notre commission ; ouy le rapport du sieur Mabout, chevalier, conseiller du roy en ses conseils, maître des requêtes ordinaires de son hôtel, l'un de nous, et tout considéré,

Nous, commissaires généraux susdits, en vertu des pouvoirs à nous donnés par Sa Majesté, pour les dits arrêts du Conseil, faisons défenses à tous les syndics et jurés des communautés d'arts et métiers de payer à l'avenir à leurs prédécesseurs les reliquats de leurs comptes arrêtés par la communauté jusqu'à ce que les dits comptes ayent été par nous revus et arrêtés, à peine d'en répondre en leur propre et privé nom. Et sera notre présent jugement exécuté nonobstant toutes oppositions et empêchements pour lesquels ne sera différé, à l'effet de quoy il sera transcrit sur le registre des délibérations des dites communautés après la signification qui leur en sera faite à la requête du procureur général de la commission.

HEVAULE. — MABOUT, DEVOUGNY, DELAMOIGNON, BRICONNET, LABRIFFE.

(A Paris, le 7 janvier 1739.)

ARTS ET MÉTIERS

ORDONNANCE

AUX SYNDICS, JURÉS OU RECEVEURS DES COMMUNAUTÉS Y DÉNOMMÉES
DE REMETTRE, DANS QUINZAINE,
ÈS MAINS DU PROCUREUR GÉNÉRAL DE LA COMMISSION,
LEUR COMPTES ET PIÈCES

(30 août 1748.)

16

Les Commissaires généraux du Conseil députés par Sa
Majesté par arrêts du Conseil des 3 mars, 16 may 1716,
4 août 1722, 4 septembre 1728, 28 mars 1730, 26 may
et 7 décembre 1739 et 9 février 1740 pour procéder à la
liquidation des dettes et à l'examen et révision des comptes
des corps des marchands et communautés d'arts et métiers de la ville et fauxbourgs de Paris :

Sur ce qui nous a été remontré par le procureur général
du roi en la commission que dès le 1ᵉʳ mars de la présente
année il nous aurait donné son réquisitoire tendant à ce
qu'il nous plût ordonner que les syndics, jurez ou receveurs
des communautés d'arts et métiers qui étaient en demeure
de luy remettre leurs comptes de syndicat ou de jurande
avec les pièces justificatives d'iceux, conformément à ce
qui est prescrit par l'arrêt du Conseil du 9 février 1740,
fussent tenus de luy remettre, dans quinzaine pour toute
préfixion et délay à compter du jour de la signification
qui leur serait faite du jugement qui interviendrait, les
comptes des syndics jurez ou receveurs leurs prédécesseurs
dans les années 1744, 1745, 1746 ; ensemble les pièces justificatives d'iceux, sinon et faute par eux d'y satisfaire dans
le dit délay de quinzaine et iceluy passé, les condamner
à l'amende de mille livres prononcée par ledit arrêt du
Conseil du 9 février 1740, au payement de laquelle les dits
syndics, jurés ou receveurs pourraient être contraints
même par corps en vertu du dit jugement et sans qu'il en
fût besoin d'autre, pour être la dite somme employée au
profit particulier de chacune des dites communautés, ainsy
qu'il serait par nous ordonné ; sur lequel réquisitoire nous
aurions ordonné que dans quinzaine pour toute préfixion

et délay à compter du jour de la signification qui serait
faite de notre jugement aux syndycs, jurez ou receveurs
des communautés d'arts et métiers qui étaient en demeure
de satisfaire aux dispositions de l'arrêt du Conseil du 9
février 1740, les dits syndics, jurez ou receveurs seraient
tenus de remettre ès mains du procureur général en la
commission les comptes qui ont été rendus à leur communauté par leurs prédécesseurs dans le syndicat ou
la jurande pendant les années 1744, 1745, 1746, et les
pièces justificatives d'yceux, sinon et faute de ce faire, dans
les temps et iceux passés, il serait fait droit sur le surplus du dit réquisitoire; que quoique notre jugement ait
été signiffié à la requête du dit sieur procureur général
aux syndics, jurez ou receveurs de toutes les dites communautés, cependant plusieurs sont encore en demeure d'y
satisfaire, n'ayant produit aucun des comptes qui leur sont
demandés; d'autres n'y ont satisfait qu'en partie en re-
mettant les dits comptes sans y joindre les pièces justificatives, titres et régistres nécessaires pour leur intelligence
et pour en établir la recette et la dépense, en sorte que
quoique produits il n'est cependant pas possible de procéder à leur révision, ce qui est l'objet de son ministère:
pourquoi requérait le dit procureur général en la commission qu'il nous plût déclarer encourue l'amende de mille
livres prononcée par le dit arrêt du Conseil du 9 février 1740
par les syndics, jurez ou receveurs des arquebusiers, des
bouchers, des bourreliers, des brodeurs, des boisseliers,
des coffretiers malliers, des cuisiniers traiteurs, des crieurs
de vieux fer, des foulons de draps, des maîtres en fait
d'armes, des paulmiers, des patenôtriers et des savetiers,
et les condamner au payement d'ycelle, faute par eux d'avoir
satisfait au dit arrêt et à notre jugement du 1er mars dernier; condamner à mille livres les syndics, jurez ou receveurs des communautés des couvreurs et des gautiers par-

fumeurs, pour n'avoir pas produit les comptes et pièces justificatives des comptes rendus à leur communauté pour l'année 1746, et les jurez de la communauté des selliers carrossiers pour n'avoir point pareillement remis les comptes de leurs jurez de la dite année 1746, et ceux des bourniers de la dite communauté pendant les années 1744, 1745 et 1746, ensemble les pièces justificatives des dits comptes, et les jurez des communautés des balanciers, des ceinturiers, des miroitiers et des patiniers, faute par eux d'avoir produit les pièces justificatives des comptes des années 1744, 1745 et 1746 avec les registres des délibérations, réceptions de maîtres et autres servant à l'intelligence des dits comptes, autoriser le dit procureur général à les faire poursuivre à sa requête pour le payement de la dite amende par toutes les voyes, même par corps; ordonner en outre que les syndics et jurez de toutes les communautés d'arts et métiers sans exception seront tenus de donner communication au dit procureur général des registres où ils sont dans l'usage d'inscrire les délibérations de la communauté, les réceptions de maistres, les enregistrements des brevets d'apprentissage, ensemble les autres titres et papiers concernant les communautés, et ce toutes fois qu'ils en seront requis, à peine de la dite amende de mille livres.

Vu le dit réquisitoire signé Berryer; ouy le rapport du sieur Choppin d'Arnonville, chevalier, conseiller du roy en ses conseils, maître des requêtes ordinaires de son hôtel, commissaire à ce député l'un de nous et tout considéré;

Nous, commissaires généraux sus dits, en vertu du pouvoir à nous donné par Sa Majesté par les dits arrêts du Conseil, faisant droit sur le dit réquisitoire, avons ordonné et ordonnons que dans quinzaine pour toute préfixion et délay à compter du jour de la signification de notre présent jugement aux syndics, jurez ou receveurs

des arquebusiers, des bouchers, des bourreliers, des brodeurs, des boisseliers, des coffretiers malliers, des cuisiniers traiteurs, des crieurs de vieux fers, des foulons de
draps, des maistres en fait d'armes, des paulmiers, des
gantiers parfumeurs, des selliers carossiers, des balanciers,
des ceinturiers, des miroitiers et des pâtissiers, les dits
syndics ou receveurs seront tenus de remettre ès mains
du dit procureur général de la commission, sçavoir : ceux
des arquebusiers, des bouchers, des bourreliers, des brodeurs, des boisseliers, des coffretiers malliers, des cuisiniers traiteurs, des crieurs de vieux fers, des foulons de
draps, des maistres en fait d'armes, des paulmiers, des
patenôtriers et des savetiers, les comptes qui ont été rendus
à leur communauté par leurs prédécesseurs dans le syndicat ou la jurande pendant les années 1744, 1745, 1746
et les pièces justificatives d'yceux ; les syndics, jurez ou
receveurs des communautés des couvreurs et des gantiers
parfumeurs, les comptes de l'année 1746 et pièces justificatives d'yceux ; les jurez de la communauté des selliers
carossiers, les comptes de jurande de la dite année 1746,
et ceux des bourreliers de la dite communauté pendant
les années 1744, 1745, 1746 et les pièces justificatives des
dits comptes ; les jurez des communautés des balanciers,
des ceinturiers, des miroitiers et des pâtissiers, les pièces
justificatives des comptes des années 1744, 1745, 1746,
avec les registres des délibérations, réceptions de maistres
et austres servans à l'intelligence des dits comptes. Sinon
et à faute de ce faire dans le dit délay de quinzaine et
iceluy passé, condamnons tous les dits syndics, jurez ou
receveurs, chascun à leur égard, à l'amende de mille livres
prononcée par l'arrêt du Conseil au 9 février 1740, au
payement de laquelle ils pourront être contraints par toutes
voies deües et raisonnables, même par corps, en vertu de
notre présent jugement et sans qu'il en soit besoin d'autre,

pour être la dite somme employée au profit particulier de chascune des dites communautés ainsy qu'il appartiendra; ordonnons en outre que les syndics et jurez de toutes les communautés d'arts et métiers sans exception seront tenus de donner communication au dit procureur général des registres où ils sont dans l'usage d'inscrire les délibérations. de leur communauté, les réceptions de maistres, les enregistrements des brevets d'apprentissage et autres titres et papiers concernant les dites communautés toutes fois et quantes ils en seront par luy requis, à peine de la dite amende de mille livres; et sera notre présent jugement exécuté nonobstant oppositions et empêchements quelconques.

DAQUENEAU. — CHOPPIN, VANNIER, C. VOYER.

Du 30 août 1748.

Carton VI, 420. — Grande chancellerie et conseils, Commissions extraordinaires du Conseil.

ARRÊT

**Qui attribue à la commission établie pour la révision des
comptes des anciens corps et communautés, la connaissance et la révision des comptes, des nouveaux corps et
commnnutés rétablies et créées par l'édit d'aoust 1776.**

(Versailles, le 16 janvier 1778.)

EXTRAIT DES REGISTRES DU CONSEIL D'ÉTAT.

Le roy s'étant réservé par l'article xxxɪ de son édit du
mois d'aoust 1776, portant rétablissement et création de
nouveaux corps de marchands et de communautés d'arts
et métiers dans la ville de Paris, de prescrire la forme en
laquelle il sera procédé à la révision des comptes des dits
corps et communautés, Sa Majesté a cru devoir en attribuer la connaissance à la commission établie par les arrêts
des 3e mars et 16e may 1716 et autres subséquens pour
la révision des comptes des anciens corps et communautés,
à quoi voulant pourvoir, ouï le rapport du sieur Morand
de Beaumont, conseiller d'État ordinaire et au Conseil
royal des finances, le roy étant en son Conseil, a ordonné
et ordonne ce qui suit :

Article premier. — L'article xxxɪ de l'édit du mois
d'aoust 1776, sera exécuté selon sa forme et teneur; en
conséquence les gardes, syndics et adjoints seront tenus
dans deux mois après l'expiration de chaque année de
leur exercice, de rendre le compte de leur gestion par bref

état et dans la forme qui sera réglée par les sieurs commissaires qui seront cy après désignés, aux adjoints qui auront été élus pour leur succéder et aux députés du corps ou de la communauté qui auront élu les nouveaux adjoints, et sera le dit compte par eux examiné, contredit si le cas y échoit, et arrêté et le reliquat remis provisoirement aux gardes, syndics et adjoints lors en charge.

ART. 2. — Aussitôt après l'arrêté des comptes et dans les trois mois au plus tard après l'expiration de chaque comptabilité, les gardes, syndics et adjoints en exercice seront tenus de remettre les dits comptes et leurs débats, s'il y a lieu, ainsi que les pièces justificatives d'yceux, au greffe de la commission établie par les arrêts des 3e mars et 16e may 1716, et autres subséquens, à laquelle Sa Majesté a attribué la connaissance des dits comptes, pour, sur les conclusions du procureur général de la dite commission, être procédé à l'examen et révision d'yceux.

ART. 3. — Les comptables seront tenus de payer entre les mains des gardes, syndics et adjoints en exercice, le reliquat auquel ils auront été condamnés par le jugement de la commission au payement duquel ils seront contraints solidairement par toutes voyes dues et raisonnables, même par corps, à la requête du procureur général de la commission, poursuite et diligence du sieur Jacques-Philippe Hame, que Sa Majesté a commis et commet à cet effet.

ART. 4. — Faute par les dits comptables de rendre leurs comptes dans les deux mois et dans la forme prescrite par l'article premier et par les gardes, syndics et adjoints de remettre les dits comptes avec leurs débats et pièces justificatives au greffe de la commission dans le délai prescrit par l'article II, ils y seront contraints solidairement chacun en droit par toutes les voyes dues et raisonnables, même par corps, à la même requête, poursuite et diligence. Fait au Conseil d'État du roy, Sa Majesté y étant, tenu à Versailles le 16ᵉ janvier 1778.

AMELOT.

Enregistré au greffe de la commission en exécution du jugement de la commission du 22ᵉ janvier 1778 par nous greffier, soussigné :

BRINETTE.

Vu par le procureur général de la commission établie par le roy pour la liquidation des dettes et la révision des comptes des corps des marchands et communautés d'arts et métiers de la ville et fauxbourgs de Paris, l'arrêt du Conseil du 16ᵉ janvier 1778, par lequel Sa Majesté en ordonnant l'exécution de l'article xxxi de l'édit du mois d'aoust 1776, portant rétablissement et création de nouveaux corps de marchands et communautés d'arts et métiers dans la ville de Paris, par lequel elle s'était réservé de prescrire la forme en laquelle il serait procédé à la révision des comptes des dits corps et communautés, Sa Majesté en aurait établi la forme par le dit arrêt et attribué la connaissance à la commission établie par les arrêts des 3ᵉ mars et 16ᵉ may 1716, et autres subséquens, pour, sur nos conclusions, être par eux procédé à l'examen et révision des dits comptes en la forme prescrite par le dit arrêt et, comme il ne peut être exécuté qu'il ne soit enregistré,

Nous requérons par le roy que le dit arrêt soit enregistré au greffe de la commission pour être exécuté selon sa forme et teneur.

LENOIR.

(Carton VI, 420. Grande chancellerie et conseils. Commission extraordinaire du Conseil.)

ÉDIT DU ROI

**Portant suppression des communautés d'arts et métiers ci-
devant établies dans les villes du ressort du parlement de
Paris, et création de nouvelles communautés dans celles
des dites villes dont l'état arrêté au Conseil est annexé au
présent édit.**

Donné à Versailles au mois d'avril 1777.
Registré au Parlement le 20 juin 1777.

LOUIS, PAR LA GRACE DE DIEU, ROI DE FRANCE ET DE NA-
VARRE, à tous présents et à venir, salut : Le désir de contribuer au progrès du commerce et des arts nous a engagé
à créer différentes communautés d'arts et métiers dans
notre bonne ville de Paris et ensuite dans celle de Lyon.

Le succès ayant répondu à nos vues, nous nous sommes
fait rendre compte de l'état des communautés d'arts et
métiers qui existent dans les autres villes de notre royaume
et avons reconnu que plusieurs se sont formées sans lettres
patentes en différentes époques ; qu'elles ont été assujetties
à des règlements nuisibles à la concurrence ; qu'enfin les
abus qui s'y sont introduits et les dettes qui en ont été la
suite, ont porté le prix des réceptions ou les contributions
annuelles à des sommes souvent excessives : c'est pour
remédier à tant d'inconvéniens que nous avons résolu de
supprimer toutes les anciennes communautés en nous
chargeant néanmoins d'acquitter les engagements qu'elles
ont contractés ; mais comme l'association de ceux qui se

destinent au même genre de commerce et qui exercent
la même profession est le moyen le plus assuré d'exciter
l'industrie et d'entretenir l'émulation ; que d'un autre côté
cette réunion est nécessaire au maintien du bon ordre et
de la bonne police, nous nous sommes déterminé à former
de nouvelles communautés d'arts et métiers dans les villes
qui nous ont paru susceptibles, par la nature ou l'étendue
de leur commerce, à leur prescrire les règles générales et
uniformes, qui tempèrent la rigueur des anciens règlements, à fixer les droits d'admission et réception de ces
nouvelles communautés à des sommes modiques et qui
puissent nous mettre en état de rembourser successivement les créances légitimes des communautés supprimées
sans être trop onéreux à ceux qui désireraient y être admis.

A ces causes et autres nous mouvant, de l'avis de notre
Conseil et de notre certaine science, pleine puissance et
autorité royale, nous avons, par le présent édit perpétuel
et irrévocable, dit, statué et ordonné, disons, statuons et
ordonnons, voulons et nous plaît ce qui suit :

1. — Les marchands et artisans des différentes villes du
ressort de notre parlement de Paris seront classés et réunis
suivant le genre de leur commerce, profession ou métier,
et à cet effet avons éteint et supprimé, éteignons et suppri-
mons toutes les communautés d'arts et métiers ci-devant
établies dans les dites villes qui nous ont paru susceptibles
par la nature ou l'étendue de leur commerce, et dont l'état
arrêté à notre Conseil demeurera annexé sous le contre-
scel du présent édit. A l'égard des autres villes et bourgs,
il sera libre à toutes personnes d'y exercer tout commerce
et métier sous l'autorité des officiers de police du lieu,
nous réservant d'étendre les dispositions du présent édit
à celles des dites villes dont les marchands et artisans
désireront être mis en communauté.

2. — Les communautés établies par l'article précédent jouiront exclusivement du droit et faculté d'exercer dans les villes de leurs établissements les commerces, métiers et professions qui sont attribuées à chacune d'elles par l'état arrêté en notre Conseil ; et en ce qui concerne les métiers ou professions qui ne sont pas compris au dit état, il sera libre à toutes personnes de les exercer dans les dites villes, à la charge d'en faire déclaration au juge de police. Les dites déclarations contiendront les noms, surnoms, âge et demeure du déclarant et le genre de commerce, profession ou métier qu'il se proposera d'exercer. Elles seront inscrites sur un registre à ce destiné.

3. — N'entendons comprendre dans les dispositions de l'article précédent la profession de pharmacie, celle d'imprimerie et librairie, ni la communauté des maîtres barbiers perruquiers étuvistes, par rapport auxquelles il ne sera rien innové, quant à présent. Permettons néanmoins aux coëffeuses de femmes d'exercer librement leur profession comme par le passé ; voulons pareillement que les femmes et les filles puissent exercer librement les professions de couturières, brodeuses, ouvrières en linge et faiseuses de modes, à la charge de faire les déclarations prescrites par l'article précédent.

4. — Tous nos sujets, même étrangers, qui voudront être admis dans les communautés établies par l'article premier seront tenus de payer indistinctement, pour tout droit de réception, les sommes fixées par les tarifs arrêtés en notre Conseil et annexés au présent édit ; voulons que les étrangers qui décéderont membres des dites communautés soient affranchis du droit d'aubaine pour leur mobilier et leurs immeubles fictifs seulement.

5. — Les filles et femmes pourront être admises et reçues

dans les communautés, en payant les droits fixés par les tarifs, sans cependant qu'elles puissent, dans les communautés d'hommes, assister à aucune assemblée ni exercer aucune charge.

6. — Les veuves des maîtres qui seront reçus à l'avenir, ne pourront continuer d'exercer le commerce, profession ou métier de leurs maris que pendant une année, sauf à elles à se faire recevoir dans la communauté en payant moitié des droits de réception.

7. — Les maîtres ou maîtresses qui voudront annuler deux ou plusieurs professions dépendantes de différentes communautés seront tenus de se présenter devant le juge de police du lieu de leur résidence ; et dans le cas où il estimera qu'il n'y a point d'incompatibilité et que la réunion ne peut nuire à la police ni à la sûreté publique, il leur délivrera une permission par écrit en vertu de laquelle ils seront admis et reçus dans les dites communautés en payant les droits de réception.

8. — Les maîtres des communautés supprimées par l'article premier et leurs veuves pourront continuer d'exercer le commerce, profession ou métier de la communauté dans laquelle ils avaient été reçus sans payer aucun nouveau droit, et ils seront seulement aggrégés aux nouvelles communautés et dans le cas où ils voudraient y être admis en qualité de maîtres, ils seront reçus en payant le quart des droits fixés par le tarif, s'ils se présentent dans les trois mois qui suivront la publication du présent édit ; ceux qui ne se présenteront qu'après le dit délai ne pourront plus être admis qu'en payant moitié des droits.

9. — Voulons pareillement que ceux qui exerçaient publiquement et à boutique ouverte avant la publication de notre présent édit, quelques-unes des professions ou métiers libres et qui se trouvent dépendans d'une des

communautés établies par l'article premier puissent continuer comme par le passé sans payer aucuns droits, à la charge seulement de faire la déclaration prescrite en l'article 2, au moyen de laquelle ils seront aggrégés aux dites communautés; leur permettons néanmoins de se faire recevoir maîtres dans les dites nouvelles communautés en payant le tiers du droit de réception, et ce dans trois mois, pour tout délai, passé lequel ils ne pourront y être reçus qu'en payant les deux tiers des dits droits.

10. — Il sera formé tous les ans dans chaque communauté deux tableaux qui seront arrêtés sans frais par le juge de police. Le premier contiendra les noms, par ordre d'ancienneté, des maîtres qui auront payé les droits ci-dessus fixés. Le second contiendra les noms de ceux qui, n'ayant pas acquitté les dits droits, ne seront qu'aggrégés. Ceux ou celles qui seront reçus à l'avenir seront inscrits à la suite au premier tableau. Les autres ne seront inscrits que sur le second tableau.

11. — Ceux qui ne seront inscrits que sur le deuxième tableau ne pourront être admis aux assemblées ni participer à l'administration des affaires de la communauté à laquelle ils seront aggrégés, tant pour l'exercice de leur commerce ou profession, que pour le paiement des impositions.

12. — Il sera établi dans chaque communauté un syndic et un adjoint qui seront tenus conjointement de veiller à l'administration des affaires, à la recette et emploi des revenus communs et à l'observation des statuts et règlements; ils exerceront les dites fonctions pendant deux années, la première, en qualité d'adjoint, et la deuxième, en qualité de syndic. Les dits syndics et adjoints seront choisis et nommés par la communauté; voulons

17

néanmoins qu'ils soient nommés cette fois par le juge de police.

13. — Les communautés qui ne seront pas composées de plus de cinq maîtres pourront s'assembler en commun, tant pour la nomination de leurs syndics et adjoints que pour les affaires importantes qui intéresseront leurs droits et priviléges, et à l'égard des communautés plus nombreuses, elles seront représentées par dix députés, lesquels seront choisis par la voie du scrutin dans une assemblée générale de la communauté, qui sera tenue chaque année aux jour, heure et lieu qui seront indiqués par le juge de police et dans la forme qui sera par lui prescrite suivant le nombre des maîtres dont la communauté sera composée. Les députés ainsi nommés représenteront l'entière communauté, et les délibérations qui seront par eux prises obligeront tout le corps.

14. — Trois jours après la nomination des députés, ils seront tenus de s'assembler en présence du juge de police, à l'effet de procéder, par voie de scrutin, à l'élection de l'adjoint qui devra remplacer celui qui deviendra syndic, et ainsi d'année en année ; voulons au surplus que dans les communautés qui seront dans le cas de nommer des députés, les adjoints ne puissent être choisis que dans le nombre de ceux qui auront été députés.

15. — Les assemblées des communautés et celles de leurs députés seront présidées par les syndics et leurs adjoints, et les délibérations qui seront prises par les dites assemblées, à la pluralité des voix, seront exécutées à la diligence des syndics et adjoints, lesquels seront tenus de les présenter préalablement au juge de police pour être par lui autorisées s'il y échoit.

16. — Les droits du juge de police demeureront fixés à six livres pour son assistance à l'élection des adjoints,

et pareille somme pour la réception des maîtres et maîtresses ; et ceux du greffier seront fixés à deux livres, en
ce non compris le droit de scel et signature ; et à l'égard
des déclarations dont il est fait mention ci-dessus, les
droits en demeureront fixés à 30 sols.

17. — Le quart des droits de réception à la maîtrise
perçu par les syndics et adjoints sera employé (*à la
déduction du cinquième du dit quart que nous leur attribuons
pour les honoraires*) aux dépenses communes de la communauté, et dans le cas où le dit quart ne suffirait pas, nous
y pourvoirons sur les mémoires qui nous seront remis. Les
trois autres quarts seront perçus à notre profit, nous réservant néanmoins de modérer, s'il y a lieu, les dits droits ;
eu égard aux facultés des différentes corporations d'artisans dans les villes de second ordre, sur les mémoires
qui seront adressés à cet effet au sieur contrôleur général
de nos finances.

18. — Les syndics et adjoints procéderont à l'admission
des maîtres et à l'enregistrement de leur réception sur le
livre de la communauté, sans qu'il soit besoin d'assembler à cet effet les communautés ou leurs députés. Voulons au surplus que les syndics et adjoints ne puissent
procéder aux dites admissions et enregistrement qu'après
s'être fait représenter l'acte de prestation de serment de
l'aspirant devant le juge de police, et la quittance des
droits de réception, ainsi que celle du droit des pauvres,
s'il est d'usage d'en payer dans la ville où ils se feront
recevoir ; défendons auxdits syndics et adjoints d'exiger
ou recevoir aucuns repas ou présens ni autres sommes
que celles fixées, sous peine d'être procédé contre eux
extraordinairement comme concussionnaires, sauf aux
récipiendaires à acquitter par eux-mêmes le coût de leurs
lettres de maîtrise.

19. — Il sera incessamment procédé, s'il y a lieu, à la vente et adjudication des effets appartenans aux communautés supprimées par l'article premier, et le produit de la dite vente sera employé, sans divertissement au paiement de leurs dettes : à l'effet de quoi les créanciers d'icelles seront tenus de remettre, dans trois mois pour tout délai, entre les mains du contrôleur général de nos finances leurs titres de créances, pour être procédé en notre conseil, à la liquidation d'icelles, et par nous pourvu à leur acquittement, tant sur le produit des dites ventes, que sur les produits des trois quarts des droits de réception, nous réservant, en cas d'insuffisance, d'y pourvoir de nos deniers, ainsi qu'il appartiendra.

20. — Les syndics adjoints ne pourront former aucune demande en justice, à l'exception néanmoins des demandes en validité de saisie faite pour contravention ; appeler d'une sentence, ni intervenir en aucune cause, soit principale, soit d'appel, qu'après y avoir été spécialement autorisés par une délibération de la communauté ou de ses représentans ; leur défendons de faire aucun accommodement, même sur des saisies, que du consentement de nos procureurs en la police, ou de ceux des seigneurs hauts justiciers dans les lieux où ils ont la police ; sous peine de destitution de leur charge et de deux cens livres d'amende, dont moitié à notre profit et moitié à celui de la communauté.

21. — Défendons aux syndics et adjoints de faire aucunes dépenses extraordinaires autres que celles qui seront fixées par les règlements particuliers que nous nous proposons de donner aux différentes communautés pour leur police intérieure, et ce, sous peine de radiation des dites dépenses dans leurs comptes, et d'être tenus personnellement des obligations qu'ils auraient prétendu faire con-

tracter à la communauté ; défendons en outre à toutes communautés d'arts et métiers de faire aucuns emprunts de quelque espèce qu'ils soient, sans y être autorisées spécialement par nos lettres duement enregistrées.

22. — Les syndics et adjoints de chaque communauté seront tenus, dans les deux mois après la fin de chaque année de leur exercice, de rendre compte de leur gestion en la forme ordinaire, à la communauté ou aux représentans d'icelle, en présence des adjoints qui auront été élus pour leur succéder; et après que le dit compte aura été examiné, contredit s'il y a lieu, et arrêté, le reliquat sera remis aux syndics et adjoints lors en charge. Et sera payé à nos dits procureurs la somme de dix livres pour leurs honoraires et droits de présence, et à ceux des seigneurs hauts justiciers en proportion; défendons de porter dans les dits comptes aucunes dépenses ou présens, étrennes ou autres objets de même nature, sous peine de radiation des dites dépenses, dont les syndics et adjoints demeureront responsables en leur propre et privé nom ; voulons qu'un double des dits comptes soit adressé au contrôleur général de nos finances.

23. — Les maîtres et aggrégés ne pourront louer leur maîtrise ni prêter leur nom directement ou indirectement à d'autres maîtres ni à gens sans qualité, sous peine d'être privés du droit d'exercer leur commerce ou profession, même d'être condamnés à des dommages et intérêts et en une amende envers la communauté; défendons pareillement à tous gens sans qualité d'entreprendre sur les droits des communautés, sous les mêmes peines, sans préjudice néanmoins de l'exécution de nos ordonnances par rapport au commerce en gros, n'entendons empêcher les particuliers habitant les dites villes ou campagnes d'employer, comme par le passé, les maçons et autres ouvriers

parcourant les provinces, sans que les dits ouvriers, non domiciliés, puissent être inquiétés par les maîtres des communautés.

24. — Les maîtres et aggrégés de chaque commune pourront ouvrir boutique partout où ils jugeront à propos dans les villes de leur résidence, sans avoir égard à la distance des boutiques ou ateliers; voulons néanmoins que les garçons et compagnons qui s'établiront à l'avenir soient tenus de se conformer, à l'égard des maîtres chez lesquels ils auront travaillé, aux usages de chaque communauté, et que les anciens règlemens concernant les apprentifs et compagnons, notamment les lettres patentes du 2 janvier 1749, soient exécutées jusqu'à ce qu'il en soit par nous autrement ordonné.

25. — Tous procès qui existaient dans les communautés avant l'enregistrement de notre présent édit, demeureront éteints et assoupis, à compter du dit jour, sauf à être pourvu provisoirement et sans frais si fait n'a été, à la restitution des saisies par le juge de police, ainsi qu'il appartiendra; voulons qu'à l'avenir la connaissance de toutes les contraventions concernant la police générale et particulière des dites communautés d'arts et métiers, appartienne en première instance aux juges de police en la manière accoutumée.

26. — Avons éteint et supprimé toute confrérie, congrégation ou association formée par les maîtres, compagnons, apprentifs ou ouvriers des communautés d'arts et métiers; défendons de les renouveller ou d'en établir de nouvelles, sous quelque prétexte que ce soit, sauf à être pourvu par les ordinaires des lieux à l'acquit des fondations et à l'emploi des biens qui y étaient affectés.

27. — Tous ceux qui prétendaient droit ou avaient possession d'accorder des priviléges d'arts et métiers dans

les villes du ressort de notre Cour de parlement, sont tenus, dans trois mois pour tout délai, de remettre entre les mains du sieur contrôleur général de nos finances leurs titres et mémoires, pour être par nous pourvu à la confirmation de leur droit ou à leur indemnité, et jusqu'à ce, voulons qu'ils ne puissent accorder aucun nouveau privilége.

28. — N'entendons, par les dispositions de l'article précédent, donner atteinte ni préjudicier aux droits d'anciens seigneurs hauts justiciers tant laïcs qu'ecclésiastiques dans l'étendue de leurs justices.

29. — Avons dérogé et dérogeons par le présent édit, à tous les édits, déclarations, lettres patentes, arrêts, statuts et règlemens contraires à icelui. Si donnons en mandement à nos amés et féaux conseillers, les gens tenant notre Cour de parlement à Paris, que notre présent édit ils aient à faire lire, publier et enregistrer, et le contenu en icelui garder, observer et exécuter selon sa forme et teneur, nonobstant toutes choses à ce contraire ; voulons qu'aux copies du présent édit collationnées par l'un de nos amés et féaux conseillers secrétaires, foi soit ajoutée comme à l'original, car tel est notre plaisir, et afin que ce soit chose ferme et stable à toujours, nous y avons fait mettre notre scel. Donné à Versailles, au mois d'avril, l'an de grâce mil sept cent soixante-dix-sept, et de notre règne le troisième. *Signé :* Louis ; et plus bas : par le roi : AMELOT. *Visa :* HUE DE MIROMÉNIL. Vu au Conseil : TABOUREAU ; et scellé du grand sceau de cire verte, en lacs de soie rouge et verte.

Régistré, ouï et ce requérant le procureur général du roi, pour être ensemble les deux états et le tarif annexés sous le contre-scel du dit édit exécutés selon leur forme et teneur, et copies collationnées envoyées aux bailliages et

sénéchaussées du ressort, pour y être lu, publié et registré ;
enjoint aux substituts du procureur général du roi d'y
tenir la main et d'en certifier la Cour au mois suivant
l'arrêt de ce jour. A Paris, en parlement, toutes chambres
assemblées, le vingt juin mil sept cent soixante-dix-sept.

Signé : Dufranc.

ÉTAT

DES COMMUNAUTÉS D'ARTS ET MÉTIERS DANS LES DIFFÉRENTES
VILLES DU RESSORT DU PARLEMENT DE PARIS

1. Fabricans d'étoffes de soie, laine, fil et coton. Avec faculté de teindre les dites étoffes et de faire ce que faisaient les tondeurs, foulons, imprimeurs, calendreurs, lustreurs et apprêteurs. Sous la dénomination de fabricans ne sont point compris les tisserands des campagnes ni les ouvriers travaillant pour leur compte particulier dans les villes.

2. Merciers, drapiers.

3. Epiciers, ciriers, chandeliers.

4. Orfévres, jouailliers, lapidaires, horlogers.

5. Bonnetiers, chapeliers, pelletiers-fourreurs.

6. Tailleurs et fripiers d'habits en neuf et en vieux.

7. Cordonniers en neuf et en vieux.

8. Boulangers.

9. Bouchers et charcutiers.

10. Traiteurs, rôtisseurs, pâtissiers. Avec faculté de vendre du vin en concurrence avec les cabaretiers et aubergistes.

11. Cabaretiers, aubergistes, cafetiers, limonadiers.

12. Maçons, couvreurs, plombiers, paveurs, tailleurs de pierre et tous constructeurs en pierre, plâtre ou ciment.

13. Charpentiers et autres constructeurs en bois.

14. Menuisiers, ébénistes, tourneurs, layetiers, tonneliers, boisseliers, et autres ouvriers en bois.

15. Couteliers, armuriers, arquebusiers, fourbisseurs et autres ouvriers en acier.

16. Maréchaux-ferrants et grossiers serruriers, taillandiers, ferblantiers, éperonniers, ferrailleurs, cloutiers et autres ouvriers en fer.

17. Tondeurs, épingliers, balanciers, chaudronniers, potiers d'étain et autres ouvriers en cuivre, étain et autres métaux, excepté l'or et l'argent.

18. Tapissiers, vendeurs de meubles en neuf ou en vieux, miroitiers.

19. Bourreliers, charrons et autres ouvriers en voiture, selliers.

20. Tanneurs, corroyeurs, hongroyeurs, peaussiers, mégissiers et autres fabricans en cuirs et en peaux.

Fait et arrêté au Conseil d'État du roi à Versailles, le vingt-cinquième jour d'avril mil sept cent soixante-dix-sept. Signé : Louis, et plus bas, Amelot. Visa : Hue de Miroménil.

Registré, ouï, et ce requérant le procureur général du roi, pour être exécuté selon sa forme et teneur et copies collationnées d'icelui envoyées aux bailliages et sénéchaussées du ressort pour y être lu, publié et registré ; enjoint aux substituts du procureur général du roi d'y tenir la main et d'en certifier la Cour au mois suivant l'arrêt de ce jour. A Paris en parlement, toutes les chambres assemblées, le vingt juin mil sept cent soixante-dix-sept.

Signé : DUFRANC.

RESSORT

DU PARLEMENT DE PARIS

PROVINCES	VILLES PRINCIPALES	VILLES DE SECOND ORDRE
Isle de France...		Compiègne. Dreux. Etampes. Joigny. Mantes. Meaux. Nogent-sur-Seine. Pontoise. Provins. Senlis. Tonnerre. Verneuil. Versailles.
Picardie	Amiens .... Abbeville........... Saint-Quentin	Boulogne. Calais. Montdidier. Péronne. Saint-Valery.
Champagne	Rheims .... Châlons........... Langres........... Troyes...........	Bar-sur-Aube. Chaumont. Epernay. Joinville. Sézanne. Saint-Dizier. Sainte-Menehould. Vitry.
Berry..........	Bourges...........	Châteauroux. Issoudun. La Charité.

PROVINCES	VILLES PRINCIPALES	VILLES DE SECOND ORDRE
LIMOUSIN	Angoulême	Les autres villes sont du ressort de Bordeaux.
AUVERGNE	Riom Clermont	Aurillac. Thiers.
AUNIS	La Rochelle Rochefort	Cognac.
BOURGOGOGNE	Auxerre Mâcon	Bar-sur-Seine.
SOISSONNAIS	Laon Noyon Soissons	Château-Thierry. Clermont. Crespy. Guise. La Fère.
BOURBONNAIS	Moulins Nevers	Aubusson. Feilletin.
POITOU	Poitiers	Châtellerault. Fontenay-le-Comte. Niort. Parthenay.
TOURAINE MAINE ANJOU	Angers Le Mans Tours Laval	Amboise. Beaugé. Château-Gontier. Chinon. Montreuil-Bellay. Loches. Loudun. La Flèche. Mayenne.

PROVINCES	VILLES PRINCIPALES	VILLES DE SECOND ORDRE
ORLÉANAIS........	Orléans............ Blois.............. Chartres	Beaugency. Châteaudun. Dourdan. Montargis. Vendôme. Saint-Aignan.
LYONNAIS........	Villefranche........ Saint-Etienne....... Saint-Chamond..... Roanne	Beaujeu. Condrieux. Montbrison.

Fait et arrêté au Conseil d'État du roi, tenu à Versailles le vingt-cinquième jour d'avril mil sept cent soixante-dix-sept. Signé : Louis. Et plus bas : Amelot. *Visa :* Hue de Miroménil.

Registré, ouï et ce requérant le procureur général du roi, pour être exécuté selon sa forme et teneur, et copies collationnées d'icelui envoyées aux bailliages et sénéchaussées du ressort pour y être lu, publié et registré ; enjoint aux substituts du procureur général du roi d'y tenir la main et d'en certifier la Cour au mois suivant l'arrêt de ce jour. A Paris, en parlement, toutes les chambres assemblées, le vingt juin mil sept cent soixante dix-sept.

Signé : DUFRANC.

TARIF

DES VINGT COMMUNAUTÉS A MOITIÉ DES DROITS DE RÉCEPTION DE PARIS POUR LES VILLES DE PREMIER ORDRE ET AU QUART POUR LES VILLES DE SECOND ORDRE.

NUMÉROS DES COMMUNAUTÉS	VILLES DE PREMIER ORDRE	VILLES DE SECOND ORDRE
1	300 livres	150 livres
2	500 —	250 —
3	400 —	200 —
4	400 —	200 —
5	300 —	150 —
6	200 —	100 —
7	100 —	50 —
8	250 —	125 —
9	400 —	200 —
10	300 —	150 —
11	300 —	150 —
12	400 —	200 —
13	400 —	200 —
14	250 —	125 —
15	200 —	100 —
16	300 —	150 —
17	150 —	75 —
18	300 —	150 —
19	400 —	200 —
20	300 —	150 —

Fait et arrêté au Conseil d'État du roi, tenu à Versailles le vingt-cinquième jour d'avril mil sept cent soixante-dix-sept. Signé Louis, et plus bas, Amelot. *Visa :* Hue de Miroménil.

Régistré, ouï et ce requérant le procureur général du roi, pour être exécuté selon sa forme et teneur, et copies collationnées d'icelui envoyées aux bailliages et sénéchaussées du ressort, pour y être lu, publié et régistré ; enjoint aux substituts du procureur général du roi d'y tenir la main, et d'en certifier la Cour au mois suivant l'arrêt de ce jour, à Paris en parlement, toutes les chambres assemblées, le vingt juin mil sept cent soixante-dix-sept.

Signé Dufranc.

EXTRAIT

DE

PIÈCES CONCERNANT LA LIQUIDATION

DE LA

CORPORATION DES TAPISSIERS

———

22 janvier 1778.

ARTS ET MÉTIERS.

janvier 1778

LES COMMISSAIRES GÉNÉRAUX DU CONSEIL, députés par Sa Majesté par arrêts de son Conseil d'État des 3 mars et 16 may 1776 et autres subséquens pour procéder à la liquidation des dettes et à la révision des comptes des corps des marchands et communautés d'arts et métiers de la ville et faubourgs de Paris :

Vû par nous l'arrêt rendu au Conseil d'État du roy le 16 du présent mois de janvier 1778, par lequel Sa Majesté aurait ordonné par l'article premier l'exécution de l'article 31 de l'édit du mois d'aoust 1776 portant rétablissement et création de nouveaux corps de marchands et communautés d'arts et métiers dans la ville de Paris;

En conséquence que les gardes, syndics et adjoints seront tenus, dans deux mois après l'expiration de chaque année de leur exercice, de rendre le compte de leur gestion par bref état dans la forme qui serait par nous réglée, auxquels Sa Majesté a attribué la connaissance et révision des dits comptes pour y être statué sur les conclusions du procureur général de notre commission, qu'après l'arrêté des comptes et dans les trois mois au plus tard après l'expiration de chaque comptabilité, les gardes, syndics et adjoints en exercice seront tenus de remettre les dits comptes et leurs débats s'il y a lieu ainsy que les pièces justificatives d'iceux au greffe de notre commission pour être procédé à la ditte révision; par l'article III que les comptables seront tenus de payer entre les mains des gardes, syndics et adjoints en

Jugement d'enregistrement de l'arrêt du Conseil du 16 janvier 1778, qui attribue au bureau des arts et métiers la révision des comptes des nouveaux corps et communautés d'arts et métiers de Paris.

18

exercice le reliquat auquel ils auront pu être condamnés
par nos jugements, au payement duquel ils seraient contraints solidairement par toutes voyes dues et raisonnables,
même par corps, à la requête du procureur général de
notre commission, poursuite et diligence du sieur Jacques-
Philippe Hanne, que Sa Majesté a commis à cet effet, et
par l'article iv que faute par les dits comptables de rendre
leurs comptes dans les deux mois et dans la forme prescrite par l'article premier, et par les gardes, syndics et adjoints de remettre les dits comptes avec leurs débats et
pièces justificatives au greffe de notre commission dans le
délai prescrit par l'article ii, ils y seraient contraints solidairement chacun en droit soit par toutes voyes dues et
raisonnables, même par corps, à la requête poursuite et
diligence. Ledit arrêt signé Amelot. Vu pareillement les
conclusions du procureur général de notre commission, ouy
le rapport du sieur Poulletier de la Salle, chevalier conseiller du roy en ses conseils, maître des requêtes ordinaires
de son hôtel, l'un de nous et tout considéré;

Nous commissaires généraux sus dits en vertu du pouvoir à nous donné par Sa Majesté, avons ordonné et ordonnons que le dit arrêt du 16 janvier présent mois sera
enregistré au greffe de notre commission pour être exécuté
selon sa forme et teneur.

FRYDEAU DE MARVILLE.
FOULLETIER DE LA SALLE,
ETC.

(Carton V ⁷ 420 grande chancellerie et conseils. Commission extraordinaire du Conseil).

12 mars 1778. Deffaut.

MM. Antoine-Simon MAUDRON, ⎫
    Jean-Baptiste CHEVEAU, ⎬ *Jurés comptables.*
    Louis-Pierre DURIEUX, ⎭
    DUFOUR, *rapporteur.*

Les Commissaires généraux du Conseil, députés par Sa Majesté par arrêts de son Conseil des 3 mars et 16 mai 1716 et autres subséquents pour procéder à la liquidation des dettes et à la révision des comptes des corps des marchands et communautés d'arts et métiers de la ville et fauxbourgs de Paris :

Vu par nous le compte et pièces justificatives d'iceluy, rendu à la communauté des maistres tapissiers de la dite ville par Antoine-Simon Maudron, Jean-Baptiste Cheveau et Louis-Pierre Durieux, de la recette et dépenses par eux faites pour la communauté des tapissiers en qualité de jurés comptables, depuis le 1er janvier 1773 jusqu'au 1er janvier 1774 ; ensemble les débats et conclusions du procureur général de la commission ; ouï le rapport du sieur Dufour, chevalier, conseiller du roy en ses conseils, maître des requêtes ordinaires de son hôtel, l'un de nous et tout considéré ;

Nous, commissaires généraux sus dits, en vertu du pouvoir à nous donné par Sa Majesté par les arrêts cy-dessus énoncés, avons ordonné et ordonnons que les douze chapitres qui composent la recette du dit compte montant ensemble à cinquante-cinq mille trois cent quarante-une livres onze sols cinq deniers, seront admis pour la dite somme et pour mémoire.

Et en ce qui concerne la dépense, nous avons ordonné et ordonnons que les premier, trois, quatre, cinq, six, sept, huit, neuf et onzième chapitres d'icelle, montant ensemble à vingt-six mille sept cent trente-trois livres douze sols sept deniers, seront passés pour la dite somme, l'article sept du cinquième chapitre, montant à dix livres, demeurant rayé.

Le second chapitre de dépenses, montant à neuf cent cinquante-trois livres neuf sols six deniers, sera passé pour neuf cents livres seulement; les cinquante-trois livres neuf sols six deniers de surplus seront rayés comme dépense excédant la fixation faite par l'arrest de règlement.

Le dixième chapitre de dépense, montant à trois cent quatre-vingt-dix-sept livres, sera passé par deux cens livres seulement; les cent quatre-vingt-dix-sept livres de surplus seront rayés comme dépense excédant la fixation faite par l'arrêt de règlement.

Le douzième chapitre de dépense, montant à cent vingt livres, sera passé pour soixante livres seulement; les soixante livres de surplus seront rayées.

Le chapitre de reprise, montant à douze mille sept cent soixante-dix-sept livres dix-huit sols huit deniers, sera passé pour la dite somme.

Le chapitre d'addition, montant à six cents livres, sera rayé comme dépense non autorisée.

Et après calcul fait tant de la recette que de la dépense du dit compte, nous avons ordonné et ordonnons que la recette d'iceluy contenue en douze chapitres soit et demeure fixée à la somme de cinquante-cinq mille trois cent quarante-une livres onze sols cinq deniers, et la dépense, reprise et addition contenues en quatorze chapitres, à celle de quarante mille six cent soixante-onze livres onze sols

trois deniers. Partant Antoine-Simon Maudron, Jean-
Baptiste Cheveau et Louis-Pierre Durieux, comptables,
paraîtraient redevables, envers leur communauté, de la
somme de quatorze mille six cent soixante-dix livres deux
deniers, de laquelle la recette se trouve excéder la dépense ;
mais attendu qu'ils ont payé à leurs successeurs celle de
treize mille sept cent quarante-une livres cinq sols huit
deniers, ainsy qu'il appert par l'arrêté de leur compte, ils
ne se trouvent plus reliquataires envers leur communauté
que de la somme de neuf cent vingt-huit livres quatorze
sols six deniers, au paiement de laquelle nous avons
ordonné et ordonnons que les dits Maudron, Cheveau et
Durieux, comptables, soient contraints solidairement avec
leurs cojurés, leurs héritiers ainsy que ceux des comptables,
par toutes voyes dües et raisonnables, à la requête du
procureur général de la commission, poursuittes et dili-
gences du sieur Bourgeois, commis à cet effet ; et sera
notre présent jugement exécuté nonobstant oppositions ou
appellations généralement quelconques. Jugé en l'assemblée
des dits sieurs commissaires, tenue à Paris le 12 mars 1778.

DUFOUR.

CHATTSON DE FONVILLE, MICHAU DE MOULARAUFF,
BARBARAT DE MAJOUR, FIDRAU DE MARVILLE.

DIVERSES NOTES

PRISES

SOIT DANS LES BIBLIOTHÈQUES

SOIT AUX ARCHIVES

1754 à 1784

L'auteur, obligé de restreindre la quantité de ses documents, a cru devoir néanmoins publier les quelques notes suivantes, qui pourront donner au lecteur un aperçu de la valeur des tapisseries, des mobiliers, des frais de maison, des frais même d'une soirée théâtrale, pour laquelle malheureusement il manque la note du tapissier.

ÉTATS DES TABLEAUX

Qui, en conformité de l'arrêt du 22 juillet 1726, ont été fournis depuis le 1ᵉʳ janvier 1754 par différents peintres de l'Académie pour être exécutés dans la manufacture royale de Beauvais (1).

		liv.
Deshayes. —	L'Illiade d'Homère.	9.000
Dᵒ	L'Histoire d'Homère, en 8 tableaux, dont il n'y en a que trois de très-mauvais. . .	4.500
Dᵒ	Deux petites tentures bourgeoises, qui n'ont pas réussi	2.000
Dᵒ	Les Jeux russiens.	7.000
Le Prince —	Le meuble assorti.	2.436
Casa-Nova. —	Les Amusements de la campagne (6 tableaux).	9.000
Dᵒ	Meuble assorti (1 canapé, 8 fauteuils)	2.000
Dᵒ	Les Bohémiens (6 tableaux).	9.000
Dᵒ	L'Éducation.	9.000
Dᵒ	Meuble assorti.	1.000
Dᵒ	Les Marches ou Convois militaires (6 tableaux).	9.000
Dᵒ	Meuble assorti (4 tableaux pour 2 canapés et 24 autres pour 12 fauteuils).	1.000

L'entrepreneur de la manufacture demande qu'à l'avenir il y ait un concours dans lequel les peintres présenteront des esquisses. Il se fonde sur ce que presque toutes les tapisseries sont peintes par Casa Nova (dont le genre n'est pas dans le goût général).

Devise. Argent perdu pour ne venir.	Gros lot. Une tenture du dessin de Télémaque en 6 pièces sur 3 aulnes de haut, soit 18 aulnes 1/2 de cours.	12.422

_____

(1) Archives, liasse 1456.

ÉTAT DES TAPISSERIES

DE LA MANUFACTURE DE BEAUVAIS

QUI SONT AU DÉPOT DES AFFAIRES ÉTRANGÈRES.

———

ESTIMATION.

6 pièces, les Chinois.	7.678 20	
Plus.	4.004 16	
		11.685 36
3 pièces de l'Illiade		3.328 »
6 — Amusements des champs.		10.954 »
6 — Jeux russiens	7.481 »	
	1.982 »	
		9.463 »
6 — les Bohémiens.		10.895 »
6 — isolées. Amusements des champs.		10.743 15

LA TENTURE LES CHINOIS.

6 pièces.

1. La Foire.	5ᵃ11	
2. Le Repas.	5 04	
3. La Pêche.	4 12	
4. La Chasse	4 12	
5. La Toilette.	3 10	
6. La Danse	4 14	
28 aunes 15 à 575 francs	16.639 »	
1 sopha	880 »	
8 fauteuils.	1.760 »	
	2.560 »	
		19.199 »

L'ILLIADE D'HOMÈRE.

3 pièces.

Agamennon. . . . .)		
Le Reproche d'Hector. . . . . }	4.671 17	
Iphigénie . . . .)		
1 sopha	660 »	
		5.331 17

LES JEUX RUSSIENS.

sopha   675   »
12 fauteuils, à 225 francs . . . .   2.700   »
                                                                3.375   »

LES AMUSEMENTS DE LA CAMPAGNE.

6 pièces.

1. Le Rendez-vous de Chasse 5ª5
2. La Pêche. 5 5
3. La Chasse aux canards 4 5
4. Le Repas. 4 5
5. Le Fauconnier 2 5
6. Les Blanchisseuses. 2 5
         23 aunes 14 à 575 francs. . . . .   13.728   »

PLUS 3 PIÈCES :

1. Le Repas. 5ª4
2. La Chasse aux oiseaux 3 4
3. Le Joueur de guittarre 2 4
         10 aunes 12. . . . .   6.181   »
                                                                19.909   »

LES JEUX RUSSIENS.

3 pièces.

1. La Danse 5ª2
2. La Bohémienne. 3 3
3. La Laitière. 2 3
         10 aunes 8. . . . .   6.037 10   6.037 10

DES BOHÉMIENS.

3 pièces.

1. La marche des Bohémiens. 5ª3
2. La Fontaine 4 2
3. Le Repos. 2 3
         11 aunes 8. . . . .   6.612 10   6.612 10

1 sopha.   690   »
1   do   660   »
8 fauteuils. . . . .   1.840   »
8   do   . . . .   1.760   »
4 dessus de porte.   980   »
2 écrans.   650   »
                                                                6.580   »

DES BOHÉMIENS.

3 pièces.

1. Le Vol de la malle. 5ᵃ 3
2. Le Partage du vol 4 3
3. Le Dormeur 2 3
     11 aunes 9, à 575 francs 6.648 80   6.648 80

DES AMUSEMENTS DE LA CAMPAGNE.

4 pièces.

1. La Chasse aux canards. 4ᵃ 5
2. Le Repas 4 5
3. Le Fauconnier. 2 6
4. La Blanchisseuse. 2 6
     13 aunes 6. . . . . 7.690 12   7.690 12

1 sopha. . . . . 675 »
1   dᵒ . . . . 660 »
8 fauteuils à 225 francs. . . . . . 1.800 »
8   dᵒ   à 220 francs. . . . . . 1.760 »
1 écran. . . . . 340 »
                         5.135 »

DES AMUSEMENTS DE LA CAMPAGNE.

2 pièces.

1. Le Rendez-vous de chasse. 5ᵃ 4
2. La Pêche. 5 5
     10 aunes 9. . . . . 6.073 »   6.073 »

DE LA NOBLE PASTORALE (BOUCHER).

3 pièces.

1. Le Joueur de flûte 3ᵃ 3
2. Le Pescheur 3 5
3. Le Retour de vendange. 2 15
     9 aunes 7 . . . . 5.426 »   5.426 »

1 sopha. . . . . 690 »
1   dᵒ . . . . 660 »
8 fauteuils à 230 francs . . . . . . 1.840 »
4 dessus de portes à 220 francs . . . . . 1.760 »
2 écrans à 245 francs. . . . . 980 »
1   dᵒ   à 250 francs. . . . . 250 »

ESTIMATION DU MOBILIER

DU

CHATEAU DE FONTAINEBLEAU

TAPISSERIES DE BEAUVAIS

— 1780 —

ESTIMATION DU MOBILIER DU CHATEAU

RÉSUMÉ

Meubles en étoffe, ébénisterie, bronze et cristaux . . . 1.518.196

Argent blanc. . . . . 250 ⎫
Vermeil . . . . 3.500 ⎪
Argent blanc. . . . . 1.200 ⎬ 48.944
Ornements, linge, cuivre et livres . . . . . . 33.194 ⎭

Tapis de pieds de fabrique 120.800

Tapisseries 385.600

TOTAL 2.073.540

LA REINE

Salle des Gardes.

Collé du papier rehaussé d'or. . . . . 1.200 ⎫
2 bancs de bois. . . . . 40 ⎪
1 paire chevrettes. . . . . 15 ⎪
1 pelle de cinq pieds de long.⎫ . . . . . 12 ⎬ 1.375
1 forte tenaille . . . .⎭ ⎪
1 chandelier de fer . . . . 12 ⎪
1 paravents. . . . . 96 ⎭

Première antichambre.

7 pièces de tapisserie des Gobelins.

Chapitre des tentures.

1 banquette.⎫ . . . . 150 ⎫
2 autres do .⎭ ⎪
1 paravent bois . . . . 160 ⎪
1 — toile. . . . . 120 ⎪
1 lit de veille.⎫ . . . . 350 ⎪
Le coucher .⎭ ⎬ 1.850
5 lits de sangle. . . . . 630 ⎪
1 pavillon . . . . 30 ⎪
1 feu de fer . . . . 120 ⎪
1 lustre grenailles. . . . . 150 ⎪
3 dessus de portes (gros de Tours) . . . . . 120 ⎭

Deuxième antichambre.

5 Pièces de tapisseries . . . .

5 Termes simples. . . . .

1 dº double . . . .

5 Banquettes. . . . . 750 ⎞

5 Tabourets . . . . 240 ⎟

2 Lustres de cristal . . . . 600 ⎬ 1.770

3 Dessus de portes. . . . . 60 ⎟

1 Feu de fer. . . . . 120 ⎠

Chambre.

Un meuble d'étoffe de Lyon et soye composé de, savoir :

4 Pièces de tentures.

8 Parties de rideaux.

1 Lit à l'impériale complet de ses étoffes et son coucher, couchette et couronnement sculptés et dorés.

2 Fauteuils, ⎞

12 Ployants, ⎟

1 Paravent, ⎬ sculptés dorés.   113.358

1 Ecran, ⎠

1 Marche pieds et crête en or.

2 Commodes 1.000

1 Commode 2.600

1 Feu. . . . . 1.500 ⎞

1 Paire de bras . . . . 1.100 ⎬ 4.500

1 Lustre de cristal. . . . . 1.400 ⎟

1 Cordon et gland de lustre. . . . . . 500 ⎠
                                          ⎯⎯⎯⎯⎯⎯⎯
                                          121.458

Grand cabinet.

6 Rideaux de croisée.

6 Embrasses de rideaux.

6 Cordons et 6 glands de sonnnette.

24 Pliants. . ⎫

12 Tabourets ⎬ 14.713

1 Ecran.

1 Paravent.   34.019

6 Voyeuses.

La dorure des siéges du meuble. . . . 2.200

2 Girandoles. 300

2 Lustres dorés.. . . . . 1.800

2 Riches commodes.. . . . . 5.600

1 Feu. 1.600

3 Paires de bras. 7.800

LE ROY

Vestibule de la chapelle.

1 porte battante	160	»	
—	160	»	320 »

Galerie de François Ier.

1 porte battante	120	»	
2 chandeliers de bois.	60	»	380 »
2 chenets de bronze	200	»	

Salle des gardes.

1 tapisserie fleuret vert	160	»	
2 chandeliers fer	24	»	
1 paravent de treillis brun.	80	»	
2 — —	144	»	
1 — toile à carreaux	80	»	
1 — —	60	»	1.718 »
6 — —	400	»	
1 — —	72	»	
1 — —	48	»	
1 feu de fer	50	»	
10 lits de sangle.	600	»	

Première antichambre.

1 paravent de bois.	120	»	
1 — treillis.	90	»	
1 bas de lit de sangle.	6	»	
10 matelas	300	»	
10 couvertures	120	»	
5 traversins	40	»	
1 pavillon de fleuret jaune	50	»	2.216 »
1 — cramoisi	50	»	
2 lits de veille .)	800	»	
Les couchers .)			
1 lit à colonnes.)	400	»	
Le coucher. .)			
2 lustres de grenaille.	240	»	

Deuxième antichambre.

8 banquettes.	1.000	»	
16 tabourets	1.100	»	
16 tabourets en panne.	300	»	3.400 »
1 fort feu de fer	120	»	
2 lustres de grenaille.	280	»	

Cabinet de Théagène.

1 commode	700	»
2 lustres de cristal.	1.400	»
6 rideaux de gros de Tours (cramoisi) . . .	640	»
1 banquette	480	»
18 tabourets	432	»
1 feu de fer..	72	»

3.725 »

Chambre.

1 meuble de brocart
1 lit à la duchesse
Le bois de lit
Le coucher
2 fauteuils
18 pliants . . . . 75.000 »
1 paravent
1 écran
2 carreaux
1 marchepied
6 rideaux de croisée

79.626 »

1 petit bras d'armoire.	28	»
1 petite table et la housse	18	»
2 commodes à la régence.	1.500	»
1 feu orné de bronze (ancien).	1.200	»
1 lustre de cristal	1.800	»
1 chaise en prie-Dieu.	80	»

Garde-robe.

1 table de nuit.	120	»
1 bidet	60	»
1 écran, une pelle et pincette.	20	»
2 rideaux de vitrages.	24	»

224 »

Cabinet du Conseil.

Un meuble brocart, composé de :

1 fauteuil
18 pliants
1 paravent
1 écran . . . . . . 10.684 »
1 table de Conseil en brocart
6 rideaux de croisée (gallon et
  mollet d'argent)

17.664 »

1 feu (ornements anciens)	1.500	»
1 paire de bras (anciens)	600	»
4 lustres de cristal	4.800	»
6 rideaux de vitrage	60	»

Retraite des garçons.

2 lits de sangle	240	»
1 paravent de la Savonnerie.	3.000	»
12 tabourets	437	»
1 commode	42	»
1 table à écrire	20	»
1 paire chevrettes, pelles, pincettes, tenailles.	15	»
1 paire de bras.	70	»
1 lustre de grenailles.	150	»
2 chaises de paille	»	»

3.974 »

Bibliothèque.

4 rideaux de croisées
4 embrasses de rideaux
6 cordons et 6 glands de sonnette
4 rideaux de vitrages
1 canapé à carreaux
2 fauteuils
4 chaises garnies
1 écran
1 paravent

1.600 »

2 armoires
3   d°
2   d°
2   d°
3   d°
2   d°
3   d°
2   d°
2   d°
2   d°
3   d°

500 »

7.018 »

6 paires de vitrages taffetas vert.	130	»
8 rideaux d° d°	120	»
1 commode	1.200	»
1 table à écrire	144	»
1 fauteuil de bureau	74	»
1 pupitre de fauteuil et support doré. . . .	200	»
1 feu	500	»
1 lustre de cristal	2.400	»
Cordons et glands vert et blanc	150	»
1 bureau de 5 pieds en acajou	4.860	»

Cabinet à la poudre.

6 rideaux de croisée		
6 embrasses de rideaux		
6 cordons de sonnette		
4 rideaux de vitrages	10.000 »	
13 chaises dont 6 à carreaux		
1 écran		
1 fauteuil de toilette (neuf)		
Ferrure du fauteuil mécanique et pupitre.	2.500 »	32.346 »
2 commodes à la Régence (anciennes). . .	9.000 »	
2 consoles (neuves).	1.746 »	
2 tables de piquet	500 »	
3 paires de bras.	4.500 »	
1 feu	1.600 »	
1 pendule	900 »	
1 lustre en cristal, cordon fin et soye . . .	1.600 »	

Cabinet intérieur.

4 rideaux de croisée		» »	
4 embrasses de rideaux.		» »	
6 cordons et 6 glands de sonnette.		» »	
1 fauteuil de bureau			
2 fauteuils	Couverts en gros de Tours broché	13.467 »	
1 bergère			
1 grand fauteuil			
6 chaises garnies			
4 paires de vitrages		80 »	
1 commode		900 »	26.212 »
1 bureau		2.888 »	
1 console		2.059 »	
1 petit chiffonnier		118 »	
2 paires de bras.		4.600 »	
1 feu		1.000 »	
1 lustre de cristal		1.200 »	
1 armoire		» »	

Lieux à l'anglaise.

2 rideaux de vitrages.	84 »	
1 gradin de bois acajou.	250 »	
1 table de nuit.	84 »	526 »
1 lunette garnie de velours.	36 »	
1 paire de bras (1 branche).	72 »	

Pièce des cuves.

4 rideaux de croisées		
2 baldaquins		
8 embrasses de rideaux		
2 cordons et 2 glands de sonnette		
2 gros cordons et 2 glands		
8 chaises	4.318 »	
4 tabourets		
1 écran		
2 petits tabourets		6.258 »
1 paravent		
4 rideaux de vitrages.	72 »	
1 commode	660 »	
1 table à écrire	96 »	
1 paire de bras	240 »	
1 feu	460 »	
1 lustre de cristal	400 »	
1 panier à chauffer le linge.	12 »	

Chambre de bains.

3 pièces de tapisserie de Pékin		
4 rideaux		
4 embrasses de rideaux		
4 rideaux		
1 lit à la polonaise		
4 embrasses de rideaux		
4 encoignures		
1 bois de lit	14.896 »	
1 corbeille de bois sculpté		
Le coucher		
2 bergères à carreaux		19.603 »
6 fauteuils dº		
1 écran		
2 chaises couvertes de Pékin		
2 cordons et 2 glands		
1 commode	1.248 »	
1 console	600 »	
1 table à écrire	360 »	
2 paires de bras.	900 »	
1 feu	700 »	
1 lustre cristal.	900 »	

PETITS APPARTEMENTS.

Pièce des buffets.

1 paire de chevrettes.	21	»	
4 rideaux de vitrages	72	»	
1 lustre de grenailles (petites)	80	»	343 »
2 paires de bras.	140	»	
1 table de quadrille	30	»	

Salle à manger.

10 rideaux
10 embrasses de rideaux
4 cordons et 4 glands de sonnette
6 rideaux de vitrages en mousseline
4   id.   id.   6.537 »
1 chaise haute de siége
42 chaises de velours
1 paravent
1 tapisserie de la Savonnerie.

(Chapitre des tapis).

4 girandoles de grenailles	480	»
2 lustres de cristal	600	»
2 cordons et glands de soie	200	»
1 feu.	1.000	»
2 paires de bras	2.400	»
1 pendule.	1.800	»

8 rideaux de croisées.
8 embrasses de rideaux.
8 rideaux de vitrages.
12 chaises à carreaux.
16 chaises garnies.   14.759 »
4 voyeuses en prie-Dieu.
2 voyeuses en bidets.
1 écran.
1 paravent.
3 commodes.   4.200 »
1 tric-trac.
1   do
1   do   800 »

2 tables de brelan	240	»
1 do de try.	24	»
2 do do	24	»
1 do do	120	»
3 tables de quadrille	150	»
1 do piquet	144	»
1 do cavagnole	100	»
2 tapis de velours pour les dites tables	1.350	»
1 feu	1.100	»
3 paires de bras	4.000	»
2 lustres de cristal (Bohême)	1.500	»
Glands et cordons de soye	200	»

4 rideaux de croisées ⎰ Compris au meu-
4 embrasses ⎱ ble du salon de jeu

4 rideaux de vitrages			
1 rideau derrière la glace de l'escalier	280	»	1.230 »
1 table à écrire			
2 feu	300	»	
2 paires de bras	630	»	
4 rideaux	580	»	
4 do de vitrages	84	»	
1 tapis moquette	730	»	
4 banquettes à accotoirs	600	»	
4 carreaux servant de dossiers aux dites ban-quettes	240	»	
1 billard			3.798 »
Surtout de bazanne			
1 housse de treillis			
11 queues, dont une grande			
5 masses do	1.480	»	
1 bistoquet			
billes et une rouge			
Plaques de fer blanc	72	»	
Règles de jeu imprimées.	12	»	

Résumé.

Le Roy.	Grands appartements	211.916 »	
	Petits do	56.926 »	306.798 »
	Premier valet de chambre. . . .	36.080 »	
	Garde-robe aux habits	1.876 »	
La Reine.	Appartement de la reine.		

Enfants de France.	Mgr le dauphin	7.917 »		
	Mgr le duc de Normandie . .	13.601 »	21.974 »	47.428 »
	Garde-robe des deux princes.	456 »		
	Madame Royale.	25.007 »	25.454 »	
	Garde-robe de cette Princesse	447 »		

Monsieur.	Appartement de Monsieur	65.470 »	65882 »
	Garde-robe do	412 »	
Madame.	Appartement de Madame		54.150 »
Cte et Csse d'Artois.	Appartement de M. le comte d'Artois		37.649 »
	do Mme la comtesse.		62.439 »
Madame Élisabeth	Appartement de Mme Élisabeth. . .	55234 »	56.055 »
	Garde-robe de cette princesse	821 »	
Mesdames.	Mme Adélaïde	57.694 »	58.368 »
	Garde-robe aux habits	674 »	
Mesdames.	Mme Victoire	76.800 »	77.711 »
	Garde-robe aux habits	911 »	
Princes du sang.	M. le duc et Mme la duchesse d'Orléans.		43.240 »
Princes du sang	M. le duc de Penthièvre.		300 »
	Mme la duchesse de Lamballe		26.800 »

Agoult (comte).	4.086 »	6.095 »
Agoult (vicomte)	2.009 »	
Alainville (d').		1.203 »
Andouillet (1er chirurgien du roi)		5.181 »
Apothicairerie.		1.449 »
Autun (évêque d')		5.923 »
Bouche intérieure du roy.		5.369 »
Breteuil (baron de)		39.256 »
Brogniard (apothicaire).		965 »
Cent-Suisses (salle des)		261 »
Chabannes (comtesse de)		4.150 »
Chancellerie		24.092 »
Chapelle (grande et autres).	4.450 »	54.859 »
Chapelle (autre)	521 »	
Chapelle du Donjon et petite tribune	1.194 »	
Chapelle (autre)	48.694 »	

Chatelain.		1.138 »
Chavet.		965 »
Chavignac (de)		1.426 »
Chauvelin (marquis de)		1.665 »
Coigni (duc, m^{is} et m^{ise} de).		21.976 »
Coigni (comte de).		2.752 »
Comédie		11.332 »
Concierge du château et son survivancier.		8.020 »

CONFESSEURS :
{ du roy. . . . . 654 »
{ de Mesdames. . . . . 610 » } 1.876 »
{ de Madame. . . . . 612 » }

Conseil (salle du).		495 »
Contrôle général (hôtel du).		38.711 »
Corps de garde de la Prévôté		413 »
Crécy (de)		9.988 »
Dame d'atours de Mme Élisabeth		3.664 »
De France (Mme)		2.342 »
Dépôt des tapis, meubles, etc		80.554 »

DÉPOT DES MEUBLES QUI ONT SERVI PAR PRÊT, SAVOIR :
A M. le grand Aumônier. . . . . . . 5.507 »
A M. le marquis d'Aumont. . . . . 2.312 » } 22.086 »
A Mme la princesse de Tingry. . . . 14.266 »

Dépôt du gouvernement.		825 »
Esquevilly (marquis d')		3.360 »
Escars (comte d').		900 »
Finances (premier commis des).		5.114 »
Fitz-James (duchesse de).		3.692 »
Fourrière du domaine de Versailles.		725 »

Garçons de la chambre du roy, par supplément. 935 »
Garçons de la chambre du roy. . . . . . . 1.428 » } 2.363 »

Garde-meuble du château (logement du)		9.448 »

Garde-meuble (le vieux) . . . . 4.034 »
Garde-meuble (rue Basse). . . . . 7.372 » } 11.406 »

Gentil (premier valet de la garde-robe du roy).		1176 »

Gentilhomme d'année de la chambre (1er) . . . . 12954 »
Gentilshommes de la chambre hors d'année.
1er logement . . . . 1.450 »
2e d° . . . . 2.728 » } 5.343 » } 18.297 »
3e d° . . . . 1.165 »

Guiche (duc de).		6.337 »
Jeu de Paume (Retraite de M. le comte d'Artois). . . .		147 »
La Chapelle (de).		7.061 »
La Garenne		2.206 »
La Plane (de), maréchal des logis		602 »

Lassonne (de) . . . . 3.074 »
La Seize (de) . . . . 3.039 »
La Tour (de), trésorier . . . . 2682 »⎫
Chambre aux deniers . . . . 1252 »⎬ 3.934 »
Le Clerc (premier valet de garde robe du roy) . . . . . . 1.872 »
Lemonier . . . . 2.167 »
Liancourt (duc de). . . . . 8.881 »
Lonstaunau . . . . 1.213 »
Luxembourg (prince de) . . . . 4.084 »
Major des gardes du corps du roy. . . . . 2.091 »
Maréchaux des logis (bureau). . . . . 67 »
Mesnard de Chaisy. . . . . 3.124 »
Montmorin (comte de) . . . . 3.190 »
Nourtier. . . . . 1.627 »
Ossun (comtesse d') . . . . 1.790 »
Pigrais . . . . 7.994 »
Polastron (comtesse de). . . . . 4.871 »
Polignac (comtesse Diane de) . . . . 9.980 »
Polignac (duc de) . . . . 5.301 »
Polignac (duchesse de) . . . . 26.261 »
Ségur (maréchal) . . . . 1.950 »
Septeuil (de). . . . . 3.271 »
Talareu (marquis) . . . . 4.366 »
Tarente (madame de). . . . . 1.994 »
Tavannes (comte de). . . . . 50 »
Tessé (tapissier) . . . . » »
Thierry ⎰ 1er article . . . . 4.089 »⎱ 9.012 »
        ⎱ 2e article. . . . . 4.923 »⎰
Valet de chambre de Monsieur (1er) pour supplément. . . 1.013 »
Vaudreuil (comte de). . . . . 5.250 »
Vautrail (hôtel de). . . . . 2.810 »
Vermont (de), lecteur . . . . 2 177 »

ESTIMATION DES MEUBLES EN 1787.

FONTAINEBLEAU	SAINT-GERMAIN
15017	15043
15018	15044
15019	

DIVERS DÉTAILS

SUR LES

DÉPENSES DE L'ARGENTERIE

MENUS PLAISIRS DU ROY

— ETC. —

DÉTAILS

SUR LA

CHARGE DES PREMIERS GENTILSHOMMES

DE LA CHAMBRE DU ROY.

La charge de premier gentilhomme de la chambre du roy fut créée par François Ier en 1554, au lieu de celle de chambrier camerlingue, qui fut supprimée en la personne de Charles, duc d'Orléans, pour jouir des mêmes fonctions, droits, pouvoir et autorité que le dit chambrier, qui gardait les coffres et trésors du roy, qui se mettaient dans sa chambre ; il en faisait faire l'emploi par l'intendant et le contrôleur général de l'argenterie et menus plaisirs ; de là est venu que le premier gentilhomme de la chambre est seul maître et ordonnateur de toutes les dépenses ordinaires et extraordinaires en l'argenterie, menus plaisirs et affaires de la chambre.

Le premier gentilhomme de la chambre prête serment de fidélité en les mains du roy, et tous les officiers de la chambre le prêtent entre les siennes.

Il fait toutes les fonctions du chambellan en son absence, donne tous les ordres dans la chambre et aux officiers de la chambre. Le chambellan a tout le service honorifique, mais n'a aucun ordre à donner.

Le premier gentilhomme de la chambre couchait autrefois dans la chambre du roy ; mais depuis que cela n'est plus, il a l'appartement le plus près de celui du roy.

(Pour le logement à l'année, il aurait le logement le plus près du grand chambellan.)

Aussitôt qu'il est éveillé, un garçon de la chambre vient l'en avertir. Avant le lever, le garçon de la chambre fait tout le service intérieur et remplace les huissiers. Au moment où le roy se dispose à s'habiller, le garçon de la chambre appelle le premier gentilhomme de la chambre et ensuite les officiers de la garde-robe; il passe au roy sa robe de chambre qu'il reçoit du vallet de chambre.

Quand le roy est chaussé et qu'il va continuer sa toilette, il ôte la robe de chambre, qu'il remet à un valet de garde-robe.

Le roy ôte lui-même sa chemise qu'un valet de garde-robe reçoit derrière.

Le premier gentilhomme de la chambre passe la chemise au roy quand le chambellan n'y est pas.

Si, au moment de la passer, il entre un prince du sang, il remet la chemise au vallet de garde-robe, qui va la porter au chambellan ou au prince; si c'est un fils prince de la famille royale, il la remet lui-même.

Le premier gentilhomme de la chambre passe l'habit au roy, lui donne son épée, son chapeau et des mouchoirs qui lui sont tous remis par un vallet de garde-robe. Quand la toilette est finie, un valet de chambre lui remet son chapeau et sa canne qu'il a quittés pendant qu'il servait le roy.

Pendant que le roy fait sa prière, le premier gentilhomme de la chambre fait placer dans la chambre les personnes qui se sont fait inscrire pour être présentées ou prendre congé.

On présente dans la chambre les personnes qui n'ont pas les entrées de la chambre.

Le premier gentilhomme de la chambre fait les honneurs du cabinet aux princes, princesses de la famille royale qui viennent faire leur cour au roy et les conduit jusqu'à la porte.

Le premier gentilhomme de la chambre donne aux différents officiers les heures des chasses, offices, spectacles et promenades du roy.

Quand le roy dîne chez lui, le premier gentilhomme le sert.

Quand il dîne chez la reine, où les officiers de la reine le servent, le premier gentilhomme est derrière son fauteuil, prend son chapeau quand il se met à table et le lui rend quand il en sort.

Quand le roy donne des audiences particulières, le premier gentilhomme de la chambre fait sortir tout le monde, reste le dernier et rentre le premier.

Lors des tenues d'État ou de lit de justice, le premier gentilhomme de la chambre, en l'absence du chambellan, est assis aux pieds du roy sur un carreau de velours, et quand le premier chambellan y est, il a sa place près du roy.

Aux sacres, couronnements, mariages, baptêmes, réceptions de chevalier, grandes audiences, etc., le premier gentilhomme de la chambre a toujours la place la plus près du roy.

Le premier gentilhomme de la chambre répond du roy tant qu'il est dans ses appartements; toutes les fois que les portes sont gardées, les huissiers du cabinet, de la chambre et de l'antichambre sont ses gardes.

Il a droit d'interdire un officier de la chambre qui aurait manqué à son devoir, sans en parler au roy.

Le premier gentilhomme de la chambre ordonne les sacres, couronnements, naissances, baptêmes, obsèques, spectacles, ballets, carrousels, bals, meubles pour quand le roy va à la guerre, tentes, feux d'artifices, illuminations, prises d'habits religieux, poses de premières pierres, inaugurations de statues, entrées d'ambassadeurs, jeux, bénédictions de cloches, et enfin tout ce qui est chose extraordinaire et qui ne tient point à un département.

C'est l'intendant des menus plaisirs qui est chargé de l'exécution de tous ces objets.

Au coucher, il n'y a pas d'entrée. Le premier gentilhomme de la chambre laisse entrer les personnes qu'il veut ; elles se retirent quand le roy a ôté son habit.

Celles qui ont les entrées du cabinet peuvent rester jusqu'à ce que le roy soit censé couché.

Le premier gentilhomme de la chambre conduit le roy à son lit ; en sortant de la chambre, il donne pour le lendemain l'heure du lever du roy à tous les officiers.

Dans les grandes cérémonies, comme entrées dans les villes, lits de justice, processions, le premier gentilhomme de la chambre est toujours dans la voiture du roy ou dans le premier carrosse d'honneur à la suite.

Le premier gentilhomme de la chambre nomme les huit pages de la chambre après le certificat du généalogiste, leur gouverneur, sous-gouverneur, précepteurs, serviteurs, et chaque premier gentilhomme pendant son année est chargé de les habiller, loger, voiturer et nourrir.

Il a quatre charges. Chaque premier gentilhomme de la chambre sert un an.

La finance est de 500,000 francs.

Le revenu d'environ 30,000 francs au-dessus de l'argent.

La charge de capitaine des gardes et celle de premier gentilhomme de la chambre sont égales. On dira seulement qu'aucun premier gentilhomme de la chambre n'a été capitaine des gardes, et que plusieurs capitaines des gardes ont quitté pour être premiers gentilhommes de la chambre.

RÉSUMÉ

Des dépenses ordinaires de l'argenterie, menus plaisirs et affaires de la chambre du roy, consistant,

SAVOIR :

Pour le grand maître de la garde-robe, pour dépenses d'ycelle et droits.	37.600 »
Au maître de la garde-robe	5.000 »
Au tailleur	600 »
Aux lavandiers	290 »
Habillement d'hyver de M. le Chancelier	330 »
Capitaine des Cent-Suisses, droit d'habit	300 »
Aux deux lieutenants, chacun 150 francs	300 »
Au premier médecin, médecin ordinaire et au premier chirurgien pour *idem* 300.	900 »
Aux six garçons de la chambre du roy.	3.900 »
Aux deux garçons de toilette	2.200 »
Aux quatre garçons de la garde-robe.	800 »
Aux neuf valets de chambre, barbiers	4.293 »
Aux quatre coureurs de vins	300 »
Au porte-malle du roy	1.000 »
Aux deux porte-chaises d'affaires du roy	1.200 »
Aux neuf porte-malles de la chambre.	3.060 »
Aux quatre horlogers.	600 »
Aux vitriers et menuisiers de la chambre.	600 »
Aux trois coffretiers muletiers	450 »
Au cravatier du roy	2.010 »
Aux deux porte-arquebuses du roy.	2.200 »
Entretennement de l'équipage des mulets.	20.475 »
Aux quatre premiers gentilshommes de la chambre, pour dépenses concernant six pages de la chambre et droit de lit. Chacun 18.908.13.6.	75.634 14
Aux quatre apothicaires du roy	5.640 »
Au premier gentilhomme de la chambre en exercice, indemnité pour retranchement de toilette. . . 24.000 ⎫	
Supplément de l'entretien des pages. . . . . . 15.000 ⎬ 51.000 »	
Pour deux pages d'augmentation. . . . . . . 12.000 ⎭	

Gouverneur des pages.	5.000 »
Sous-gouverneur.	5.000 »
Au chirurgien.	
Au maître à danser, maître d'armes, de langues, de dessin, 600	2.400 »
Au maître de mathématiques	1.000 »
Au maître à écrire.	700 »
Au dentiste du roy.	450 »
Pour nourriture de deux levrettes	2.466 »
Pour moitié de gages de onze courriers du cabinet, à chacun 182.	2.007 10
A l'intendant des meubles de la couronne.	1.000 »
Pour le petit lit de chasse du roy.	
Au secrétaire d'État de la maison du roy pour mêmes dépenses . . . . 2.000 ⎫	
Pour ses habits d'été et d'hiver. . . . . . 600 ⎭	2.600 »
Officier de la grande chapelle.	11.803 »
Musique de la chambre et chapelle du roy	259.600 »
Aux deux huissiers de ballets, chacun 1,500.	3.000 »
	512.735 24

Appointements de M. des Eutelles, M. Marquand, du secrétaire des menus, aux chapelain, peintre, graveur, sculpteur du cabinet du roy, inspecteur des menus, maître de l'école de danse, suisses de l'Opéra, des comédies française et italienne, le garde-magasin général, les gardes magasins et concierges des hôtels et menus, suisses, portiers, aides-machinistes, commis, tapissiers, lustriers, metteurs en œuvre, garçons de magasin, sellier, délivreur, portefaix et avertisseurs. . . . . 90.000 »

TOTAL de la dépense ordinaire dont l'état est arrêté tous les ans par M. le secrétaire d'État de la maison du roy . 610.061 24

ESTIMATION

De la dépense fixe de l'argenterie, menus plaisirs et affaires
de la chambre du roy, année commune, depuis les retranchements faits, lorsque d'ailleurs il ne sera pas question de
dépenses extraordinaires, telles que de grandes fêtes,
de grands spectacles, mariages, catafalques, etc.

—————— — —

SAVOIR :

Toilette du roi et toiles de la scène	4.600	»
Fêtes dites solennelles, annuelles.	12.300	»
Menues fournitures de la chambre.	43.000	»
Deuils (année commune).	1.600	»
Voitures de la cour	120.000	»
Comédies et concerts.	200.000	»
Dépenses imprévues, baptêmes, présents, etc. . . .	100.000	»
	120.000	»
Dépenses des magasins.	120.000	»
Dº de la reine.	60.000	»
Dº de Mesdames.	10.000	»
École de chant	40.000	»
École de la Comédie-Française	10.000	»
	723.500	»
A quoi il faut ajouter le voyage de Compiègne lorsqu'il a lieu	45.000	»
Celui de Fontainebleau avec spectacles ordinaires. . .	200.000	»
Total de l'année commune	968.500	»

RÉSUMÉ

La dépense, année commune, sans voyage de Compiègne
et de Fontainebleau, environ. . . . .   730.000   »
Lors de ces mêmes voyages, environ . . . .   930 000   »
   Nota. — Les dépenses du voyage de Fontainebleau
avec grands spectacles peuvent aller de 4 à . .   . .   500.000   »
ce qui porterait la dépense de l'année à environ . . . 1.130.000   »
   Les dépenses des menus aux quelques années avant
les retranchements faits se sont élevées quelquefois à
la somme de 18 à . . . . 1.900.000   »
et beaucoup plus cher dans les cas de mariages et
autres.

Nota. — L'on n'a pas compris ici les renouvellements
du roy et de la famille royale, parce qu'ils n'ont plus lieu
que tous les sept ans.

ÉTAT

De paiement des sujets employés dans la parodie d'Iphigénie en Aulide, manie qui fut donnée chez M. le duc de Brissac, le 1er juillet 1774.

DESPRÉAUX, auteur. Mémoire.

Mlles Guimard........ *Mémoire.*	MM. Dugazon........... 240
Gouttrier............ 144	Gardet.............. 240
Rosalie.............. 72	Des Essarts.......... 72
M. Granger............ 144	Despréaux, auteur. *Mémoire.*

Orchestre.

M. Despréaux.......... 48	M. Bornet.............. 48

Répétiteurs.

MM. Lambert............ 48	MM. Doublet............ 24
Devaux............ 48	Tissier............ 24
Hyvars............ 24	Un tambour du dépôt.. 12

Souffleurs.

Bonneval.. 24

Danse.

Mlles Coulon.............. 96	MM. Abraham............ 72
Zacharie 96	Laurent.......... ... 72
Deligny............. 96	Simonet............ 72
Elisberth........... 72	Le Bel 72
Langlais 72	Ducel.............. 72
Le Clerc............ 72	Coulon............. 72
MM. Le Breton 72	Guillet 72
Dossion 72	Gignet.............. 72
Favre.............. 72	Guiardelle........... 72

Quatre tailleurs	24	Gallet	12
Maître tailleur	36	Porteur d'instruments.	12
Herry	72	Valactin	24
Un avertisseur	36	3 coëffuriers 1ers garçons.	12
Cordonnier	9	Perruquiers 2es garçons	12
Picot, avertisseur	12	2 perruquiers	12

Sa Majesté avait témoigné le désir d'avoir un catalogue général de toutes les pièces de théâtre connues. Des Entelles s'est occupé de le faire.

Il avait aussi chargé un libraire de lui acheter tous les catalogues déjà imprimés pour en faire un complet, et de chercher dans les bibliothèques particulières toutes les pièces rares pour en avoir au moins les titres. Ces recherches ont déjà occasionné 1.500 francs de frais. Les lettres A, B, C, D, E, qui sont les plus chargées, sont complètes, d'autres très-disposées.

Les cartes sur lesquelles sont inscrits tous les titres qu'il suffit maintenant de copier sont au nombre de 8 à 9.000, et celui des pièces connues monte à plus de 35.000. La continuation de cette collection peut coûter encore environ 3.000 francs.

Sa Majesté est suppliée de dire si elle trouve bon qu'il soit achevé. Il lui serait remis complet dans quatorze ou quinze mois.

TABLE DU COMMISSAIRE DUPRÉ

———

PIÈCES

DÉPOSÉES AUX ARCHIVES

EN CE QUI CONCERNE LES TAPISSIERS

TAPIS SARRAZINOIS, voyez *Tapisseries*.

TAPIS NOTRÉS, voyez *Tapissiers*.

TAPIS DE TURQUIE, voyez *Manufacture de tapis*.

TAPISSIERS DE TAPIS SARRAZINOIS, HAUTELISSIERS.

Union des tapissiers de tapis nôtrés ou couverturiers avec les courtepointiers marchands de tapisseries en 1490.

Union des coustiers faiseurs de lits de plumes avec les tapissiers hautelissiers, en 1568.

Union des couverturiers et courtepointiers avec les tapissiers et coûtiers,
en 1636.

        Voyez courtepointiers.

1258. — Statuts des tapissiers de tapis et sarrazinois.

Juillet 1277. — Ordonnances des tapissiers, sarrazinois et hautelissiers.

Mars 1290. — Addition aux statuts des tapissiers de tapis sarrazinois.

        Lundi après la Saint-Nicolas d'hiver.

6 décembre 1290. — Statuts des tapissiers de tapis et sarrazinois.

Janvier 1295. — Addition aux statuts des tapissiers, sarrazinois et
hautelissiers.

        Samedi avant les Brandons.

1302. — Accord entre les tapissiers sarrazinois et ceux de hautelisse.

        Samedi avant les Brandons.

1302. — *Vidimus* concernant les tapissiers de tapis et sarrazinois.

        Samedi avant les Brandons.

1311. — Règlement concernant les tapissiers nôtrés et les tapissiers
sarrazinois.

        Samedi avant les Brandons.

1321. — Ordonnance du métier de hautelisse, c'est-à-dire hautelissiers.

2 août 1397. — Lettres patentes concernant les tapissiers.

        Mardi après la Saint-Leu, Saint-Gilles.

1er septembre 1397. — Règlement pour les tapissiers et ouvriers de
tapis.

— 312 —

30 janvier 1450. — Lettres patentes portant règlement général de police.

L'article 1er du chapitre 12 concerne les tapissiers.

19 août 1456. — Statuts des tapissiers.

5 mars 1490. — Sentence d'incorporation des maîtres couverturiers dits neutrez avec les courtepointiers marchands de tapisseries.

25 mars 1490. — Sentence du Châtelet concernant les tapissiers.

4 avril 1491. — Transaction entre les tapissiers et les courtepointiers.

12 septembre 1520. — Sentence du Châtelet concernant les tapissiers.

29 avril 1595. — Arrêt du parlement concernant les tapissiers.

13 avril 1598. — Arrêt du parlement concernant les tapissiers.

12 octobre 1566. — Requête présentée au roy concernant un projet de statuts pour les couverturiers, courtepointiers et coûtiers et pour leur union.

13 mars 1568. — Arrêt du parlement qui ordonne l'enregistrement des statuts des maîtres tapissiers, courtepointiers, des tapissiers neutrez et des coûtiers et faiseurs de tentes.

Mars 1568. — Statuts des maîtres tapissiers, couverturiez et neutrez et des coustiers et faiseurs de tentes.

Mars 1568. — Lettres patentes contenant union des couverturiers, courtepointiers et coustiers et approbation de leurs nouveaux statuts.

28 février 1573. — Ordonnances du Conseil privé au bas d'une requête présentée par les tapissiers.

Projet de statuts et avis des officiers du Châtelet sur icelui.

12 août 1573. — Information faite par le lieutenant civil à la requête du procureur du roi concernant le projet de statuts et requête des tapissiers en suite de laquelle est l'ordonnance du Conseil privé du 28 février 1573.

1573. — Statuts des maîtres tapissiers et courtepointiers et coûtiers.

3 novembre 1596. — Arrêt du parlement concernant les tapissiers. (Henri IV.)

20 juillet 1607. — Arrêt du parlement concernant les tapissiers sarrazinois.

13 août 1613. — Sentence de police concernant les tapissiers.

20 février 1606. — Arrêt du parlement concernant les tapissiers.

30 juin 1618. — Déclaration concernant les tapissiers privilégiés.

3 juillet 1618. — Lettres patentes et statuts concernant les tapissiers.

20 août 1618. — Avis des officiers du Châtelet concernant les statuts des tapissiers.

Août 1618. — Statuts des maistres tapissiers de hautelisse.

11 novembre 1621. — Arrêt du parlement portant union des maistres tapissiers de hautelisse de Paris avec les maistres tapissiers, courtepointiers, neutrez et coûtiers.

26 mai 1636. — Statuts des maîtres tapissiers de Paris.

26 juin 1636. — Sentence du Châtelet, approbation du projet de statuts des tapissiers de Paris.

Juillet 1636. — Statuts des maîtres tapissiers de hautelisse dits sarrazinois et de rentraiture et des tapissiers courtepointiers, neutrés et coustiers de Paris.

23 août 1636. — Arrêt du parlement concernant les tapissiers de Paris.

4 décembre 1636. — Lettres patentes concernant les tapissiers.

2 décembre 1636. — Arrêt du Conseil concernant les tapissiers.

19 août 1638. — Arrêt du parlement concernant les tapissiers.

19 janvier 1639. — Sentence du Châtelet concernant les tapissiers.

14 février 1692. — Arrêt du Conseil concernant les tapissiers privilégiés.

11 mai 1699. — Sentence du Châtelet concernant les tapissiers.

Mai 1699. — Lettre de confirmation de l'union des communautés de tapissiers de hautelisse avec les courtepointiers neutrez et coustiers.

22 septembre 1699. — Sentence du Châtelet rendue contre un prétendu tapissier privilégié.

12 décembre 1608. — Sentence du Châtelet de Paris concernant les tapissiers.

6 juillet 1613. — Avis de Monsieur le Procureur du roi au Châtelet de Paris concernant les tapissiers.

27 juillet 1613. — Sentence du Châtelet de Paris concernant les tapissiers.

30 juillet 1613. — Procès-verbal fait par Monsieur le Lieutenant général au Châtelet concernant les tapissiers.

20 février 1616. — Arrêt du parlement concernant les tapissiers.

12 décembre 1618. — Arrêt du parlement concernant les tapissiers.

19 février 1619. — Sentence du Châtelet de Paris concernant les tapissiers privilégiés et qui ordonne que la déclaration du 30 juin 1618, sera enregistrée dans les Bannières.

7 septembre 1629. — Arrêt du parlement concernant les tapissiers.

27 mars 1630. — Arrêt du parlement concernant les tapissiers.

18 avril 1637. — Sentence du Châtelet de Paris concernant les tapissiers.

5 décembre 1637. — Arrêt du parlement concernant les tapissiers.

30 juillet 1639. — Sentence du Châtelet.

16 février 1690. — Arrêt du parlement concernant les tapissiers.

27 mars 1691. — Arrêt du parlement concernant les tapissiers.

18 septembre 1691. — Sentence de police concernant les tapissiers.

1er juillet 1692. — Arrêt du Conseil concernant les tapissiers.

23 avril 1699. — Avis de Monsieur le Procureur du roi concernant les tapissiers.

4 avril 1696. — Sentence du Châtelet de Paris concernant les tapissiers.

9 avril 1696. — Sentence du Châtelet concernant les tapissiers.

26 octobre 1696. — Arrêt du parlement concernant les tapissiers.

24 janvier 1698. — Arrêt du parlement concernant les tapissiers.

10 novembre 1698. — Sentence du Châtelet de Paris concernant les tapissiers.

19 janvier 1655. — Arrêt du parlement concernant les tapissiers.

Mars 1656. — Lettres patentes concernant les tapissiers de Paris.

7 juin 1656. — Sentence du Châtelet de Paris concernant les tapissiers.

1er juillet 1656. — Arrêt du parlement concernant les tapissiers.

6 juin 1657. — Arrêt du parlement concernant les tapissiers.

16 septembre 1659. — Arrêt du Conseil privé concernant les tapissiers.

30 septembre 1659. — Arrêt du Conseil privé concernant les tapissiers.

20 aoust 1665. — Arrêt du parlement concernant les tapissiers.

6 septembre 1665. — Sentence du Châtelet concernant les tapissiers.

4 février 1667. — Arrêt du Conseil concernant les tapissiers.

2 janvier 1668. — Arrêt du parlement concernant les tapissiers.

9 mars 1668. — Avis du procureur du roi au Châtelet de Paris, concernant les tapissiers.

20 avril 1668. — Sentence de police concernant les tapissiers.

29 juillet 1668. — Sentence de police concernant les tapissiers.

27 juin 1670. — Sentence de police concernant les tapissiers.

4 juillet 1670. — Arrêt du parlement concernant les tapissiers.

19 septembre 1670. — Arrêt du parlement concernant les tapissiers.

3 octobre 1670. — Sentence de police concernant les tapissiers.

7 novembre 1670. — Sentence de police concernant les tapissiers.

14 novembre 1670. — Sentence de police concernant les tapissiers.

30 juin 1671. — Arrêt du parlement concernant les tapissiers.

11 juillet 1671. — Sentence du Châtelet de Paris concernant les tapissiers.

28 juillet 1671. — Arrêt du parlement concernant les tapissiers.

25 septembre 1671. — Sentence de police concernant les tapissiers.

4 décembre 1671. — Sentence de police concernant les tapissiers.

6 septembre 1672. — Arrêt du Conseil concernant les tapissiers.

1er septembre 1673. — Arrêt du parlement concernant les tapissiers.

5 septembre 1673. — Sentence de police concernant les tapissiers.

8 septembre 1673. — Arrêt du parlement concernant les tapissiers privilégiés.

20 février 1674. — Sentence du bailly de Saint-Germain des Prés concernant les tapissiers.

28 avril 1679. — Arrêt du Conseil concernant les tapissiers.

21 août 1679. — Arrêt du parlement concernant les tapissiers.

Décembre 1679. — Lettres patentes concernant les tapissiers.

9 juillet 1675. — Sentence de police concernant les tapissiers privilégiés.

18 juillet 1675. — Arrêt du Conseil concernant les tapissiers.

19 aoust 1645. — Arrêt du Conseil concernant les tapissiers.

29 mars 1676. — Sentence de police concernant les tapissiers.

26 mars 1676. — Arrêt du Conseil concernant les tapissiers.

10 juin 1676. — Arrêt du parlement concernant les tapissiers.

7 juillet 1676. — Sentence de police concernant les tapissiers.

7 aoust 1676. — Arrêt du parlement concernant les tapissiers.

23 janvier 1677. — Arrêt du parlement concernant les tapissiers privilégiés.

5 mars 1677. — Avis de Monsieur le Procureur du roi du Châtelet de Paris concernant les tapissiers.

16 mars 1677. — Sentence de police concernant les tapissiers.

18 mars 1677. — Sentence de police concernant les tapissiers couverturiers.

30 aoust 1677. — Arrêt du parlement concernant les tapissiers

7 septembre 1677. — Arrêt du parlement concernant les tapissiers.

19 décembre 1677. — Sentence de police concernant les tapissiers.

18 janvier 1678. — Sentence de police concernant les tapissiers.

7 mars 1678. — Sentence de police concernant les tapissiers.

3 may 1678. — Sentence de police concernant les tapissiers.

10 may 1678. — Arrêt du parlement concernant les tapissiers.

7 juin 1678. — Sentence de police concernant les tapissiers.

13 décembre 1678. — Sentence de police concernant les tapissiers.

23 mars 1679. — Arrêt du parlement concernant les tapissiers.

21 avril 1679. — Arrêt du parlement concernant les tapissiers.

13 may 1679. — Arrêt du parlement concernant les tapissiers.

15 juillet 1679. — Arrêt du parlement concernant les tapissiers.

22 juillet 1680. — Sentence de police concernant les tapissiers.

29 mars 1682. — Arrêt du parlement concernant les tapissiers.

12 may 1682. — Sentence de police concernant les tapissiers.

2 juin 1682. — Sentence de police concernant les tapissiers.

9 juin 1682. — Sentence de police concernant les tapissiers.

19 septembre 1682. — Arrêt du parlement concernant les tapissiers.

20 février 1683. — Arrêt du parlement concernant les tapissiers.

17 mars 1683. — Arrêt du parlement concernant les tapissiers.

13 aoust 1683. — Arrêt du parlement concernant les tapissiers privilégiés.

11 décembre 1683. — Arrêt du parlement concernant les tapissiers.

2 juin 1689. — Sentence de police concernant les tapissiers.

6 aoust 1688. — Sentence de police concernant les tapissiers.

19 novembre 1688. — Sentence de police concernant les tapissiers.

15 avril 1689. — Sentence de police concernant les tapissiers.

7 février 1690. — Arrêt du parlement concernant les tapissiers.

30 septembre 1690. — Arrêt du parlement concernant les tapissiers privilégiés.

19 octobre 1697. — Arrêt du parlement concernant les tapissiers.

12 avril 1695. — Sentence de police concernant les tapissiers.

11 juin 1695. — Arrêt du parlement concernant les tapissiers.

13 mars 1696. — Sentence de police concernant les tapissiers.

28 février 1697. — Arrêt du parlement concernant les tapissiers.

28 may 1697. — Arrêt du Conseil concernant les tapissiers.

2 aoust 1697. — Sentence de police concernant les tapissiers.

6 mars 1699. — Sentence de police concernant les tapissiers.

14 aoust 1699. — Sentence de police concernant les tapissiers.

5 septembre 1699. — Arrêt du parlement concernant les couverturiers.

2 février 1700. — Arrêt du parlement concernant les tapissiers.

26 mars 1700. — Sentence de police concernant les tapissiers.

22 juin 1700. — Sentence de police concernant les tapissiers.

13 aoust 1700. — Sentence de police concernant les tapissiers.

23 aoust 1701. — Arrêt du parlement concernant les tapissiers.

26 février 1703. — Arrêt du Conseil concernant les tapissiers.

19 aoust 1704. — Arrêt du Conseil concernant les tapissiers.

27 juillet 1706. — Arrêt du Conseil concernant les tapissiers.

9 aoust 1712. — Sentence de police concernant les tapissiers.

30 février 1717. — Arrêt du parlement concernant les tapissiers.

13 mars 1717. — Nouveaux articles de statuts concernant les tapissiers.

23 mars 1717. — Avis de Monsieur le Procureur du roi au Châtelet de Paris, concernant les tapissiers.

16 octobre 1717. — Délibération de la communauté des tapissiers concernant leur discipline.

16 novembre 1717. — Avis de Monsieur le Procureur du roi au Châtelet de Paris, concernant les tapissiers.

23 novembre 1717. — Avis de Monsieur le Procureur du roi au Châtelet, concernant les tapissiers.

26 novembre 1717. — Sentence de police concernant les tapissiers.

7 décembre 1717. — Avis de Monsieur le Procureur du roi, concernant les tapissiers.

5 février 1718. — Arrêt du parlement concernant les tapissiers.

13 février 1719. — Arrêt du Conseil concernant les tapissiers.

Mars 1719. — Lettres patentes concernant les marchands tapissiers de Paris.

11 may 1719. — Arrêt du parlement concernant les tapissiers.

22 may 1719. — Avis des officiers du Châtelet sur le projet des nouveaux statuts des tapissiers.

29 aoust 1719. — Arrêt du parlement concernant les tapissiers de Paris.

29 septembre 1722. — Arrêt du parlement concernant les tapissiers.

11 mars 1723. — Sentence de police concernant les tapissiers.

23 mars 1723. — Arrêt du parlement concernant les couverturiers tapissiers.

21 janvier 1729. — Sentence de police concernant les tapissiers.

29 janvier 1729. — Arrêt du parlement concernant les tapissiers.

29 juillet 1728 — Délibération de la communauté des tapissiers, homologuée par arrêt du parlement du 12 novembre.

28 juillet 1828. — Arrêt du parlement concernant les tapissiers.

7 aoust 1728. — Avis des officiers du Châtelet concernant les tapissiers de Paris.

12 novembre 1728. — Arrêt du parlement concernant les tapissiers de Paris.

5 septembre 1735. — Arrêt du parlement concernant les tapissiers.

6 septembre 1737. — Ordonnance de Monsieur le Lieutenant général de police, commissaire du Conseil, concernant la visite et la marque des étoffes fabriquées par les tapissiers de Paris.

1er aoust 1741. — Arrêt du parlement concernant les tapissiers.

TAPISSIERS DE TAPIS NOSTRÉS OU NEUSTRÉS COUVERTURIERS.

1258. — Statuts des tapissiers de tapis nôtrés depuis nommés couverturiers.

Janvier 1295. — Addition aux statuts des tapissiers de tapis nôtrés.

Samedi après les Brandons. 1392. — Sentence du Châtelet concernant les tapissiers de tapis nôtrés.

15 février 1765. — Statuts des tapissiers nôtrés.

2 juillet 1691. — Jugement des couverturiers députés par le roy pour l'exécution de l'édit de subvention du mois de novembre 1690 en faveur des couverturiers de Paris.

COURTEPOINTIERS MARCHANDS DE TAPISSERIE.

1326. — Statuts des courtepointiers.

1456. Statuts des courtepointiers de Paris.

CRIEURS DE CORPS ET DE VINS.
JURÉS CRIEURS (Pompes funèbres).

(C'était une ancienne formalité des inhumations de faire crier les corps).

1220. — Lettres patentes concernant les crieurs de corps et de vins.

1258. — Statuts des crieurs de corps et de vins.

1415. — Février. Ordonnance de la ville (chapitre 9 concernant les crieurs).

1619. — 26 janvier. Arrêt du parlement concernant les crieurs.

1637. — 24 juillet. Arrêt du parlement concernant les crieurs.

1638. — 14 août. Arrêt du parlement concernant les crieurs.

1641. — Septembre. Lettres patentes concernant les crieurs.
1641. — Septembre. Statuts des jurés déposés en exécution des lettres patentes du mois de septembre 1641.
1642. — 29 mars. Arrêt du parlement concernant les jurez crieurs.
1668. — 2 janvier. Arrêt du parlement concernant les jurez crieurs.
1670. — 21 février. Arrêt du parlement concernant les jurez crieurs.
1672. — Édit concernant la police de Paris, dont le chapitre 14 concerne les crieurs de corps et de vins.
1679. — 28 avril. Arrêt du parlement concernant les crieurs.
1679. — décembre. Lettres patentes concernant les crieurs.
1641. — 3 m. Sentence concernant les jurés crieurs de corps et de vins.

MANUFACTURE ROIALLE DE MEUBLES DE LA COURONNE
DITE *DES GOBELINS.*

Novembre 1667. — Edit d'établissement d'une manufacture des meubles de la couronne aux Gobelins.

MANUFACTURE DE TAPIS DE TURQUIE
DITE *DE LA SAVONNERIE.*

Janvier 1712. — Edit concernant les priviléges de la manufacture royale de tapis façon de Perse établie à l'hôtel de la Savonnerie près Chaillot.
3 décembre 1554. Arrêt du parlement concernant une manufacture de tapisseries.
4 février 1605. — Arrêt du parlement concernant le privilége de faire des tapisseries de cuir doré.
6 avril 1607. — Arrêt du parlement concernant une manufacture de tapisseries.
20 juillet 1607. — Arrêt du parlement concernant une manufacture de tapisseries.
11 avril 1691. — Arrêt du parlement concernant une manufacture de tapisseries.
18 avril 1694. — Arrêt du parlement concernant une manufacture de tapisseries.
3 mars 1696. — Arrêt du parlement concernant les tapisseries de cuir doré.

RÈGLEMENT

DE LA

SOCIÉTÉ DE SECOURS MUTUELS

DITE DE SAINT-FRANÇOIS

OUVRIERS ET MAITRES TAPISSIERS

Fondée à Paris, le 27 septembre 1818.

21

PRÉFECTURE DE POLICE

Cabinet

2ᵉ Bureau

VILLE DE PARIS

8ᵉ **Arrondissement**

COMMISSARIAT DE POLICE
du quartier de la Madeleine

Nᵒ D 37

S O M M A I R E

Notification

PROCÈS-VERBAL

L'an mil huit cent soixante-huit, le cinq décembre,

Nous, **Pierre-Auguste Ludet**, Commissaire de police de la Ville de Paris, plus spécialement chargé du quartier de la Madeleine, Officier de police judiciaire, Auxiliaire de M. le procureur impérial,

En exécution des instructions de M. le Préfet de police contenues dans sa lettre du 3 courant,

Notifions à M. Bel (Ernest), demeurant rue du faubourg Saint-Honoré, 32, président de la Société de Secours mutuels des tapissiers, dite de Saint-François, la lettre précitée, qui fait connaître que, par décision du même jour, M. le Préfet a approuvé les modifications apportées aux Statuts de ladite Société.

De quoi nous avons dressé le présent procès-verbal de notification.

Le Commissaire de police,

A. LUDET.

RÈGLEMENT

CHAPITRE PREMIER

**De l'objet de la Société, et des qualités requises
pour y être admis.**

ARTICLE PREMIER. — Le but de la Société est de se prêter mutuellement des secours en cas de maladie, infirmités ou vieillesse.

ART. 2. — Cette Société est et ne peut être composée que de tapissiers, tous également contribuables, hors le cas d'être pensionnaires de ladite Société.

ART. 3. — Pour être admis dans la Société, il ne faut pas avoir plus de trente-cinq ans et un jour, et justifier :

Premièrement. Que l'on est de bonnes vie et mœurs ;

Deuxièmement. Que l'on n'a aucune infirmité ou maladie habituelle qui empêche de travailler, telles que :

Maladies chroniques, plaies incurables, folie ou démence, et produire à cet effet un certificat du docteur attaché à la Société pour les admissions, qui ne le délivrera qu'après avoir fait subir une visite au postulant ;

Troisièmement. Être porteur d'un livret ou certificat constatant que l'on exerce réellement la profession de tapissier ;

Quatrièmement. Et l'attestation de son âge par un acte de naissance ou tout autre acte authentique.

Cependant quelqu'un qui, passé l'âge de trente-cinq ans et un jour, se présenterait pour faire partie de ladite Société, pourrait y être admis en payant *vingt-cinq* francs par chaque année qu'il aurait de plus que trente-cinq ans ; mais, en aucun cas, personne ne pourrait y être admis passé l'âge de quarante ans et un jour.

La Société reçoit comme membre honoraire, sans condition d'âge, toute personne qui en fera la demande par écrit au Président, en se conformant toutefois aux conditions ci-dessous stipulées :

Premièrement. D'avoir exercé ou exerçant comme patron ou ouvrier la profession de tapissier ;

Deuxièmement. De payer, n'importe le lieu de sa résidence, les cotisations ordinaires et extraordinaires, telles que *vingt-quatre francs* par an, frais de bureaux, les droits de veuve, sans préjudice des amendes à encourir en cas de non-paiement;

Troisièmement. De ne jamais prétendre à aucun secours, pécuniaire ou médical, à la pension ainsi qu'au bénéfice de l'article *cent treize* du Règlement ;

Quatrièmement. De n'accepter aucune fonction comme membre du Bureau ou adjoint, de ne faire partie d'aucune Commission et de n'avoir pas voix délibérative dans les discussions qui sont relatives à la Société; ils auront voix consultative seulement.

Ils ne seront pas tenus d'assister aux séances ;

Cinquièmement. Enfin de concourir à toutes les charges imposées par le Règlement, moins celle de visiteur, en se conformant à tous les articles dans toute leur teneur.

ART. 4. — Un Sociétaire, qui se trouverait avoir passé l'âge précité à l'article 3 ci-dessus, aurait autant d'années pour payer les *vingt-cinq francs* qu'il en aurait de plus que l'âge déterminé.

Seulement, il serait tenu, pour le faciliter à acquitter cette somme, de payer ses mois doubles; et s'il n'avait pas acquité les dits *vingt-cinq francs* par an dans le courant de l'année, à dater de son admission inclusivement, il serait rayé de droit.

ART. 5. — Chaque récipiendaire paiera *vingt-cinq francs* d'admission pour le fonds de caisse, *un franc* de frais de bureau et *un franc* pour le Règlement imprimé.

ART. 6. — Tout aspirant doit être présenté par un sociétaire et appuyé par deux autres; celui qui le présentera attestera que ledit aspirant a toutes les qualités voulues par le Règlement, qu'il le connaît au moins depuis un an; les deux appuyants affirmeront la déclaration.

Art. 7. — Tout récipiendaire admis est tenu de présenter à l'assemblée qui suivra son inscription tous les titres nécessaires à son admission ; faute par lui de se conformer à cette disposition, il ne sera reconnu membre de la Société qu'à dater du jour où il aura fait le dépôt desdits titres aux membres du Bureau.

Art. 8. — Un récipiendaire au-dessus de trente-cinq ans jusqu'à quarante ans devra, lors de son entrée dans la Société, payer la totalité de l'année commencée sans fraction, en se conformant à l'article 4 du Règlement dans toute sa teneur.

Art 9. — Lorsque les formalités voulues par les articles précédents seront remplies, le Président fera demande à l'aspirant s'il connaît le Règlement ; sur sa réponse affirmative qu'il s'y conformera, il sera tenu de verser de suite entre les mains du receveur la somme de *dix francs* au moins, à-compte sur le fonds de caisse, plus celle de *un franc*, pour le Règlement qui lui sera délivré, et *un franc* pour frais de bureau.

Il sera inscrit au registre matricule, et il lui sera délivré une carte, signée du Président et du Secrétaire.

Cette carte lui servira pour entrer aux assemblées.

En cas de contravention aux articles ci-dessus, de la part de l'aspirant, il sera renvoyé pour n'être jamais admis dans la Société, sans prétendre à aucun remboursement.

Art. 10. — Chaque récipiendaire aura six mois, à compter du jour de son admission, pour acquitter le surplus du fonds de caisse. Il pourra acquitter cette somme en totalité ou par partie pendant ledit temps, en payant toutefois sa cotisation ordinaire, comme il sera dit ci-après, chapitre II, et, s'il n'était pas entièrement liquidé à cette époque, il serait rayé de la Société, sans pouvoir prétendre à aucun remboursement, et ne pourrait y rentrer qu'en se conformant de nouveau aux articles ci-dessus dans toute leur teneur.

Art. 11. — Lorsqu'un sociétaire résidera hors Paris, il conservera sa qualité de membre de la Société, et paiera moitié de la cotisation ordinaire, plus les frais de bureau et mortuaires.

Art. 12. — Tout sociétaire ayant l'intention de résider en province devra en faire la déclaration par écrit au Président, qui le fera porter à la demi-cotisation à dater du premier du mois qui suivra. A dater de cette époque, il sera exempté du service de visiteur, des présences obligatoires aux convois, ainsi qu'aux assemblées générales.

Art. 13. — Tout sociétaire habitant la campagne ou l'étranger, et payant demi-cotisation, devra acquitter le montant de ses cotisations au plus tard par année ; s'il laissait écouler treize mois sans satisfaire à son engagement, il paierait *un franc* d'amende ; s'il en laissait écouler quatorze, il paierait *deux francs* ; et, au quinzième mois, il serait rayé de la Société, après toutefois en avoir reçu avis après le douzième mois, si son adresse n'est pas inconnue de la Société.

Art. 14. — Tout sociétaire habitant hors Paris et qui reviendrait s'y fixer est tenu d'en faire la déclaration par écrit au Président ; il sera, de suite et à dater du premier du mois de sa déclaration, mis à la cotisation de *deux francs*, et il ne touchera de secours pécuniaires, en cas de maladie, que trois mois après.

Art. 15. — Un sociétaire appelé à faire partie d'une levée quelconque restera porté sur les registres de la Société comme étant présent à Paris, sans payer de cotisations pendant le temps déterminé par la loi, pourvu qu'il se soit entièrement liquidé à l'époque de son départ.

Art. 16. — Après le temps du service expiré, si le sociétaire revient à Paris, il reprendra son rang et jouira des droits comme les autres membres, en se conformant de nouveau à l'article 3.

Art. 17. — Si, au bout d'un an et un jour, à dater de l'expiration du service, il n'a donné aucune nouvelle, il sera rayé.

— Tout sociétaire qui, après avoir quitté la Société pour satisfaire aux lois, reviendrait estropié et hors d'état de travailler, ne pourra rien exiger de la Société.

Art. 19. — Tout sociétaire qui viendrait à changer de profession conservera son rang dans la Société ; s'il venait à la quitter, il pourrait y rentrer en se conformant de nouveau au Règlement.

CHAPITRE II.

Des Cotisations.

Art. 20. — Chaque sociétaire paiera tous les mois *deux francs* de cotisation ordinaire, à compter du jour de son admission.

S'il laisse écouler trois mois sans satisfaire à son engagement, il paiera *un franc* d'amende; s'il en laisse écouler quatre, il paiera *un franc cinquante centimes*; pour cinq mois il paiera *deux francs*; et au sixième il sera rayé, après toutefois en avoir reçu avis par le receveur de sa section.

Cependant un sociétaire susceptible d'être rayé aurait encore, pour se mettre entièrement à jour, jusqu'à l'assemblée générale qui suivra.

Art. 21. — Chaque sociétaire paiera également, outre sa cotisation ordinaire de *deux francs* par mois, *un franc* par an pour les frais de bureau, qui sera exigible à la recette de l'Assemblée générale du mois de janvier, mais qui devra être payé de rigueur à l'assemblée du mois de mai suivant, sous peine de payer *cinquante centimes* d'amende par chaque mois de retard.

Art. 22. — Tout sociétaire qui deviendra passible d'amendes ou de cotisations extraordinaires, le montant devra en être prélevé par le receveur, avant tout paiement de celles ordinaires.

Art. 23. — Tout sociétaire rayé deux fois pour défaut de paiement ne pourra plus rentrer dans la Société.

CHAPITRE III.

Composition du Bureau.

Art. 24. — La Société est gérée par un Président, un Vice-Président, un Secrétaire et son adjoint, un Trésorier et son adjoint, trois receveurs et leurs adjoints pour percevoir les cotisations ordinaires et extraordinaires.

Les receveurs et leurs adjoints ont les mêmes prérogatives et se partagent les sociétaires tous les ans, par parties, suivant l'ordre d'admission; chaque partie forme une section, dont les registres sont vérifiés tous les six mois par une commission nommée à cet effet, dirigée par un vérificateur-juré.

Art. 25. — La durée des fonctions des membres du Bureau est d'un an.

Art. 26. — Il est alloué tous les ans au Secrétaire une somme de *deux cent cinquante francs*, et au Trésorier une somme de *cent cinquante francs*.

Chaque receveur a droit à une indemnité de *dix francs* par an pour frais de bureau.

CHAPITRE IV.
Élections et mode d'y procéder.

Art. 27. — Les élections se font tous les ans, à la séance du mois de janvier, en Assemblée générale convoquée à cet effet.

Art. 28. — Les élections se font simultanément pour chaque membre titulaire et son adjoint, sur un même bulletin imprimé, et désignant séparément la fonction de celui pour lequel on vote au scrutin secret, à la majorité absolue des suffrages et dans l'ordre ci-après :

1° Le Président et le Vice-Président;
2° Le Secrétaire et son Adjoint;
3° Le Trésorier et son Adjoint;
4° Les Receveurs et leurs Adjoints;
5° Un Vérificateur-Juré.

Pour être adjoint, il faut également obtenir la majorité absolue des suffrages.

Art. 29. — Nul ne peut être élu membre du bureau, s'il n'est présent à l'Assemblée, s'il demeure hors Paris, et s'il est pensionnaire de la Société.

Art. 30. — Nul ne peut être élu membre du bureau qu'un an au moins après, à dater du jour de son admission.

Art. 31. — Un Sociétaire absent ne peut pas faire remettre son vote par un autre; si, étant appelé il ne répond pas, il ne peut plus voter, son tour passé.

Art. 32. — Lorsque l'on procède aux élections, deux Sociétaires nommés par le Bureau remplissant les fonctions de scrutateurs, la recette doit cesser immédiatement; le Président doit suspendre la séance chaque fois qu'il y a une élection à faire pendant le temps nécessaire pour faire les bulletins.

Ce temps expiré, le Secrétaire fait l'appel nominal, et chacun dépose son vote pour le membre à élire dans l'urne à ce destinée, qui doit être placée sur le bureau de manière à être vue de tout le monde.

L'appel nominal terminé, les scrutateurs compteront les bulletins; si leur nombre excède celui des votants, on recommencera l'opération; s'il est exact ou inférieur, on passera au dépouillement.

Art. 33. — Au premier tour de scrutin, si personne n'obtient la majorité absolue, il y aura ballotage entre les deux candidats qui auront obtenu le plus de suffrages. Celui qui au second tour l'aura obtenue sera de suite proclamé.

Art. 34. — Un Sociétaire, s'il est élu ou conservé membre du Bureau, appelé à la fonction de visiteur, sera dispensé de cette charge, et son tour passera au suivant.

Les adjoints ne sont pas compris dans cette disposition.

Art. 35. — Si un membre du Bureau venait à se retirer par des motifs qu'il est impossible de prévoir, ou à décéder, il serait pourvu à son remplacement à la première Assemblée générale, et son adjoint remplirait provisoirement ses fonctions jusque-là.

Art. 36. — Immédiatement après les élections des membres du Bureau, l'on procédera à la formation de la liste des visiteurs pour toute l'année. Cette fonction devra s'exercer par ordre d'inscription suivant l'indication mentionnée à l'article 85.

Art. 37. — Tout sociétaire qui aura rempli les fonctions de visiteur sera de plus vérificateur du semestre; s'il manquait à se trouver à la vérification, après en avoir été invité par lettre du Secrétaire, il serait à l'amende de *deux francs*.

Si le nombre des visiteurs excède celui de six, il sera procédé au tirage au sort de six d'entre eux pour remplir les fonctions de vérificateurs.

Un sociétaire, que des occupations urgentes empêcheraient de se rendre à la vérification, pourrait se faire remplacer par un autre sociétaire, qui, s'il y manquait à son tour, serait passible de l'amende.

Seront également passibles de la même amende le Trésorier, les receveurs, ainsi que les gardiens de la clef de la caisse.

CHAPITRE V.

Fonctions des Membres du Bureau.

Art. 38. — *Président*. Le Président assiste à toutes les assemblées, ouvre la séance, pose les questions, les met aux voix, prononce les délibérations, maintient l'ordre dans l'assemblée, la dissout si elle est trop tumultueuse, signe les actes et les registres, et lève la séance.

Art. 39. — Le Président ne peut émettre son opinion comme Président; s'il a à faire une proposition qui soit de nature à devenir l'objet d'une délibération, il doit céder le fauteuil à son adjoint, ou, à son défaut, au doyen d'âge présent, jusqu'à la fin de la discussion de la proposition faite par lui, et s'énoncer alors comme simple sociétaire.

Art. 40. — *Secrétaire*. Le Secrétaire doit être présent à toutes les assemblées, ainsi qu'à tout acte auquel le Président assiste, et signe avec lui, rédige les procès-verbaux, les enregistre, les lit, ainsi que tous mémoires et lettres adressées à la Société.

Il tient une liste sur laquelle sont portés par ordre numérique les noms, prénoms, âge et domicile de chaque sociétaire.

Il tient aussi deux registres; le premier, sur lequel il inscrit tous les procès-verbaux des séances, et le second, toutes les lettres et mémoires adressés à la Société.

Il est dépositaire des registres.

Art. 41. — *Trésorier*. Le Trésorier est dépositaire de tous les titres de rente et sommes appartenant à la Société. Il tient un registre de l'état des recettes, ainsi que des dépenses faites pour les besoins de la Société, autorisées par le Bureau, pour les secours dus aux malades, et pour les rentes aux pensionnaires.

Il ne devra délivrer aucune somme sans en obtenir reçu, qu'il devra présenter à la vérification du semestre.

ART. 42. — Il sera responsable de toutes les erreurs de sommes qui pourraient être commises au préjudice de la Société.

ART. 43. — *Receveurs.* Les receveurs tiennent un registre de compte courant sur lequel est porté par ordre numérique le nom de chaque sociétaire, et qui devra mentionner ce qu'il a à payer pour sa cotisation ordinaire, ainsi que ce qu'il est susceptible de devoir pour amendes quelconques.

ART. 44. — A la fin de chaque séance, ils sont tenus de verser la somme qu'ils auront reçue entre les mains du Trésorier ou de son adjoint, qui devra leur en donner reçu sur leur livre même ; ils sont tenus aussi de rendre compte au Bureau du montant de ladite somme, en spécifiant combien ils ont touché pour les cotisations ordinaires, et combien pour celles extraordinaires.

ART. 45. — Ils devront aussi, à la fin de chaque séance, donner la liste des sociétaires qui seraient dans le cas d'être mis à l'amende ou susceptibles d'être rayés pour défaut de paiement. Dans ce dernier cas, ils seront tenus d'écrire au sociétaire pour l'en prévenir; cette liste sera soumise aux signatures du Président et du Secrétaire.

ART. 46. — Ils seront responsables de toutes les erreurs qui pourraient être commises au préjudice de la Société.

ART. 47. — La Société jugeant les membres du Bureau dignes de sa confiance, leur remet ses pouvoirs pour tout le temps de leurs fonctions ; ainsi, pendant l'espace d'une Assemblée générale à l'autre, ils sont seuls juges des différends qui pourraient s'élever entre les sociétaires et la Société, ou les sociétaires entre eux ; ils ont le droit de prononcer des amendes contre celui qui serait en contravention aux articles du Règlement, d'inspecter le service des visiteurs, enfin d'employer les moyens qu'ils jugeraient convenables dans l'intérêt de la Société, et surtout de faire exécuter le Règlement, dont ils ne pourront jamais déroger eux-mêmes sous quelque prétexte que ce soit.

Quoi qu'il advienne, les membres du Bureau devront en faire un rapport à l'Assemblée générale suivante, afin de soumettre à la sanction des sociétaires les décisions qui auraient pu être prises à cet égard.

Les adjoints en fonction ont les mêmes prérogatives que celles attachés au titre qu'ils représentent.

CHAPITRE VI.

Des Assemblées.

Art. 48. — Il y a trois sortes d'assemblées : les générales, les extraordinaires et celles des recettes.

Art. 49. — Les Assemblées générales sont de rigueur, et devront toujours avoir lieu dans la seconde quinzaine des mois de janvier, mai et septembre, un dimanche, à huit heures et demie du matin ; on convoquera par lettres affranchies ; il y aura à chaque assemblée deux appels, le premier à neuf heures précises, le deuxième à la fin de la séance.

Tout sociétaire absent à l'un ou à l'autre appel sera à l'amende de *cinquante centimes*, et s'il ne s'est pas présenté du tout, il paiera *un franc cinquante centimes*.

Il n'y aura que les sociétaires absents par passe-port, tour de garde ou maladie, et dont la déclaration en aura été faite par écrit au Président, le jour même de la séance, qui seront dispensés d'assister aux Assemblées générales.

Art. 50. — Les Assemblées extraordinaires ont lieu pour les objets imprévus et qui exigent prompte décision ; elles seront convoquées par lettres affranchies, huit jours d'avance, si le temps le permet, un dimanche ou une fête reconnue, à huit heures et demie du matin.

Il y aura également deux appels, le premier à neuf heures précises, le deuxième à la fin de la séance.

Tout sociétaire absent pour tout autre motif que ceux énoncés au troisième paragraphe de l'article 49 ci-dessus, encourra l'amende qui est applicable par ledit article, si la déclaration n'en a pas été faite par écrit au Président, le jour même de l'assemblée.

Art. 51. — Une Assemblée extraordinaire pourra avoir lieu, sur la demande de la cinquième partie des sociétaires, lesquels devront en exposer le motif par écrit au Président, qui ne pourra la refuser, et sera tenu de la convoquer pour la huitaine.

Elle pourra aussi avoir lieu sur la convocation faite par les membres du Bureau s'ils le jugent nécessaire, et également être un dimanche ou un jour de fête reconnue.

Art. 52. — A l'ouverture de la séance, le Secrétaire fera l'appel nominal, lira les procès-verbaux, les réclamations, pétitions et adresses; l'on passera ensuite à l'ordre du jour, qui sera affiché dans la salle.

Art. 53. — Les membres du Bureau seuls se placeront au bureau, aucun sociétaire ne pourra y rester, à moins qu'il n'y ait été appelé.

Art. 54. — Il ne pourra, en aucun cas, y être question que d'affaires relatives à la Société.

Art. 55. — Lorsque le Président rapellera à l'ordre, chacun se mettra à sa place et observera le plus grand silence.

Art. 56. — Nul ne pourra prendre la parole, sans l'avoir obtenue du Président, qui doit veiller à ce que chacun parle à son tour.

Art. 57. — Celui qui aura obtenu la parole ne pourra être interrompu, sous quelque prétexte que ce soit, à moins qu'il ne s'écarte de l'ordre; le Président a seul le droit de l'y rappeler; s'il persiste, la parole lui sera retirée, tant que durera la discussion qui aura motivé cette peine.

Art. 58. — Le Président mettra aux voix les délibérations, qui devront être prises à la majorité, par assis et levé; dans le cas où la majorité paraîtrait douteuse, il serait tenu de faire la contre-épreuve, et, si elle paraissait également douteuse, il y aurait lieu de recourir au scrutin.

Le scrutin secret ne sera employé que pour les cas urgents, comme modifications, suppressions, et additions aux articles du Règlement.

Art. 59. — Le Président, après s'être assuré de la majorité, prononcera la délibération, qui alors sera obligatoire.

Art. 60. — Nul ne pourra se présenter dans un état d'indécence ou d'ivresse, sous peine d'être mis dehors.

Art. 61. — En séance, nul ne pourra injurier un sociétaire, ni tenir un propos scandaleux envers la Société, sous peine d'une amende de *dix francs*.

Art. 62. — Aucun sociétaire ne pourra être exclu de la Société sans avoir été jugé dans une Assemblée extraordinaire, convoquée à cet effet, et à laquelle il sera tenu de se trouver; en cas d'absence on procédera comme s'il était présent, et dans le cas où l'exclusion aurait lieu, l'exclu ne pourrait réclamer les sommes qu'il aurait versées.

Art. 63. — Celui qui se serait servi de fraude ou de ruse pour faire exclure un sociétaire sera exclu lui-même, et dans ce cas, prompte réparation serait faite envers le sociétaire qui aurait été exclu injustement.

Art. 64. — Quiconque, remplissant une fonction dans la Société, sera convaincu du fait de malversation, sera de suite déchu de son emploi, et ne pourra jamais en occuper d'autre; son exclusion pourra être prononcée suivant la gravité du fait.

Art. 65. — Un membre du Bureau qui ne se rendrait pas aux Assemblées générales paiera *un franc cinquante centimes*, si son adjoint le remplace; mais s'ils manquaient tous deux, ils paieront chacun *trois francs*, en se conformant également à l'article 49, dans toute sa teneur, qui leur sera aussi applicable.

Art. 66. — Les visiteurs qui manqueront aux Assemblées générales paieront *un franc cinquante centimes*, sans préjudice des amendes qu'ils seraient susceptibles d'encourir relativement à leur fonction.

Art. 66 *bis*. — Les recettes faites en Assemblées générales seront closes à une heure de relevée.

DES RECETTES.

ART. 67. — Les assemblées de recette ont lieu le quatrième dimanche de chaque mois, depuis dix heures du matin jusqu'à midi précis.

ART. 68. — Les membres du Bureau sont obligés de s'y rendre, sous peine d'une amende de *un franc*, si leur adjoint ne les remplace.

ART. 69. — Lorsque l'heure de la recette sera écoulée, les receveurs rendront leurs comptes, et le montant de la somme reçue sera remise au Trésorier ou à son adjoint.

ART. 70. — Après la recette, le Secrétaire fera la lecture du dernier procès-verbal.

ART. 71. — Une ou plusieurs décisions, prises dans l'intervalle des Assemblées générales des mois de janvier, devront être portées, l'année suivante, sur la feuille de situation annuelle de la Société.

ART. 72. — Tout sociétaire qui viendrait à changer de domicile devra donner son adresse par écrit au Président, dans le mois qui suivra son changement. Cette précaution est de rigueur pour que les lettres lui parviennent directement ; faute par lui de s'y conformer, dans le cas où il serait à l'amende, il ne pourrait réclamer.

ART. 73. — Nul étranger à la Société ne pourra être introduit dans la salle des séances, à l'exception des agents de l'autorité commis par elle à cet effet.

CHAPITRE VII.

De la Caisse et du Placement des Fonds.

ART. 74. — La Caisse se compose de tous les fonds appartenant à la Société, tels que contrats de rente ou espèces, dont la garde est confiée au Trésorier.

Cette caisse est fermée par trois serrures, à gardes différentes, ouvrant chacune par une clef dont l'une reste entre les mains du Trésorier, la seconde entre celles du Président, et la troisième entre celles du sociétaire nommé chaque année vérificateur-juré, lequel, en conséquence, devra la remettre, à l'expiration de ses fonctions, entre les mains du sociétaire appelé par voie d'élection à lui succéder.

Art. 75. — Les pensions seront payées sur le produit de la rente.

Art. 76. — Une somme de *quatre cents francs* restera hors de la caisse, à la disposition du Trésorier, pour subvenir aux secours accordés aux malades et aux besoins urgents de la Société.

Art. 77. — Aucune somme autre que celle désignée ci-dessus ne pourra, sous aucun prétexte, être sortie de la caisse, que d'après le consentement unanime de la Société.

Art. 78. — Les fonds seront placés en Obligations de chemins de fer, garanties par l'État, au nom de la Société, par les soins des membres du Bureau, assistés du vérificateur-juré.

Art. 79. — Les dépositaires des clefs de la caisse s'entendront entre eux pour prendre jour et heure pour l'ouverture de la caisse, en retirer le titre et les fonds disponibles à placer, et les porteront chez l'agent de change reconnu par la Société pour le placement de ses fonds. Quelques jours après, ils retourneront retirer le titre des mains de l'agent de change pour le réintégrer dans la caisse.

Le Trésorier devra, à l'assemblée suivante, en présenter le rapport qui devra être signé des membres du Bureau chargés du placement des fonds.

Art. 80. — A chaque semestre, à l'époque où l'on touche la rente, les membres du Bureau délégués à cet effet s'entendront entre eux pour prendre jour et heure pour l'ouverture de la caisse, afin de retirer les titres de rente et aller ensemble pour la toucher.

Si le produit de la rente était disponible à être placé, ils se rendraient immédiatement chez l'agent de change et lui en remettraient le montant.

Ils se conformeront, chacun en ce qui le concerne, aux paragraphes de l'article 79 ci-dessus.

ART. 81. — Les membres du Bureau qui ne se présenteraient pas pour le service désigné dans les articles 78, 79 et 80 ci-dessus, encourront une amende de *deux francs*.

ART. 82. — Il ne pourra, en aucun cas, jamais être vendu ou aliéné aucun titre de rente appartenant à la Société; si des besoins urgents se faisaient sentir, la Société y pourvoirait en se cotisant extraordinairement, mais jusqu'à concurrence seulement de la somme nécessaire.

ART. 83. — Tout sociétaire comptable qui aura détourné des sommes appartenant à la Société sera expulsé de la Société et poursuivi selon les formes indiquées par les lois pour en obtenir la restitution.

CHAPITRE VIII.

Des Visiteurs et de leur service.

ART. 84. — Les secours sont administrés aux malades par le visiteur de service.

Un sociétaire malade est visité par un sociétaire de la division dont il fait partie.

ART. 85. — La fonction de visiteur s'exerce par ordre d'inscription. Elle est exigible pour tous, hors le cas prévu par l'article 34.

Tous les ans, au mois de janvier, un tableau sera dressé, lequel divisera les sociétaires habitant Paris en trois parties; chaque partie sera composée des arrondissements le plus limitrophes possible, et désignera ceux dont ils font partie.

La première partie se composera des 1er, 2me, 8me, 9me, 16me et 17me arrondissements.

La seconde partie, des 3me, 4me, 10me, 11me, 12me, 18me, 19me et 20me arrondissements.

La troisième partie, des 5me, 6me, 7me, 13me, 14me et 15^{m} arrondissements.

Le sociétaire qui, dans le courant de l'année, changera d'arrondissement, restera jusqu'à l'année suivante dans la division du tableau où il aura été classé.

Il faudra avoir été requis par le président pour être quitte du service de visiteur.

Tous les mois, huit jours avant la séance, le Président préviendra le sociétaire de chaque division, qui peut être susceptible d'être requis pour faire le service, afin de lui donner le temps de refuser ou d'accepter, ce qu'il devra venir déclarer à la séance ou le faire par écrit.

ART. 86. — Nul ne peut refuser d'être visiteur qu'en payant *six francs* à la recette du jour de son entrée en fonctions, en prévenant toutefois quatre jours au moins à l'avance et par écrit le Président, afin qu'il puisse prévenir le visiteur suppléant.

S'il ne remplissait pas cette formalité ou s'il ne se présentait pas à la séance, son refus serait motivé, il paierait *dix francs*, et son tour serait passé.

S'il quittait dans le courant du mois de son service, pour tout autre motif que celui de s'absenter de Paris pour plusieurs jours ou bien être malade, il paierait *douze francs* d'amende.

ART. 87. — Un visiteur malade au moment de son entrée en fonctions sera remplacé de droit par un suppléant, en en prévenant le Président, qui pourvoira à son remplacement d'abord, qui le fera visiter de suite pour voir si la maladie est réelle, et, si elle était reconnue ne pas l'être, il encourrait une amende de *douze francs*, indépendamment de l'article 103, qui lui sera également applicable.

Quoi qu'il advienne, mention devra en être faite au procès-verbal de l'assemblée suivante.

ART. 88. — La fonction de visiteur étant personnelle, nul ne peut se faire aider ou remplacer à l'amiable dans son service par un autre sociétaire, fût-il même visiteur de l'année, sans encourir chacun l'amende de *six francs*.

ART. 89. — Chaque mois, le visiteur entrant en fonctions devra se rendre à l'assemblée afin d'y prendre connaissance de son service, et le visiteur sortant devra lui donner lui-même, et non pas le faire remettre par un autre sociétaire, l'état des malades, s'il y en a ; s'il n'y en a pas, il devra toujours se présenter à l'assemblée, sous peine de payer *deux francs* d'amende.

ART. 90. — Les visiteurs devront se rendre chez les malades aussitôt qu'ils en auront été avertis par le Président.

Le visiteur qui n'aura pas répondu dans les vingt-quatre heures à cet avertissement sera mis à l'amende de *trois francs*.

ART. 91. — Aussitôt qu'un visiteur sera averti, il se rendra de suite chez le Président pour prendre connaissance de son service; il devra signer la feuille du malade à chaque visite qu'il aura faite pendant toute la durée de ses fonctions.

ART. 92. — Les visites ne devront jamais être distantes l'une de l'autre de plus de trois jours, sous peine de payer *un franc* d'amende par chaque jour de retard.

ART. 93. — Un visiteur, avant de délivrer aucun secours pécuniaire à un malade, devra s'assurer auprès du receveur de sa section si le malade ne lui doit pas de cotisation ordinaire ou extraordinaire; s'il en devait, le montant, quel qu'il fût, en sera prélevé sur le premier paiement de secours; il le remettra de suite au receveur, qui lui en donnera reçu au nom du malade.

Faute par le visiteur de se conformer à cet article, il paiera *deux francs* d'amende.

CHAPITRE IX.

Maladies et Secours.

ART. 94. — La Société accorde à tout sociétaire malade, après toutefois en avoir fait la déclaration et la demande par écrit au Président (le secours pécuniaire ne comptant que du jour de la date de la lettre), *deux francs* par jour pendant les trois premiers mois de maladie; *un franc* pendant les trois mois suivants, et si le malade n'a pas obtenu de guérison pendant ces six mois, il aura *cinquante centimes* par jour jusqu'à parfait rétablissement ou jusqu'à l'époque où il aura atteint le terme fixé par le Règlement pour obtenir la pension et, dans ce dernier cas seulement, il ne paierait pas de cotisation ordinaire.

Les pensionnaires malades habitant Paris auront droit aux secours médicaux seulement.

Le Président est tenu d'apporter tous ses soins pour que, le plus promptement possible, les malades soient secourus; il devra, en conséquence, prévenir immédiatement le visiteur de service qu'il ait à se rendre auprès de lui.

Tout sociétaire malade a le droit de se faire soigner par son médecin. En plus du secours pécuniaire, il lui sera alloué *deux francs* pour chacune des visites qui lui seront faites.

Les médicaments sont à la charge de la Société.

Les malades devront prendre leurs médicaments chez les pharmaciens dont le tarif est reconnu par la Société, et qui sont désignés par elle.

Tous médicaments pris chez les pharmaciens autres que ceux désignés par la Société ne seront remboursés qu'au prix du tarif reconnu.

Sont compris dans les médicaments : bains, bandages, par ordonnance du médecin.

En cas d'opération chirurgicale indispensable, la dépense en sera supportée par la caisse de la Société, et remboursée par une cotisation extraordinaire de tous les membres en général.

ART. 95. — Un sociétaire, qu'une blessure priverait de l'usage de l'une de ses mains, après toutefois avoir épuisé les secours de *deux francs*, et *un franc* accordés par le Règlement, et qu'il fût aù secours de *cinquante centimes* par jour, jusqu'à ce qu'il ait l'âge pour avoir la pension, paiera toujours ses cotisations ordinaires et extraordinaires.

Mais, s'il tombait malade pour toute autre cause que celle de sa blessure, il serait remis au secours de *deux francs* par jour, en se conformant de nouveau à l'article 94, et l'on déduirait pendant les trois premiers et les trois mois suivants les *cinquante centimes* qui lui sont accordés par jour pour sa blessure.

Néanmoins, tout sociétaire, dans le cas précédent, qui viendrait à obtenir un emploi ou revenu quelconque dont le produit serait d'au moins *six cents francs* par an, n'aurait plus droit à aucun secours; toutefois il y rentrerait s'il venait à perdre son emploi ou son revenu.

Art. 96. — Une maladie non distante d'un mois de la maladie précédente sera censée avoir la première pour cause, et considérée comme rechute ; alors les jours de la première seront comptés avec ceux de la seconde, pour ne pas excéder les trois mois à raison de *deux francs* par jour.

Art. 97. — Un malade ne recevra de secours pécuniaire qu'après un an d'admission.

Tout sociétaire en retard de six mois, pour le paiement de ses cotisations, n'a droit à aucun secours pécuniaire ni autres.

Les récipiendaires auront droit aux secours médicaux dès leur admission définitive de membres de la Société.

Art. 98. — Si, par des motifs qu'il est impossible de prévoir, un sociétaire résidant à Paris venait à tomber malade ou se blesser hors Paris, il aurait droit aux secours pécuniaires seulement pendant son absence de Paris, et aux secours médical et pécuniaire lors de sa rentrée à Paris.

Dans ce cas, il devra, sur la réquisition du Bureau, présenter un certificat du médecin qui le soigne, revêtu de la légalisation du maire de la commune où les soins lui sont donnés, pour toucher le secours.

Art. 99. — La Société n'accorde pas de secours pour les maladies secrètes, ni même pour les blessures survenues à la suite d'une rixe, à moins qu'il ne soit bien reconnu que le blessé n'a pas été l'agresseur ; dans ces deux cas, si quelqu'un usait de supercherie pour s'en faire délivrer, il serait obligé à restitution, et en outre à payer *six francs* d'amende.

Art. 100. — Pour être secouru, il faut que la maladie soit de nature à user des médicaments ou à empêcher de se livrer à des occupations ordinaires.

Art. 101. — Les visiteurs n'éprouveront aucun obstacle pour entrer chez les malades.

Art. 102. — Toute maladie qui n'excédera pas cinq jours n'aura droit à d'autres secours que ceux médicaux.

Art. 103. — Lorsque la maladie paraîtra douteuse au visiteur, il est autorisé à prendre un médecin ou chirurgien pour la constater ; si la maladie est réelle, la visite sera au compte de la Société ; si elle est supposée, le sociétaire coupable de cette supercherie sera à l'amende de *douze francs.*

Art. 104. — Un malade surpris à faire quelque ouvrage lucratif, sera privé de secours ; le visiteur ou autre qui s'en apercevrait en donnera connaissance au Bureau, et à la plus prochaine assemblée il sera statué à cet effet.

Art. 105. — Tout malade rencontré dans la rue sera censé convalescent et privé de secours, à moins que l'exercice ne soit reconnu nécessaire à sa santé.

Art. 106. — Si quelques jours de convalescence étaient reconnus nécessaires à un malade, le nombre devra en être fixé par un certificat du médecin qui le soigne pour continuer à obtenir les secours ; faute de se conformer à cet article, il en serait privé.

Art. 107. — Un sociétaire qu'une blessure empêcherait de travailler pourra sortir, pourvu qu'il en instruise le visiteur de service ; il s'entendra avec ce dernier, afin qu'il ait à se rendre chez ledit visiteur tous les deux jours, aux heures convenues entre eux, sous peine d'être privé de secours.

Art. 108. — Les secours pécuniaires seront portés aux malades, de rigueur à la fin de chaque semaine s'ils le désirent; ils en donneront un reçu ; et dans le cas où ils ne le pourraient, les personnes qui les soignent le donneront pour eux.

Art. 109. — Lorsqu'un malade sera rétabli, il sera tenu de se présenter au Bureau, à la première assemblée qui suivra sa maladie, afin de déclarer le montant des sommes qu'il aura reçues, et d'en donner récépissé au Trésorier ; dans le cas où il ne se présenterait pas, il paierait *deux francs* d'amende.

Art. 110. — Il est alloué la somme de trois francs par jour à tout sociétaire malade qui désirera entrer dans une maison de santé ou dans un hôpital.

CHAPITRE X.

Décès.

Art. 111. — Tout membre de la Société venant à décéder chez lui, dans un hospice ou dans une maison de retraite, le Président, ou, à son défaut, son adjoint, à temps et officiellement prévenu, est tenu de faire toutes les démarches possibles et nécessaires pour le faire inhumer ; s'il y manquait, il serait à l'amende de *dix francs*.

Art. 112. — Si les convoi, service et enterrement ont lieu à Paris, en deçà des murs de fortications, le Président devra immédiatement prévenir le Secrétaire pour qu'il ait à se mettre en mesure de faire la convocation pendant le temps que lui ou le visiteur de service se rendra auprès de la famille ou ses représentants, afin de leur faire part des dispositions du Règlement de la Société à l'égard du défunt, et prendre l'heure et le lieu du service.

Toutes ces formalités remplies, il devra faire parvenir le plus promptement possible au Secrétaire tous ces renseignements, afin qu'il convoque dans le plus bref délai, par lettres mises à la poste (lesquelles devront faire mention que la présence est obligatoire), la moitié des membres composant la Société sans distinction, c'est-à-dire habitant ou n'habitant pas Paris, par tour d'inscription, et qui devront tous, ainsi que le Président ou son adjoint, assister au convoi, service et enterrement, sauf le cas de résider en province ou à l'étranger, ou bien ceux d'être malades, absents de Paris, ou de service de garde nationale, et dont la preuve authentique en aura été acquise par le Président.

La présence au cimetière ne sera obligatoire qu'autant que le corps sera inhumé dans celui de la commune où le décès aura eu lieu.

Indépendamment de la moitié des membres dont la présence est obligatoire, ceux de l'autre moitié habitant Paris sont également invités à assister aux convoi, service et enterrement, ainsi que les membres honoraires.

A l'égard de tout sociétaire résidant en province ou à l'étranger, aussitôt que le Président aura reçu avis direct et par écrit du décès de l'un d'eux, il en informera par lettres affranchies tous les membres de la Société.

ART. 113. — La Société accorde la somme de *cent francs* pour frais mortuaires, sur laquelle sera prélevée de rigueur la somme nécessaire à l'acquisition d'une fosse temporaire de cinq années, plus celle de *un franc* par sociétaire, à la veuve ou, à son défaut, aux enfants s'il y en a.

Cette somme ne sera délivrée par le Trésorier au visiteur, pour la veuve, que sur le vu de son acte de mariage avec le défunt et si elle habitait avec lui ; dans le cas contraire, elle ne pourra rien exiger de la Société ;

Et pour être remise aux enfants, que sur le vu de leur acte de naissance en légitime mariage.

Faute par le Trésorier et le visiteur de se conformer à cette disposition, ils seraient tenus de rembourser solidairement les sommes qu'il auraient indûment payées.

Dans les huit jours qui suivront la connaissance officielle par le Président du décès d'un Sociétaire, notification de l'article ci-dessus sera faite par lui à la veuve ; à son défaut, aux enfants majeurs ou à leur tuteur s'il sont mineurs.

Si dans les trois mois qui suivront la notification, le Président n'a reçu aucune réponse par écrit des ayants droit, ils seront considérés comme renonçant au bénéfice dudit article 113.

Cependant un délai sera accordé auxdits ayants droit, selon que la distance nécessiterait un long cours.

Dans l'intervalle dudit temps, les receveurs ne pourront exercer l'article 114, qui ne devra l'être que du jour de la demande faite par les ayants droit de jouir du bénéfice de l'article 113.

Les frais occasionnés par ces dispositions seront à la charge des ayants droit ; mais, en cas de renonciation de leur part, ils seront à celle de la Société.

Un sociétaire célibataire, ou veuf sans enfants légitimes, peut léguer en faveur de qui bon lui semble le droit à la cotisation de *un franc* par Sociétaire, en tant que le testament sera d'accord avec les dispositions du Code civil.

Ce testament sera déposé sous enveloppe cachetée entre les mains du Président, en présence de deux témoins sociétaires ; il aura toujours le droit de le changer ou même de le retirer.

Art. 114. — La somme de *cent francs*, accordée pour frais mortuaires, restera à la charge de la caisse, et celle de *un franc* par sociétaire, accordée à la veuve ou aux enfants, sera remboursée à la caisse par une cotisation extraordinaire qui devra être acquittée dans les trois mois qui suivront le décès sous peine de payer *cinquante centimes* par chaque mois de retard.

Ne sont pas compris dans cette dernière disposition relative à l'amende précitée les sociétaires habitant la campagne ou l'étranger ; dans le cas où la veuve, à son défaut, les enfants ainsi que le légataire, refuseraient ladite somme, les sociétaires ne seraient pas tenus de s'imposer ladite cotisation extraordinaire.

Art. 115. — Les articles 113 et 114 du règlement ne sont exécutoires pour les veuves, les enfants et les légataires, qu'à l'égard de tout sociétaire qui aura un an et un jour consécutifs d'admission, à l'époque de son décès.

Art. 116. — Un sociétaire désigné par son tour d'inscription pour assister aux convoi, service et enterrement, peut se faire remplacer par un autre sociétaire ; mais il répondra toujours de son remplaçant.

Art. 117. — Il sera fait deux appels, le premier à la maison du défunt, et le second au cimetière ; celui qui ne répondra pas à l'un ou à l'autre appel sera à l'amende de *cinquante centimes* par chaque appel ; et s'il ne se présentait pas du tout, il paierait *deux francs* ; même disposition sera prise à l'égard du Président ou de son adjoint.

Art. 118. — Un sociétaire dont la lettre de convocation aura été rendue à son domicile, la veille du convoi, ne pourra, en cas de non-présence aux appels, réclamer contre l'amende précitée.

Art. 119. – Le visiteur de service conduira la députation, fera les appels, constatera les absences et fera un rapport par écrit et signé, qu'il remettra à la première assemblée qui suivra le décès; s'il y manquait, il serait à l'amende de *six francs*.

Art. 120. — Les mêmes dispositions du présent chapitre seront exécutées dans toute leur teneur, à l'égard de tout pensionnaire de la Société.

CHAPITRE XI.
Des Pensions.

Art. 121. — Les sociétaires ont droit à une pension de *trois cents francs*, quand ils ont atteint l'âge de soixante ans révolus, pourvu qu'ils justifient qu'ils sont membres participants de la Société depuis vingt ans.

Quand les sociétaires auront atteint l'âge de soixante-quatre ans révolus, la pension sera élevée au chiffre de *trois cent soixante-cinq francs*.

Dans le cas où l'insuffisance du revenu de la Société ne lui permettrait pas de servir intégralement les pensions, la réduction serait supportée seulement par les pensionnaires de la période de soixante à soixante-quatre ans; les sociétaires qui ont passé soixante-quatre ans ne subiront aucune réduction.

Art. 122. — Lorsqu'un sociétaire aura des droits à la pension, il en fera la demande par écrit au Président, qui en donnera connaissance à la première Assemblée générale ou extraordinaire.

Art. 123. — Les pièces justificatives pour obtenir la pension sont :

Premièrement. L'acte de naissance;

Deuxièmement. Un certificat du Secrétaire, qui atteste que le Sociétaire a le temps prescrit par le règlement pour obtenir la pension.

Art. 124. — La pension sera payée par douzième, trimestre ou semestre à la volonté des pensionnaires, toutefois après le terme échu et jamais d'avance; en cas de décès, le mois commencé sera payé à la veuve ou aux enfants.

Art. 125. — Quoique les pensionnaires ne paient plus de cotisation ordinaire, ils n'en ont pas moins voix délibérative et consultative dans toutes les assemblées; mais en cas d'absence ils ne sont sujets à aucune amende, et sont généralement quittes de tout envers la Société, à l'exception des frais de bureau et droit de veuve.

Art. 126. — Tout pensionnaire qui désirera se retirer en province en aura la faculté, en payant les frais de ports de lettres et d'argent; mais il ne recevra le montant de sa pension que sur le vu d'un certificat de vie délivré par les autorités du lieu de sa résidence.

CHAPITRE XII.
Dispositions générales.

Art. 127. — A chaque semestre, pour la vérification des comptes, il sera tiré au sort, parmi les visiteurs qui auront été de service pendant ledit semestre, six d'entre eux pour être vérificateurs. Le Secrétaire les convoquera par lettres affranchies, afin qu'ils aient à se rendre, au jour et à l'heure indiqués, chez le Président ou le Trésorier, pour y vérifier et contrôler les comptes, ainsi que les livres des receveurs, qui devront être présents au rendez-vous, munis de leurs livres, ainsi que les gardiens des clefs munis de leur clef.

Indépendamment des visiteurs-vérificateurs, la Société nomme tous les ans, à l'Assemblée de janvier, un vérificateur-juré qui, conjointement avec les vérificateurs de chaque semestre, assiste à la vérification des comptes, et doit en dresser un rapport signé par lui et les vérificateurs, dont il donnera lecture à l'Assemblée générale.

Ses fonctions dureront un an, et il ne pourra être réélu qu'après un an d'intervalle.

L'élection se fera comme l'indique l'article 28, et il prendra son tour d'ordre après les membres du Bureau.

Art. 128. — Tous les ans à la vérification des comptes du deuxième semestre, les vérificateurs dudit semestre se rendront chez le Président afin de vérifier les archives de la Société.

Le Secrétaire devra s'y rendre muni de ses registres et pièces à transcrire sur celui des transcriptions, afin que les vérifica-

teurs s'assurent si la transcription est exacte, et, une fois reconnue, toutes les feuilles autres que le rapport, ou pièces reconnues nécessaires seront annulées séance tenante.

Il devra en être fait mention sur le rapport de la vérification
qu'ils présenteront à l'Assemblée générale de janvier.

ART. 129. — Les membres du Bureau sont dépositaires des
registres nécessaires à leurs fonctions, et le Président, des archives de la Société. Ils en sont responsables chacun en ce qui le
concerne, sous peine d'exclusion de la Société, à moins qu'il
n'ait été bien reconnu qu'il y a eu force majeure pour occasion-
ner leur perte.

ART. 130. — Toute assemblée se tiendra dans la salle ordi-
naire, déclarée à la Préfecture de police; le Président ou le
Secrétaire en donneront avis plusieurs jours d'avance à M. le
Préfet de police.

ART. 131. — Les membres du Bureau rendront compte, tous
les ans au mois de février, de la situation de la Société, à
M. le Préfet de police, à la Société philanthropique, ainsi qu'à
chaque sociétaire, sur une feuille imprimée à cet effet, laquelle
comprendra leurs nom, prénoms, date de naissance et domicile.

ART. 132. — Si, par quelque cause qu'il est impossible de
prévoir, la dissolution de la Société venait à être prononcée,
les fonds restant en caisse seraient répartis entre tous les sociétaires, au prorata de leurs droits, d'après l'époque d'admission
de chacun d'eux.

La dissolution ne pourra être prononcée qu'à la majorité des
trois quarts plus un des membres présents en assemblée extraordinaire, convoquée à cet effet.

ART. 133. — Tous les ans à la Saint-François, la Société
fera dire une messe pour célébrer son patron et la fondation de
la Société; à chaque Assemblée générale du mois de septembre,
les membres présents fixeront la somme qui devra être dépensée
par les membres du Bureau pour ladite messe.

Mention devra en être faite au procès-verbal.

ART. 134. — Tous les articles ci-dessus doivent être exécutés dans toute leur forme et teneur, attendu que telle est l'intention des sociétaires, qui, sans cela, ne seraient pas engagés les uns envers les autres ; aucun ne peut être changé ou modifié que dans une Assemblée générale ou extraordinaire convoquée à cet effet, et à la majorité des suffrages des trois quarts plus un des sociétaires présents. Les modifications apportées au présent règlement seront au surplus soumises à M. le Préfet de police.

ART. 135. — Lorsqu'il s'agira de faire une addition, une modification ou une suppression aux articles du règlement, la proposition en sera faite à une Assemblée générale ou à une extraordinaire, et, si elle est prise en considération, il sera désigné au scrutin de liste une commission composée de sept membres, non compris leur auteur, qui devra en faire partie, avec voix consultative seulement, lesquels se réuniront entre eux à l'effet d'étudier la question ; l'un d'eux sera nommé rapporteur et devra remettre son rapport signé de lui et de tous les membres à la première assemblée qui suivra, lequel conclura à l'adoption ou au rejet de la proposition ; la discussion aura lieu à l'Assemblée générale ou extraordinaire suivante, et les articles, pour être exécutoires, devront avoir été votés par la majorité des trois quarts plus une des voix des sociétaires présents, et en outre avoir reçu l'approbation de l'autorité supérieure.

Les membres d'une commission devront être choisis parmi les sociétaires présents à la séance, qu'ils soient, ou non, membres du Bureau.

Il n'y aura que les pensionnaires et les sociétaires habitant la province ou l'étranger qui ne pourront faire partie d'une commission.

ART. 136. — La Société donne annuellement un bal, dont le produit du bénéfice est versé dans la caisse, pour être ensuite, avec les fonds disponibles, affecté à l'achat d'obligations de chemins de fer, dont le revenu doit servir à payer les pensions.

Art. 137. — Le présent règlement a été de nouveau adopté dans toute sa teneur, avec les modifications qui ont été jugées nécessaires, dans les diverses assemblées générales qui ont eu lieu depuis janvier 1845, à une majorité plus forte que celle ci-dessus indiquée.

CHAMBRE SYNDICALE

DES

MAITRES TAPISSIERS DE LA VILLE DE PARIS

ET DU

DÉPARTEMENT DE LA SEINE

———

Constituée le 9 février 1848.

———

AVENUE CONSTANTINE, N° 3 — CITÉ

STATUTS

TITRE PREMIER.

Sociétaires, Objet, siége, durée de la Société.

ARTICLE PREMIER. — Les soussignés forment entre eux et ceux qui adhéreront par la suite au présent acte, une Société purement civile, dont l'objet est de centraliser l'examen des contestations relatives à l'industrie de la tapisserie, qui sont fréquemment soumises à plusieurs desdits soussignés en qualité d'arbitres, soit par les tribunaux, soit par les particuliers; de donner à ces contestations une solution aussi prompte que possible; de s'entr'aider mutuellement, de rechercher et de réaliser, pour la prospérité de leur profession, toutes les améliorations dont elle est susceptible.

ART. 2. — Ne pourront être admis dans la Société que les tapissiers de la ville de Paris et du département de la Seine.

Ceux des sociétaires qui quitteront Paris ne cesseront pas pour cela de faire partie de la Société.

ART. 3. — Cette Société prendra le nom de Chambre syndicale des tapissiers. Son siége est à Paris, avenue Constantine, 3, (cité).

ART. 4. — Le capital social se formera des mises sociales et de l'excédant des recettes sur les dépenses.

ART. 5. — La Chambre a été constituée le 9 février 1848, par l'adhésion de quarante-cinq sociétaires-fondateurs, pour une durée de trente années.

ART. 6. — La Chambre, originairement constituée le 9 février 1848 pour trente années, a été prorogée pour une nouvelle période de trente années, qui ont commencé à partir du 3 décembre 1873. (Délibération de l'Assemblée générale du 3 décembre 1873.)

23

Art. 7. — Afin de pourvoir aux dépenses sociales, chaque membre devra payer une cotisation annuelle de trente francs ; cette cotisation sera payée par semestre et d'avance.

Art. 8. — Le compte des recettes et dépenses des fonds provenant de cette cotisation, sera établi tous les ans, et l'excédant sera ajouté au capital social pour l'accroître d'autant ; le Trésorier conservera entre ses mains une somme suffisante pour subvenir aux dépenses, et le surplus sera placé de la manière déterminée par le Conseil.

Art. 9. — Il sera fait tous les ans, par le Conseil d'administration, un inventaire de l'actif de la Société, dont l'époque sera fixée par le Conseil.

Art. 10. — Tout sociétaire qui tombera en faillite ou dont les droits civils auraient été suspendus, cessera de faire partie de la Société ; il ne pourra y rentrer qu'après sa réhabilitation. Tout sociétaire rayé par suite de non-paiement, ne pourra rentrer qu'après s'être acquitté de ce qu'il devait au moment de sa radiation. Il sera soumis à une nouvelle admission.

Art. 11. — La part afférente dans le fonds social à tout sociétaire, rayé par suite de décès, retraite, ou pour quelque cause que ce soit, sera acquise à la Société ; en conséquence, les héritiers ou ayants droit dudit sociétaire ne pourront exercer aucune réclamation ni répétition contre la Société à cet égard.

TITRE II.

Des Assemblées générales.

Art. 12. — L'Assemblée générale sera composée de tous les sociétaires.

On ne pourra assister aux assemblées qu'en personne, et non par mandataire.

Cette assemblée sera présidée par le Président ; en son absence par le Vice-Président, ou en l'absence de l'un et de l'autre, par le membre du Conseil le plus ancien.

Les délibérations ne seront valables qu'autant que le tiers des sociétaires sera présent.

Au cas où ce tiers ne serait pas atteint à une première réunion, l'assemblée serait ajournée à quinzaine au plus tard, et la délibé=

ration serait alors valable, quel que fût le nombre des membres présents.

Le Conseil d'administration décidera toutes les difficultés qui pourront s'élever sur l'ordre des délibérations, nominations et autres.

L'Assemblée générale nommera le Conseil d'administration à la majorité absolue des membres présents et votants.

ART. 13. — Cette assemblée sera convoquée au moins une fois par an.

ART. 14. — L'Assemblée générale pourra exceptionnellement être convoquée sur la demande écrite de trois membres du Conseil, et le Conseil délibérera sur cette proposition à la majorité prescrite par l'article 24.

TITRE III.

Du Conseil d'administration.

Art. 15. — Le Conseil d'administration de la Chambre des tapissiers sera composé de quinze membres. Ils seront renouvelés par tiers tous les ans.

es membres sortants seront rééligibles.

ART. 16. — Le Conseil nomme le Bureau.

ART. 17. — Les membres du Conseil déposent douze francs pour garantie des jetons de présence qui leur sont délivrés pendant l'année à courir.

ART. 18. — Les réunions du Conseil auront lieu périodiquement, tous les trois mois, aux jour et heure qui seront fixés par le Président.

Il pourra être convoqué extraordinairement par le Bureau, ou par le Président, ou bien sur la demande écrite de trois membres du Conseil; dans ce cas, le motif de la réunion sera énoncé dans la lettre de convocation extraordinaire.

Le Conseil déterminera les lieu, jour et heure des Assemblées générales dont il est question sous l'article 12.

ART. 19. — Le Conseil pourra s'adjoindre, à chaque séance, le nombre de sociétaires que bon lui semblera. Le Bureau les convoquera par lettres, et ils auront voix consultative seulement.

Art. 20. — Le Conseil dressera tous les règlements; ils seront obligatoires pour les Sociétaires sous des peines déterminées par l'article 10.

Art. 21. — La demande de tout tapissier qui voudra faire partie de la Chambre devra être présentée par un ou deux membres. Elle sera adressée au Conseil, qui prononcera l'admission, le rejet ou l'ajournement.

Art. 22. — Pourra être rayé de la Société tout membre qui ne se conformera pas aux statuts. Cette radiation sera prononcée par le Conseil.

Art. 23. — Le Conseil administrera seul, à quelque titre que ce soit, tous les fonds et toutes les valeurs mobilières et immobilières qui dépendront du capital de la Chambre.

Il disposera même seul, à quelque titre que ce soit, de tous les fonds et valeurs. Il pourra, en conséquence, traiter, transiger, compromettre, aliéner, intenter une action immobilière ou y défendre, et faire remise partielle ou totale de toutes les sommes dues à la Chambre.

Il délibérera et prendra à cet égard toutes les décisions qui lui paraîtront convenables.

Art. 24. — Le Conseil ne pourra délibérer qu'à la moitié, plus un, de ses membres; et à ce nombre, en cas de partage, le Président aura voix prépondérante.

Art. 25. — Les délibérations du Conseil seront constatées par la signature de deux au moins des membres du Bureau.

Art. 26. — Ces délibérations devront être signées dans les trois jours de leur date.

Art. 27. — Le Conseil pourra révoquer les membres du Bureau et en nommer d'autres.

Les membres du Bureau remplacés ne cesseront pas de faire partie du Conseil.

Le Conseil, en raison de sa gestion, n'encourt aucune responsabilité.

TITRE IV.

Du Bureau.

Art. 28. — Le Bureau est composé de cinq membres que le Conseil choisit dans son sein : un Président, un Vice-Président, un Trésorier, deux Secrétaires.

Art. 29. — Les membres du Bureau seront renouvelés tous les deux ans. Les membres sortants seront rééligibles.

Art. 30. — Le Bureau sera chargé de l'administration des biens de la Chambre, activement et passivement.

Il pourra, en conséquence, passer des baux dont la durée n'excédera pas neuf ans ; il recevra les revenus, les intérêts et cotisations, et en donnera décharge.

Il représentera la Société et agira pour elle dans toutes actions en justice, en demandant ou en défendant ; mais il ne pourra faire aucun acte que ceux de pure administration, s'il n'y est autorisé par le Conseil dans la limite de ses pouvoirs.

Le Bureau est, en outre, chargé de l'exécution des délibérations du Conseil.

Art. 31. — Les membres du Bureau signeront seuls les procès-verbaux des séances, soit de l'Assemblée générale, soit du Conseil.

Art. 32. — Le Trésorier fera toutes les recettes et tous les recouvrements ; aussitôt qu'il en aura fait le versement dans la caisse indiquée par le Conseil, il sera déchargé de toute responsabilité à cet égard.

Il fera toutes les dépenses qui seront autorisées, soit par le Conseil, soit par le Bureau, dans l'ordre de leurs pouvoirs.

Il rendra ses comptes à la demande du Conseil.

Art. 33. — Les secrétaires seront chargés des procès-verbaux des séances du Conseil ou d'Assemblée générale.

Ils certifieront tous les actes de délibération du Conseil et en délivreront des copies.

Art. 34. — Les membres du Bureau pourront se réunir séparément du Conseil à l'effet de se concerter sur l'administration de la Société et sur les mesures ou décisions dont ils devront proposer l'admission au Conseil.

En cas de partage, la voix du Président sera prépondérante.

Les membres du Bureau n'encourront aucune responsabilité par suite de leur gestion.

TITRE V.
Dispositions générales.

ART. 35 ET DERNIER. — Le Conseil pourra, après l'avis unanime des membres du Bureau, apporter aux Statuts telles modifications que bon lui semblera; néanmoins, ces modifications devront être approuvées par l'Assemblée générale, délibérant conformément à l'article 12.

L'Assemblée générale pourra même prononcer la dissolution de la Société après l'avis unanime des membres du Bureau et l'approbation de cet avis par les deux tiers au moins des membres du Conseil.

Il est bien entendu que les modifications à apporter aux Statuts ne pourront jamais engager les Sociétaires au delà de leur mise sociale.

TITRE ADDITIONNEL AUX STATUTS.
— 1873 —
Règlement relatif au fonctionnement des Commissions judiciaires.

ARTICLE A. — Le Conseil judiciaire est composé de dix membres au moins; il est nommé par le Conseil d'administration et renouvelé tous les trois mois.

ART. B. — Le Conseil judiciaire se réunit tous les quinze jours en séance.

ART. C. — Le Conseil est présidé par le Président ou le Vice-Président, ou, en cas d'absence motivée, par le membre le plus ancien.

ART. D. — Le Conseil judiciaire prend connaissance des affaires qui lui sont envoyées par les tribunaux ou par les parties à l'amiable.

Art. E. — Le Président désigne, après la séance, les deux membres experts pour suivre l'affaire ; si l'affaire est simple et d'une somme minime, il peut ne désigner qu'un seul membre.

Art. F. — Les experts doivent toujours tenter de concilier les parties, en tenant compte toutefois du dispositif du jugement, s'il y a lieu, qui renvoie les parties devant la Chambre.

Art. G. — Les experts, chargés de l'expertise d'un mémoire ou de prendre connaissance du sujet de la contestation, doivent apporter un rapport succinct de l'affaire, avec le mémoire réglé et vérifié deux jours avant la réunion suivante.

Art. H. — Les experts ne doivent garder le mémoire à régler entre leurs mains plus d'un mois, à moins que l'une des parties soit cause du retard.

Si ce retard dépend de la cause d'un expert, le mémoire lui sera retiré et remis entre les mains d'un autre membre du Conseil plus actif.

Art. I. — Le travail des experts terminé, connaissance en est prise par le Conseil, qui approuve le rapport définitif, ou par le Président seul, en cas d'urgence.

Art. J. — Les frais d'expertise pour Paris sont ainsi fixés : 6 francs pour somme au-dessous de 500 francs ; 10 francs pour somme au-dessous de 1,000 francs ; 50 centimes par 100 francs pour toute somme dépassant 1,000 francs.

Art. K. — Les frais de déplacement pour les vérifications et expertises en département sont fixés au même tarif que ci-dessus, plus les frais de voyage aller et retour.

Art. L. — Le Président, en cas de maladie ou d'absence motivée, lorsqu'il est désigné, peut déléguer en son lieu et place le Vice-Président.

Art. M. — Les demandes d'expertises ou renseignements doivent toujours être adressées au siége social.

Art. N. — Tout expert nommé ne peut, à aucun titre que ce soit, accepter ou recevoir une indemnité ou rémunération quelconque en dehors des frais à percevoir pour les droits de la Chambre, sous peine de radiation immédiate.

Art. O. — Relativement aux demandes d'arbitrage par les ouvriers tapissiers de la ville de Paris, des membres du trimestre courant sont désignés en nombre égal à ceux présentés par les ouvriers pour concilier les parties en opposition, ou faire un rapport s'il est nécessaire.

———————————

STATUTS

DE

LA CHAMBRE SYNDICALE

DES OUVRIERS TAPISSIERS

FONDÉE EN ASSEMBLÉE GÉNÉRALE

Les 23 et 30 août 1868.

(Cette Chambre n'existe plus depuis 1870.)

STATUTS

—

But de la Chambre syndicale.

ARTICLE PREMIER. — La Chambre syndicale a pour but de protéger les intérêts des ouvriers, ouvrières et apprentis de la profession de tapissier, tant au point de vue moral qu'au point de vue matériel, et par tous les moyens légaux que le syndicat aura jugé nécessaire d'employer.

ART. 2. — Sur la demande des adhérents, la Chambre syndicale interviendra par voie de conciliation dans toutes les questions d'intérêt particulier ou d'intérêt général, après débat contradictoire des parties.

Les décisions du syndicat n'engagent que les personnes qui se soumettent à son arbitrage.

ART. 3. — La Chambre syndicale étudiera et provoquera toutes les améliorations qui pourraient être réalisées dans l'intérêt des membres de la corporation, en se conformant aux lois et en respectant la liberté individuelle, ainsi que les conventions intervenues entre patrons, ouvriers et ouvrières.

Admissions et Administration.

Art. 4. — La Chambre syndicale sera composée de tous les ouvriers et ouvrières de l'industrie qui adhéreront aux présents statuts.

ART. 5. — Elle est administrée par quinze membres nommés pour un an à la majorité absolue ; les membres sortants sont rééligibles.

Il sera nommé, de la même manière, une Commission de contrôle composée de cinq membres, pour la vérification des livres et de la caisse de la Société.

ART. 6. — Les élections auront lieu dans l'ordre suivant :
1° Un Président et un Vice-Président.

2° Un Secrétaire et un Adjoint.

3° Un Trésorier et un Adjoint.

4° Six Collecteurs et trois membres Assesseurs.

Tout membre du syndicat chargé de percevoir des fonds est responsable des erreurs commises.

ART. 7. — En principe, les fonctions de syndic sont gratuites ; toutefois, il pourra être alloué, à titre d'indemnité, une rémunération en faveur de tout syndic qui aurait employé au service de la Société le temps ordinairement consacré au travail.

ART. 8. — Les attributions du syndicat consistent dans la direction de la Chambre syndicale : il publie le compte rendu des opérations ; il forme, s'il y a lieu, des enquêtes sur les besoins de la profession, et résout tous les cas litigieux non prévus par le règlement, qui seront toujours soumis aux assemblées générales.

ART. 9. — Le Syndicat se réunira une fois par mois ; il pourra être convoqué d'urgence par le Président, toutes les fois qu'il le jugera indispensable.

Tout membre du Syndicat qui s'absenterait trois fois consécutives serait considéré comme démissionnaire, à moins qu'il ne justifie de motifs valables.

ART. 10. — Pour faire partie de la Chambre syndicale, il faut en faire la demande au Président ; spécifier que l'on acquiesce à toutes les conditions énoncées dans les statuts, et être présenté par deux membres de la Chambre syndicale, qui attestent que l'on est attaché à la corporation en qualité d'ouvrier ou d'ouvrière, les femmes étant admises à tous les avantages de la Société.

ART. 11. — Les ouvrières, n'assistant pas aux réunions générales, doivent adresser leurs demandes ou leurs réclamations au Syndicat, qui, après avoir entendu les explications des réclamantes, les soumet à l'appréciation de l'Assemblée générale.

ART. 12. — Le Secrétaire enregistre, par ordre numérique, les nom, prénoms, âge et domicile de chaque adhérent ; il inscrit aussi, à chaque réunion de fin de mois, les sommes versées par chacun d'eux ; il dresse procès-verbal de chaque assemblée, transcrit les lettres et rapports adressés à la Chambre syndicale, et assiste le Président et le Trésorier pour tout acte relatif au progrès et au développement de la Société.

Assemblées générales.

ART. 13. — L'Assemblée générale ordinaire sera légalement constituée, quel que soit d'ailleurs le nombre des membres présents, lorsqu'elle aura été convoquée cinq jours à l'avance par lettre affranchie.

ART. 14. — Il y aura chaque année quatre Assemblées générales.

ART. 15. — Le Président du Syndicat préside l'Assemblée générale et donne lecture de toute proposition émanant d'un sociétaire, lorsqu'elle aura été déposée préalablement au Bureau.

ART. 16. — L'Assemblée générale décide, par assis et levé, si la proposition doit être prise en considération ; mais aucun changement ne pourra être apporté aux Statuts qu'à la majorité des trois quarts plus une voix des membres présents.

Cotisation et Perception.

ART. 17. — Le droit d'admission pour les hommes est fixé à 2 francs, pour les femmes à 1 franc, quel que soit l'âge du récipiendaire.

ART. 18. — La cotisation hebdomadaire est de 25 centimes pour les hommes et de 10 centimes pour les femmes, payable par semaine, quinzaine, ou par mois, entre les mains de n'importe quel percepteur, qui en donnera acquit au moyen de timbres mobiles appliqués sur le livret remis à chaque sociétaire. Le montant du droit d'admission doit se faire en totalité le jour même de la réception, en payant toutefois la cotisation hebdomadaire. Tout membre qui laisserait écouler un an sans avoir effectué de versement, sera rayé de droit, sans réclamation aucune.

Sa rentrée dans la Société sera soumise aux mêmes formalités que son admission, après toutefois s'être acquitté de ce qu'il pouvait devoir lors de sa radiation.

Art. 19. — Le Trésorier a en caisse toutes les valeurs de la Société ; il tient un registre du compte de chaque membre ; il signale à chaque réunion du Bureau le nom des retardataires ; il reçoit toutes les semaines, des percepteurs, les sommes qu'on leur a versées, et s'assure si elles concordent avec le nombre de timbres restant en possession ; il ne doit délivrer aucune somme sans un mandat du Président, dont il devra tirer reçu, pour le présenter à la prochaine vérification ; il tient un registre de l'état des recettes et dépenses, dont il devra donner connaissance à chaque Assemblée générale.

Art. 20. — Les percepteurs sont autorisés à faire les recettes n'importe à quel moment et en quelque lieu qu'ils se trouvent. A cet effet, ils sont munis d'un livret sur lequel sont inscrites toutes les sommes perçues ; ils possèdent en compte un certain nombre de timbres représentant, les uns 25, les autres 10 centimes, qu'ils appliquent eux-mêmes sur le livret des adhérents chaque fois qu'on leur fait un versement pour la valeur égale dudit timbre ; ils doivent verser entre les mains du Trésorier toutes les sommes qu'ils auront reçues dans le courant de la semaine, contre un acquit que le Trésorier signera sur leur livret. Ils se rendront exactement aux réunions de fin de mois, pour la vérification de leurs comptes.

Art. 21. — Tout membre appelé par son travail à voyager en province ou à l'étranger, aura la facilité de payer à l'avance ses cotisations, ou, s'il le préfère, acquitter à son retour ce qu'il pourrait devoir à la Société, tout en se conformant à l'article 18.

Art. 22. — Il n'est appliqué aucune amende, en aucune circonstance, mais tous les membres sont obligés, dans l'intérêt général, d'assister aux assemblées, qui ont lieu quatre fois par an, auxquelles ils seront convoqués par lettre affranchie, pour prendre connaissance de toutes les affaires concernant la Société.

Tout changement de domicile devra être adressé au Secrétaire, aussitôt qu'il sera effectué.

Art. 23. — La caisse se compose de tous les fonds de la Chambre syndicale, et qui parfera à tous ses besoins.

ART. 24. — Lorsque le capital le permettra, la Chambre syndicale créera une école professionnelle et une bibliothèque gratuite, dont l'administration sera discutée en Assemblée générale.

Le Syndicat s'occupera aussi de l'organisation du travail, afin d'éviter le chômage au plus grand nombre (1).

ART. 25. — La Chambre syndicale déléguera trois membres du Syndicat près la Chambre syndicale de l'ameublement.

---

(1) Tout sociétaire inscrit au tableau des ouvriers sans travail sera rayé au bout de huit jours francs, par le syndic de service. s'il n'a fait acte de présence au siége de la Société.

La présence du sociétaire sera constatée par sa signature sur un registre spécial.

En cas d'urgence, tout ouvrier inscrit au tableau présent au siége de la Société aura la priorité sur le sociétaire inscrit et absent.

(Décision prise par l'Assemblée générale, le 10 octobre 1869.)

LOI RELATIVE

CONTRATS D'APPRENTISSAGE

DES

22 JANVIER — 3 ET 22 FÉVRIER 1851

Promulguée le 4 mars suivant [1].

L'Assemblée nationale a adopté la loi dont la teneur suit :

TITRE PREMIER.

DU CONTRAT D'APPRENTISSAGE.

SECTION PREMIÈRE.

De la nature et de la forme du contrat.

ARTICLE PREMIER. — Le contrat d'apprentissage est celui par lequel un fabricant, un chef d'atelier ou un ouvrier s'oblige à enseigner la pratique de sa profession à une autre personne, qui s'oblige, en retour, à travailler pour lui, le tout à des conditions et pendant un temps convenus.

ART. 2. — Le contrat d'apprentissage est fait par acte public ou par acte sous seing privé.

Il peut aussi être fait verbalement; mais la preuve testimoniale n'en n'est reçue que conformément au titre du Code civil des Contrats ou des Obligations conventionnelles en général.

---

1. *Bulletin des Lois.*

Les notaires, les secrétaires des conseils de prud'hommes et les greffiers de justice de paix peuvent recevoir l'acte d'apprentissage.

Cet acte est soumis pour l'enregistrement au droit fixe d'un franc, lors même qu'il contiendrait des obligations de sommes ou valeurs mobilières ou des quittances.

Les honoraires dus aux officiers publics sont fixés à deux francs.

Art. 3. — L'acte d'apprentissage contiendra :

1° Les nom, prénoms, âge, profession et domicile du maître;

2° Les nom, prénoms, âge et domicile de l'apprenti;

3° Les nom, prénoms, profession et domicile de ses père et mère, de son tuteur ou de la personne autorisée par les parents, et, à leur défaut, par le juge de paix;

4° La date et la durée du contrat;

5° Les conditions de logement, de nourriture, de prix, et toutes autres arrêtées entre les parties.

Il devra être signé par le maître et par les représentants de l'apprenti.

SECTION II.
Des conditions du contrat.

Art. 4. — Nul ne peut recevoir des apprentis mineurs, s'il n'est âgé de vingt et un ans au moins.

Art. 5.—Aucun maître, s'il est célibataire ou en état de veuvage, ne peut loger comme apprenties des jeunes filles mineures.

Art. 6. — Sont incapables de recevoir des apprenties :

Les individus qui ont subi une condamnation pour crime;

Ceux qui ont été condamnés pour attentat aux mœurs;

Ceux qui ont été condamnés à plus de trois mois d'emprisonnement pour les délits prévus par les articles 388, 401, 405, 406, 407, 408, 423 du Code pénal.

Art. 7. — L'incapacité résultant de l'article 6 pourra être levée par le préfet, sur l'avis du maire, quand le condamné, après l'expiration de sa peine, aura résidé pendant trois mois dans la même commune.

A Paris les incapacités seront levées par le préfet de police.

SECTION III.

Devoirs des maîtres et des apprentis.

ART. 8. — Le maître doit se conduire envers l'apprenti en bon père de famille, surveiller sa conduite et ses mœurs, soit dans la maison, soit au dehors, et avertir ses parents ou leurs représentants des fautes graves qu'il pourrait commettre ou des penchants vicieux qu'il pourrait manifester.

Il doit aussi les prévenir, sans retard en cas de maladie, d'absence, ou de tout fait de nature à motiver leur intervention.

Il n'emploiera l'apprenti, sauf conventions contraires, qu'aux travaux et services qui se rattachent à l'exercice de sa profession. Il ne l'emploiera jamais à ceux qui seraient insalubres ou au-dessus de ses forces.

ART. 9. — La durée du travail effectif des apprentis âgés de moins de quatorze ans ne pourra dépasser dix heures par jour.

Pour les apprentis âgés de quatorze à seize ans, elle ne pourra dépasser douze heures.

Aucun travail de nuit ne peut être imposé aux apprentis âgés de moins de seize ans.

Est considéré comme travail de nuit tout travail fait entre neuf heures du soir et cinq heures du matin.

Les dimanches et jours de fêtes reconnues ou légales, les apprentis, dans aucun cas, ne peuvent être tenus, vis-à-vis de leur patron, à aucun travail de leur profession.

Dans le cas où l'apprenti serait obligé, par suite de conventions ou conformément à l'usage, de ranger l'atelier aux jours ci-dessus marqués, ce travail ne pourra se prolonger au delà de dix heures du matin.

Il ne pourra être dérogé aux dispositions contenues dans les trois premiers paragraphes du présent article, que par un arrêté rendu par le préfet, sur l'avis du maire.

ART. 10. — Si l'apprenti âgé de moins de seize ans ne sait pas lire, écrire et compter, ou s'il n'a pas encore terminé sa première éducation religieuse, le maître est tenu de lui laisser

prendre, sur la journée de travail le temps et la liberté nécessaires pour son instruction.

Néanmoins, ce temps ne pourra excéder deux heures par jour.

Art. 11. — L'apprenti doit à son maître fidélité, obéissance
et respect; il doit l'aider, par son travail, dans la mesure de
son aptitude et de ses forces.

Il est tenu de remplacer, à la fin de l'apprentissage, le temps
qu'il n'a pu employer par suite de maladie ou d'absence ayant
plus de quinze jours.

Art. 12. — Le maître doit enseigner à l'apprenti, progres-
sivement et complétement, l'art, le métier ou la profession
spéciale qui fait l'objet du contrat.

Il lui délivrera, à la fin de l'apprentissage, un congé d'acquit,
ou certificat constatant l'exécution du contrat.

Art. 13. — Tout fabricant, chef d'atelier ou ouvrier convaincu d'avoir détourné un apprenti de chez son maître, pour
l'employer en qualité d'apprenti ou d'ouvrier, pourra être
passible de tout ou partie de l'indemnité à prononcer au profit
du maître abandonné.

SECTION IV.
De la résolution du contrat.

Art. 14. — Les deux premiers mois de l'apprentissage sont
considérés comme un temps d'essai pendant lequel le contrat
peut être annulé par la seule volonté de l'une des parties.
Dans ce cas, aucune indemnité ne sera allouée à l'une ou à
l'autre partie, à moins de conventions expresses.

Art. 15. — Le contrat d'apprentissage sera résolu de plein
droit :

1° Par la mort du maître ou de l'apprenti ;
2° Si l'apprenti ou le maître est appelé au service mili-
   taire ;
3° Si le maître ou l'apprenti vient à être frappé d'une des
   condamnations prévues en l'article 6 de la présente loi ;
4° Pour les filles mineures, dans le cas de décès de l'épouse

du maître, ou de toute autre femme de la famille qui dirigeait la maison à l'époque du contrat.

Art. 16. — Le contrat peut être résolu sur la demande des parties ou de l'une d'elles :

1° Dans le cas où l'une des parties manquerait aux stipulations du contrat ;

2° Pour cause d'infraction grave ou habituelle aux prescriptions de la présente loi ;

3° Dans le cas d'inconduite habituelle de la part de l'apprenti ;

4° Si le maître transporte sa résidence dans une autre commune que celle qu'il habitait lors de la convention;

Néanmoins, la demande en résolution de contrat fondée sur ce motif ne sera recevable que pendant trois mois, à compter du jour où le maître aura changé de résidence;

5° Si le maître ou l'apprenti encourait une condamnation emportant un emprisonnement de plus d'un mois.

6° Dans le cas où l'apprenti viendrait à contracter mariage.

Art. 17. — Si le temps convenu pour la durée de l'apprentissage dépasse le maximum de la durée consacré par les usages locaux, ce temps peut être réduit ou le contrat résolu.

TITRE II.

DE LA COMPÉTENCE.

Art. 18. — Toute demande à fin d'exécution ou de résolution de contrat sera jugée par le conseil des prud'hommes dont le maître est justiciable, et à défaut, par le juge de paix du canton.

Les réclamations qui pourraient être dirigées contre les tiers, en vertu de l'article 13 de la présente loi, seront portées devant le conseil des prud'hommes ou devant le juge de paix du lieu de leur domicile.

Art. 19. — Dans les divers cas de résolutions prévus en la section IV du titre Ier, les indemnités ou les restitutions qui pourraient être dues à l'une ou à l'autre des parties seront, à défaut de stipulations expresses, réglées par le conseil des prud'hommes, ou par le juge de paix dans les cantons qui ne ressortissent point à la juridiction d'un conseil de prud'hommes.

ART. 20. — Toute contravention aux articles 4, 5, 9 et 10 de la présente loi sera poursuivie devant le tribunal de police et punie d'une amende de cinq à quinze francs.

Pour les contraventions aux articles 4, 5, 9 et 10 le tribunal de police pourra, dans le cas de récidive, prononcer, outre l'amende, un emprisonnement d'un à cinq jours.

En cas de récidive, la contravention à l'article 6 sera poursuivie devant les tribunaux correctionnels, et punie d'un emprisonnement de quinze jours à trois mois sans préjudice d'une amende qui pourra s'élever de cinquante à trois cents francs.

ART. 21. — Les dispositions de l'article 463 du Code pénal sont applicables aux faits prévus par la présente loi.

ART. 22. — Sont abrogés les articles 9, 10 et 11 de la loi du 11 germinal an XI.

Délibéré en séance publique, à Paris, les 22 janvier, 3 et 22 février 1851.

Le Président et les secrétaires :

Signé : DUPIN, ARNAUD (de l'Ariége), LACAZE, CHAROT, PEUPIN, BÉRARD, DE HECKEREN.

NOTIFICATION
d'un Arrêté autorisant
Constitution de la Société
dite : *Comité de
Patronage des Apprentis
Tapissiers.*

L'an mil huit cent soixante-quatorze, le 15 Mai,

Nous, Louis-Charles-Théodore Michel, Commissaire de Police de la ville de Paris, plus spécialement chargé du quartier Gaillon, officier de police judiciaire, auxiliaire de M. le Procureur de la République ;

En exécution des instructions de M. le Préfet de Police,

Notifions à M. Deville (Jules-Pierre), Tapissier, rue Gaillon, 12, l'Arrêté dont la teneur suit :

Paris, le 8 mai 1874.

Nous, Préfet de Police,

Vu la demande à nous adressée, le 12 décembre 1873, par les personnes dont les noms et adresses figurent sur la liste ci-jointe, demande ayant pour but d'obtenir l'autorisation nécessaire à la constitution régulière d'une Association fondée à Paris sous la dénomination de « **Comité de Patronage des Apprentis Tapissiers** » ;

Ensemble les Statuts de ladite Association ;

Vu l'article 291 du Code pénal et la loi du 10 avril 1834,

ARRÊTONS :

ARTICLE PREMIER.

L'Association organisée à Paris sous la dénomination de « **Comité de Patronage des Apprentis Tapissiers,** » est autorisée à se constituer et à fonctionner régulièrement.

ARTICLE 2.

Sont approuvés les Statuts susvisés, tels qu'ils sont annexés au présent Acte.

ARTICLE 3.

Les Membres de l'Association devront se conformer strictement aux conditions suivantes :

1º Justifier du présent Arrêté au Commissaire de Police du quartier sur lequel auront lieu les réunions ;

2º N'apporter, sans notre approbation préalable, aucune modification aux Statuts, tels qu'ils sont ci-annexés ;

3° Faire connaître à la Préfecture de Police, au moins cinq jours à l'avance, le local, le jour et l'heure des Réunions générales ou autres, afin qu'elles puissent être, s'il y a lieu, autorisées en temps utile;

4° N'y admettre que les Membres de la Société, et ne s'y occuper, sous quelque prétexte que ce soit, d'aucun objet étranger au but indiqué dans les Statuts, sous peine de suspension ou de dissolution immédiate;

5° Nous adresser, chaque année, la liste des Sociétaires, contenant leurs nom, prénoms, profession et résidence, la désignation des Membres du Bureau, généralement tous les renseignements relatifs au travail et au développement de l'Association, ainsi que tous les documents que nous réclamerons tant sur le mouvement de son personnel que sur sa situation financière;

6° Se conformer à toutes les conditions dont nous jugerons ultérieurement l'exécution nécessaire.

Article 4.

Ampliation du présent Arrêté, qui devra être inséré en tête des présents Statuts, sera transmise au Commissaire de Police du quartier Gaillon, qui en assurera l'exécution en ce qui le concerne.

Fait à Paris, le 8 Mai 1874.

De Préfet de Police,

Signé : **L. RENAULT.**

Et pour qu'il n'en ignore, lui laissons la présente Notification.

Le Commissaire de Police.

COMITÉ

DE

PATRONAGE DES APPRENTIS TAPISSIERS

STATUTS

ARTICLE PREMIER — La Société de patronage se compose de tous les membres de la corporation adhérents et des membres honoraires. Elle est administrée par une commission sous le contrôle du Président et du Bureau de la chambre syndicale des tapissiers.

ART. 2. — La cotisation annuelle est fixée à la somme de douze francs, payable par avance.

ART. 3. — La Commission recevra avec reconnaissance en outre des souscriptions, les dons qui lui seront faits. Les noms des donateurs seront proclamés en séance publique. Plusieurs ouvriers représentés par un d'eux pourront se réunir pour former une cotisation unique.

ART. 4. — Les élèves qui désirent faire partie du patronage doivent en faire la demande à leur patron, qui remplira à cet effet une lettre-questionnaire. Cette lettre sera adressée au Président de la Commission, avenue Constantine, n° 3, au siége social des chambres syndicales.

Art. 5. — Les élèves inscrits doivent avoir au moins l'âge de treize ans.

Mission de la Commission.

Art. 6. — Tous les ans, une lettre-questionnaire sera adressée aux patrons tapissiers, pour les engager à former des apprentis et à les faire inscrire au Comité de patronage.

Art. 7. — Dans le courant d'août de chaque année, la Commission convoquera tous les élèves patronnés au siége social des chambres syndicales (avenue Constantine, 3), pour y passer un examen d'instruction élémentaire et les classer par catégorie d'aptitude. La Commission engagera les enfants dont l'instruction laisserait trop à désirer à la continuer aux écoles du soir ou à suivre les cours des écoles de dessin.

Art. 8. — La Commission, qui est directement en rapport avec les patrons, visitera dans les ateliers les apprentis inscrits au patronage. Elle devra s'enquérir de la conduite des enfants, de leurs progrès, prendre note des récompenses; elle signalera soit aux intéressés, soit à la Chambre même, les faits répréhensibles. Ces notes seront annexées au dossier du patronné.

Art. 9. — Lorsqu'un changement se sera opéré soit par la volonté du patron, soit par celle du patronné, la Commission devra prendre note du motif de la non-exécution du contrat et le noter suivant les conventions de l'article 8.

Art. 10. — Tous les ans, dans le courant de mars, auront lieu des concours professionnels, auxquels seront convoqués tous les patronnés classés par catégorie de première, deuxième et troisième année.

La Commission désignera et classera le travail à faire exécuter pour chacun de ces concours.

Art. 11. — Dans la quinzaine qui suivra les concours professionnels, il y aura concours de dessin pour tous les élèves qui devront y prendre part.

Art. 12. — Un jury pour le concours professionnel,
Un jury pour le concours de dessin seront nommés par le Conseil de la Chambre. Les membres de ces jurys seront nommés

par portions égales prises parmi les patrons et parmi les ouvriers tapissiers.

Art. 13. — Dans le mois qui suivra ces concours, il sera
fait une distribution publique des prix, des mentions honorables
basées sur le travail, le dessin ou la conduite des patronnés.

Il sera remis également des certificats d'apprentissage, signés
du patron et du Président de la Chambre.

Les prix sont déterminés selon les décisions de la Commission.

Administration.

Art. 14. — La chambre syndicale nomme tous les ans, en
assemblée générale, la commission de patronage des apprentis
se composant de cinq membres : un président, un secrétaire,
trois conseillers, qui devront toujours s'adjoindre le Président
de la Société de secours mutuels et un délégué de la chambre
des ouvriers.

Le trésorier sera celui de la chambre syndicale. Les membres
sortants sont rééligibles.

Art. 15. — Les revenus du comité de patronage consistent
dans les produits des cotisations annuelles, dans les dons qu'elle
a pu recevoir, le tout administré par le trésorier de la Chambre.

Art. 16. — Les dépenses ne devront jamais excéder les
quatre cinquièmes de la recette, le dernier cinquième devant
faire partie du fonds de réserve.

Art. 17. — Tous les ans, le Comité rend compte de sa gestion en assemblée générale de la chambre syndicale.

Conseils, Assemblées.

Art. 18. — Les réunions de la Commission ont lieu tous les
premiers jeudis de chaque mois.

Les membres sont invités par lettre à y assister.

Après trois absences consécutives non motivées, le membre
sera regardé comme démissionnaire.

Art. 19. — Toute discussion étrangère au patronage est for-
mellement interdite, et le membre rappelé deux fois à l'ordre
pour le même fait encourra la radiation.

— 380 —

Art. 20. — Toutes les convocations seront faites par le Président de la Commission et par les soins du secrétaire.

Art. 21. — En outre des réunions mensuelles ou spéciales, la Commission sera tenue de se rendre aux assemblées générales de la Chambre pour fournir tous les renseignements qui lui seraient demandés.

Art. 22. — Les présents statuts seront approuvés par la Chambre. Ils sont perfectibles; mais chaque modification aux présents statuts devra être présentée au Conseil et approuvée par l'assemblée générale de la chambre syndicale des tapissiers.

Art. 23. — Les présents statuts, présentés par M. Pelletier, secrétaire du comité de patronage, ont été adoptés par la chambre syndicale des tapissiers, en assemblée générale, le 3 décembre 1873.

Le Président,
J. DEVILLE.

Piédefert, vice-président; Boutard, trésorier; Legriel, Moreau, secrétaires.

DEUXIÈME PARTIE

RÉFLEXIONS DE L'AUTEUR

AVANT-PROPOS.

A TOUS LES MEMBRES DE LA CORPORATION.

1er janvier 1875.

Avant de traiter des diverses questions relatives à notre industrie, permettez-moi, chers confrères, de vous rappeler en quelques lignes les causes qui m'ont engagé à vous présenter tous ces vieux documents concernant notre communauté.

Entré en apprentissage en 1840, j'ai depuis passé par tous les échelons de notre industrie : apprenti, ouvrier, commis, patron, membre de la chambre syndicale, et enfin, grâce à la bienveillance de mes collègues, Président de cette même Chambre.

Je me suis trouvé toute ma vie commerciale en contact avec les ouvriers, les patrons, les fournisseurs, avec les clients de la maison que je dirige encore aujourd'hui. J'ai traversé une époque où les idées les plus excentriques se sont fait jour, j'ai vu pendant deux révolutions nos contre-maîtres, nos bons ouvriers, nos artistes, porter leurs talents ou leurs capacités à l'étranger.

J'ai toujours entendu réclamer cette union, cette confraternité, pour former entre tous, patrons ou ouvriers, une communauté d'intérêts qui fortifie notre corporation contre la concurrence qui lui est faite par des individus complétement étrangers à notre industrie, ou par des associations dont le nom peut se traduire par capital.

Les opinions que je vais émettre me sont complétement personnelles, elles n'engagent aucun membre de notre corporation.

Heureux si ces recherches, si ces documents que je viens de vous soumettre, si mes opinions peuvent aider à resserrer par des moyens pratiques cette union si désirée!

J. DEVILLE.

APPRENTIS.

Il y a cinq cents ans, la corporation des tapissiers existait déjà ; elle avait déjà des statuts ou règlements pour indiquer à chacun ses devoirs, tracer le chemin à suivre et enfin maintenir la loyauté et l'honnêteté dans les transactions ou dans les rapports de l'un à l'autre. Ces statuts ou règlements, lorsqu'on les étudie, ne semblent pas aussi sévères que l'on paraît le croire généralement : la loi qui existait depuis le roi saint Louis, les statuts particuliers à la corporation obligeaient le jeune homme qui voulait apprendre un métier à signer en présence d'un des gardes-jurés de la corporation, devant un notaire ou tabellion, un engagement ou contrat avec le maître.

Il fallait être de la religion catholique, la seule reconnue alors, les juifs étant exclus de toutes charges ou bénéfices et considérés comme étrangers. (Art. 2, statuts de 1627.)

L'engagement était de six années ; de son côté, le maître devait loger, secourir, surveiller son apprenti, il en était responsable vis-à-vis de la loi (*), vis-à-vis de la société ou de la corporation.

Le maître devait mettre son apprenti en état d'être reçu ouvrier, et, trois années après (à l'âge de vingt ans au moins), de faire chef-d'œuvre pour parvenir à la maîtrise. Ce chef-d'œuvre était soumis à l'approbation des syndics ou jurés de la corporation.

(*) Voir Recueil de pièces inédites, relatives au règne de Charles VI (Archives nationales). L. Douët d'Arcq. Tome II, pages 158, 217, 247.

Les apprentis étaient surveillés ; s'ils venaient à perdre leur maître, ces mêmes syndics ou jurés étaient chargés de les faire entrer dans la maison d'un nouveau maître pour continuer leur apprentissage. (Voir art. 14 des statuts de 1627).

Avec le temps, les habitudes ont changé, et quoique les rapports aient été plus faciles et moins onéreux, la Révolution de 1789, en proclamant les droits de l'homme, la liberté de conscience, a supprimé les corporations et ces statuts qui entravaient à chacun, riche ou pauvre, la liberté de parvenir à la maîtrise, de s'établir, acheter, fabriquer ou vendre des marchandises pour son propre compte. De nouvelles lois ont été faites concernant l'apprentissage; le principe général était toujours un contrat, un engagement pris ou signé entre le maître et l'apprenti ; les uns étaient logés, nourris par le patron, soumis à de certaines obligations (en 1840, comme les autres, l'auteur de ces lignes traînait la voiture, balayait la cour, les ateliers, faisait les lampes pour la veillée.....) ; les autres se nourrissaient eux-mêmes et étaient logés chez leurs parents.

La dernière loi adoptée est celle faite par l'Assemblée nationale le 22 janvier 1851, et promulguée le 4 mars de la même année. Jamais loi n'a été plus favorable pour l'apprenti, elle a diminué son temps de travail à l'atelier, afin de lui permettre de compléter son instruction aux cours du soir.

En 1872, la chambre syndicale des tapissiers a fondé, avec le concours des ouvriers, un comité de patronage pour les apprentis, chargé d'étudier leurs besoins, de les suivre dans leur carrière et, par des concours professionnels ou de dessin, établir chez eux une émulation qui ne devra plus s'arrêter.

Devant les bienfaits de cette loi de 1851, devant le zèle

déployé par ces patrons, ces ouvriers si dévoués à leurs intérêts, devant les membres du Comité institué en 1872 et qui s'étend tous les jours, les apprentis ne doivent plus avoir qu'un seul sentiment, celui de témoigner leur reconnaissance par leurs progrès et leur aptitude contrôlée à l'atelier, aux cours (du soir) d'instruction ou de dessin, si nécessaires pour parvenir dans leur industrie, qui a fait jusqu'à ce jour honneur à notre pays, et qui excite plus que jamais l'envie de reproduction chez les étrangers.

Les membres fondateurs du comité de patronage sont :

MM. CHARDON, *président ;* PELLETIER, *secrétaire ;* TERNISIEN; VERDELLET ; VALETTE ; BEL et PITOU.

Les membres de ce même Comité en 1875 sont :

MM. DUVAL, *président;* MOREAU, *secrétaire;* DEGAS, DELVIGNE, VERGER, BEL et DANSER.

OUVRIERS TAPISSIERS.

Dans les manuscrits, dans les livres, dans les vieux dessins mêmes, dans les bibliothèques ou dans les documents concernant la corporation des tapissiers, rien n'a été trouvé concernant une association ou un compagnonnage spécial aux ouvriers tapissiers. Dans les statuts les plus anciens, dans les statuts revus ou corrigés avant la Révolution de 1789, ce sont ceux de 1627 qui paraissent devoir servir de base générale pour une appréciation sur ces temps éloignés.

Les tapissiers ayant terminé leur apprentissage s'appelaient valets, probablement dans ces trois premières années où ils devaient se perfectionner dans leur étude professionnelle, puis ils étaient appelés compagnons ou ouvriers. Ce n'est que dans les statuts de 1719 (art. 12) que la dénomination de garçon tapissier remplace les mots compagnon ou ouvrier.

Tous ces statuts, tous ces règlements, qui sont muets à l'égard des droits des ouvriers, donnent cependant à penser que la corporation avait des règlements plus particuliers les concernant, qu'ils faisaient partie de la corporation et devaient obtenir, en cas de maladie ou de vieillesse, certains secours.

Les ouvriers de Paris payaient un droit lorsqu'ils avaient terminé leur appprentissage. (Art. 35, stat. 1719.)

Les ouvriers étrangers ou de province payaient un droit de 25 sols, lorsqu'ils venaient travailler dans la ville de Paris. (Art. 12, stat. 1719.)

Les droits d'entrée ne pouvaient être payés uniquement en faveur de la corporation des maîtres tapissiers ; la quantité de titres à rembourser, cités dans les édits de liquidation ou de suppression des communautés indique des emprunts faits précédemment, non-seulement pour les paiements de droits à l'État, mais aussi pour le profit des patrons, ouvriers, ouvrières malheureux ou trop âgés pour travailler.

La journée de travail commençait à 5 heures du matin en été, pour finir à 7 heures du soir ; elle commençait à 6 heures en hiver pour finir à 8 heures. (Voir art. 27, stat. d'août 1618.)

Le prix de la journée n'est fixé nulle part ; aucun document ne fixe un salaire qui puisse servir de base pour apprécier le prix de la journée dans ces anciens temps.

Bien longtemps après, c'est-à-dire vers 1800, la journée est de 3 fr. 50 c. ; elle monte à 4 francs après 1830, à 5 francs après 1848 ; elle est en moyenne aujourd'hui de 6 fr. 50 c. et 7 francs.

La journée, qui commence à 7 heures en été et à 8 heures en hiver, est terminée à 6 heures.

Avant 1830, la durée du repas ou déjeuner était d'une demi-heure ; aujourd'hui elle doit être d'une heure.

Les dépenses du loyer, de la nourriture, la vie, en un mot, est plus chère aujourd'hui qu'à ces époques antérieures, mais, il faut malheureusement l'avouer, l'ouvrier a accepté le bien-être, et a oublié non-seulement les principes d'économie, mais encore ce qui le faisait distinguer des autres corps d'états, cette supériorité qui dénote l'artisan appelé à travailler souvent dans de somptueux appartements.

A une époque peu antérieure, vers 1830, les garçons tapissiers se faisaient un point d'honneur de leur métier et de leur tenue, ils avaient le sentiment de la famille, ce qui ne les empêchait pas de prendre leur part de plaisir ; aujourd'hui c'est avec un sentiment de tristesse que l'on en voit, ayant pour la plupart perdu ces bons exemples, la pipe à la bouche, se rendre au travail chez leurs clients, et terminer leur journée en passant leur soirée dans les cafés chantants, endroits où certes ils n'apprennent pas les principes de bon goût et de bonne tenue si utiles à ceux qui veulent parvenir. Pourquoi cet abandon, ce laisser aller, et comment s'étonner que leurs clients, le public commencent à s'effrayer des révolutions qui se sont succédé?

Cependant les ouvriers tapissiers ne font jamais partie de ces bandes révolutionnaires composées d'hommes jaloux ou déclassés, bien au contraire, plusieurs ont été cités comme s'étant opposés aux exagérations de ces exaltés pour lesquels la destruction est l'espérance d'un avenir problématique. Théodore Six, Ferdinand Terry et d'autres, se sont efforcés de protéger nos bibliothèques, nos musées, nos objets d'art, pendant ces désorganisations passagères. Tous répondent par leur honnêteté à la confiance qui leur est témoignée dans les appartements où ils travaillent.

Après les journées toujours regrettables de 1848, époque où l'on criait et demandait beaucoup : La réforme ! l'organisation du travail ! certains ouvriers tapissiers demandaient la journée à 5 francs ; plus de piéçards, l'organisation de la corporation ! Espérance réitérée peu de temps après au Champ-de-Mars, à la fête des corporations. A cette espérance une autre a été ajoutée et qui a trouvé facilement des adeptes, celle de voir les patrons faire participer leurs ouvriers à une part de leurs bénéfices. Ces nouveaux principes présentés par des publicistes désireux eux-mêmes d'une célébrité, pouvaient faire entrevoir aux désirs de quelques-uns un avenir plus avantageux ; c'étaient autant de rêves qui devaient s'effacer devant la réalité, comme la théorie devant la pratique.

La participation aux bénéfices du patron n'est autre qu'un impôt sur la production devant donner pour résultat une part plus large aux ouvriers lorsque la maladie, la vieillesse les rendent incapables de subvenir à leurs besoins; c'est la même demande que celle faite en 1848, lorsque sur les murs du château des Tuileries, on avait inscrit : Hospice des Invalides civils. Ce serait, en tous les cas, un impôt qui bouleverserait tous les principes sociaux ou chrétiens, il détruirait ce principe qui demande à l'homme de travailler, d'économiser pour augmenter le bien-être et la prospérité de sa famille.

Tout impôt qui coûte plus à percevoir qu'à produire est un impôt inutile : c'est le cas de ce prélèvement à réglementer pour toutes les bases, toutes les différences, toutes les aptitudes de notre régime commercial. En vain on citera, dans les théories, ces exemples donnés par de grandes Compagnies, qui dirigent nos usines, nos mines, qui font construire des habitations, des marchés, des écoles, des bibliothèques, pour le bien-être des ouvriers, qui font prélever une part sur la masse des affaires pour former une caisse de retraite : ces principes philanthropiques sont admirables, ils sont nécessaires pour maintenir autour du foyer de l'usine le nombre de bras producteurs ; pour éviter l'émigration vers les grandes villes devenue si inquiétante, si facile depuis l'établissement des chemins de fer ; ces bienfaits se sont accrus ; ils existaient avant nos révolutions.

Les industriels, les fabricants, les artisans, et ils sont nombreux, n'ont pas ces mêmes facilités, ces mêmes intérêts.

On peut citer de nos jours un système de participation entre ouvriers et leur patron, un très-honorable entrepreneur de peinture : il y a à répondre que ce n'est pas encore un exemple concluant.....

..... Tous les ouvriers indistinctement ne participent pas aux bénéfices de l'année, il n'y a d'admis au partage que les chefs ouvriers et les ouvriers à l'année. Ensuite, on ne saurait trop le dire, la proportion de la main-d'œuvre chez les peintres, sur la totalité d'un travail exécuté, est d'environ 80 0/0 pour 20 0/0 de fourniture marchandise ; c'est une émulation sur la main-d'œuvre si importante pour cette industrie. Quelle serait la part faite à l'ouvrier tapissier sur la production d'un fauteuil ou d'une croisée dont la fourniture marchandise monte à 90 0/0, tandis que la main-d'œuvre n'atteint que 10 0/0 ?

Quelle part pour l'ouvrier à l'année, pour celui qui ne travaille que deux ou trois mois, et enfin quelle part serait faite au dessinateur, au commis, à l'homme de peine même ? Pense-t-on qu'ils resteraient spectateurs obligés sans présenter aussi leur demande au partage ?

Et le patron, qui, après une vie de labeur, aura, par une concurrence déloyale ou des revers de fortune, terminé sa carrière sans bénéfice, que lui donnera-t-on, lui qui aura produit annuellement une part pour la caisse des ouvriers ?

Mieux vaut renoncer à ces théories, ou plutôt à ces utopies, et revenir à la réalité.

Le droit d'association pour les ouvriers, la loi des coalitions n'ont pas plus produit pour l'ouvrier que cette maxime d'un membre du gouvernement provisoire de 1848 qui prétendait faire de l'ordre avec du désordre. C'était la grève organisée, et les honnêtes ouvriers eux-mêmes ont eu honte de s'en servir !

Des délégués ouvriers tapissiers comprenant l'impossibilité de ces prétentions, se sont présentés au nom de leurs camarades chez le Président de la chambre syndicale vers 1869. Ils ont proposé, renonçant à toute grève, de former une commission mixte de patrons et ouvriers pour régler tous les différends qui pourraient survenir. Ces propositions si abordables ont été immédiatement approuvées par le Président et acceptées par la Chambre.

La commission mixte existe ; elle est à la disposition de ceux qui s'en rapportent à sa juridiction ; c'est un grand pas de fait, c'est beaucoup, pour les uns, mais pour d'autres plus avides, c'est trop peu. Que faut-il donc faire ? N'a-t-on pas fait assez pour les ouvriers, disent les uns ? Non, disent les autres.

C'est en prenant connaissance de ces vieux statuts de notre corporation si souvent revus et corrigés, et non sans autant de raisonnement que l'on pourrait le faire de nos jours, que peut-être on pourrait trouver un indice, un moyen de resserrer ces liens d'unité entre tous les membres de la corporation, unité si désirée et qui lui permettrait de lutter plus avantageusement contre le capital qui détruit l'émulation, l'habileté, la réputation de l'artisan en le décourageant.

Les ouvriers n'étaient reconnus tels, que lorsqu'ils avaient obtenu un brevet d'apprentissage certifiant leur capacité, qu'ils avaient travaillé en plus trois ans comme jeunes gens au mois ou à la petite journée. Ils payaient un droit d'entrée à la corporation ; ils s'engageaient à ne pas travailler chez les merciers (arrêt du 29 janvier 1724). Sont-ce là des conditions bien dures ? L'obligation par, exemple, de verser chacun 24 francs par an à la caisse de secours de la corporation serait-elle onéreuse pour les ouvriers d'aujourd'hui ? Il y a lieu de se persuader que non et que tout pourrait, avec du bon vouloir, s'organiser à la satisfaction de tous. De leur côté, les patrons s'engageraient à verser à cette caisse de secours de la corporation autant de fois 24 francs qu'ils auraient employé d'ouvriers pendant l'année (ou fraction d'année correspondant au temps passé par les ouvriers de passage).

Les patrons n'emploieraient que les membres de la communauté sachant leur métier ; la famille, la corporation serait reformée, elle gagnerait pour sûr en force, en capacité, en réputation ; mais que deviendraient les principes de libertés proclamés en 1789, dont on a abusé il est vrai, mais qui, aujourd'hui, sont admis par tous et pour tous, nationaux ou étrangers ?

Les opinions changent suivant les siècles, suivant les les événements ; nous ne sommes plus à cette époque (trop peu éloignée), où l'on brisait un vieux meuble pour le jeter au feu : aujourd'hui les uns le gardent pour l'étudier, le copier, en produire d'autres semblables ; les autres pour le placer dans une collection. Tel doit être le sort de nos vieux usages, de nos vieux statuts ; à l'opinion, à de plus érudits le droit d'étudier, de trancher la question ; chacun se doit à la société, à sa corporation : tel est le vœu sincère de l'auteur de ces quelques lignes.

MAITRES TAPISSIERS.

L'importante industrie de la tapisserie ou de l'ameublement date de bien des siècles, elle a subi bien des variations suivant les mœurs, les usages, la fortune, la puissance ou la décadence des nations.

Les guerres, les invasions, les révolutions, l'ont toujours abaissée ; toujours elle s'est relevée (souvent en changeant de genre ou de style) lorsque la prospérité, la stabilité, la richesse ont fait suite aux malheurs de la décadence.

Les hommes qui ont exercé cette industrie ont pu mériter le titre d'artisans plutôt que celui d'ouvriers, car pour pratiquer ce métier industriel il faut, non-seulement l'amour du travail, du commerce, mais encore posséder cette intelligence, ce goût qui s'acquièrent par le dessin, les principes de perspective, d'assortiment des couleurs, l'étude des besoins contemporains, des mœurs ou des usages.

Les documents publiés dans ce recueil, et notamment les deux préfaces des volumes publiés en 1718 et en 1756, indiquent trop clairement pour y revenir, qu'il y avait plusieurs branches portant le nom de tapissiers, branches réunies après quelques siècles en une seule.

C'est en Italie, puis en France, que cette industrie a atteint le plus haut degré de sa supériorité depuis l'ère chrétienne. C'est à Paris qu'elle a acquis le plus de réputation, tant à cause des bienfaits des monarques français, des bonnes mœurs, du luxe raisonné dont ils étaient entourés, que de la position géographique même de cette ville, au centre de notre pays doux, tempéré, qui offre tour à tour, suivant les saisons, les avantages des beaux jours, des belles nuits, comme des longues soirées d'hiver, sans connaître les exagérations des chaleurs tropicales ou des froids rigoureux.

Saint Louis, par son désir d'être utile, par sa bonté, sa protection pour ses sujets, est un des monarques qui ont le plus fait pour les industriels français. Il a réuni, avec la collaboration d'Étienne Boileau, prévost de Paris, tous les documents écrits, tracé la voie des transactions, réglé les différends, les usages, fait la loi qui a servi de base à toutes les corporations.

Les seigneurs, au retour des croisades, ont rapporté des modèles, de nouveaux principes de décoration pour leurs châteaux de même que de nouvelles modes pour pour la façon des étoffes à la main ou au métier.

Charles VI (1380) et Charles VII (1422) ont peu produit et ne sont pas eux-mêmes comparables à saint Louis ; cependant en consultant les archives, les vieux documents de cette époque, malgré l'invasion qui désolait notre pays, on entrevoit un système, des usages, parmi ces ordonnances réitérées qui prouvent que si la France avait été moins terrassée, elle aurait brillé par son travail son industrie par son luxe et aurait avancé de près d'un siècle le style de la Renaissance qui a illustré les règnes de François Ier, de Henri II et de Henri III.

Ce style, dont la provenance était réellement italienne, est celui qui a fait faire le plus grand pas à l'ébénisterie, qui depuis a remplacé dans nos ameublements la menuiserie de nos bahuts et de nos huchers.

C'est le roi Henri IV qui a fondé la première manufacture royale de tapisseries dans les galeries du Louvre, devenue celle des Gobelins sous Louis XIII.

Après les guerres civiles (1580), Henri IV, malgré sa bonté et son désir de relever l'industrie, n'a pu réussir à laisser son nom attaché à un style, à une époque ; la mort qui l'a frappé si malheureusement, ne lui a pas permis d'augmenter la quantité des bienfaits qu'il répandait sur son peuple.

C'est à grands pas, à partir de l'année 1610, que l'industrie de l'ameublement fait de rapides progrès et suit côte à côte les voies tracées par les architectes et par les artistes, progrès toujours ascendants quoique subissant bien des variations pendant les règnes de Louis XIII, Louis XIV, Louis XV et Louis XVI.

Ces quatre règnes si longs (près de deux siècles) sont assez connus pour n'avoir pas besoin de s'y étendre. La grande et noble simplicité, la grande et royale richesse représentent les deux premiers règnes (1).

Le dessin contourné mais étudié, remplaçant ces lignes trouvées trop droites ou trop majestueuses pour les hôtels ou les petits châteaux de plaisance ; les petits siéges, les étoffes de soie, les meubles en marqueterie de bois des îles sont adoptés sous Louis XV, pour finir par un style où la finesse du travail, le dessin, la grande capacité de main-d'œuvre, devait produire au règne de Louis XVI, une réputation égale à celle de la Renaissance, réputation que la grande Révolution de 1789 a pu diminuer, mais n'a pas effacée du souvenir.

Depuis cette Révolution un siècle n'est pas encore écoulé ; notre pays, suivant sa voie ouverte par secousses aussi nombreuses que ses révolutions, a essayé de tous les styles. Le style raide et sévère du premier empire, comme les essais de décorations frivoles du Directoire ou de la Restauration, ont fait place vers 1832 à une passion au retour

_____

(1) La dorure à l'eau, mate et brunie, date du règne de Louis XIV.

de nos anciens styles ; les artistes, les hommes de lettres sont ceux qui en ont, les premiers, rappelé les beautés. Chacun, selon sa fortune, sa passion, son désir, a voulu particulariser son ameublement. On était parvenu à un certain ensemble lorsque la Révolution de 1848 et l'Empire ont encore augmenté cette passion devenue presque désordonnée d'avoir, non un ensemble de styles dans son appartement, mais une réunion de fantaisies, accouplant le style gothique, la Renaissance avec le Louis XIV, le Louis XV, le Louis XVI, le néo-grec même, dans un même appartement.

On est arrivé à une certaine perfection de détail, mais cette perfection a pour ennemis ces principes d'une nouvelle école formée par des économistes qui engagent à produire beaucoup et à bon marché, laissant de côté la qualité pour le rapport et s'inquiétant peu de l'avenir de l'art ou de la valeur réelle du produit. Dans notre pays, où toutes nos matières premières ont augmenté de valeur d'une façon si précipitée, conséquence de ces principes économistes et de libre échange, la main-d'œuvre devait suivre la même progression. Il en est résulté qu'aujourd'hui nous voyons dans les pays du continent européen se fonder tous les jours de grandes maisons de commerce exploitant notre industrie, s'emparant de nos modèles, dans nos ateliers, dans nos expositions, faire copier, sous la surveillance d'un artiste ou d'un contre-maître français, nos produits qu'ils établissent avec une main-d'œuvre moins onéreuse et qu'ils exportent dans les autres parties du monde avec un résultat plus avantageux pour l'acquéreur et pour le vendeur.

Deux courants sont en présence : la production étudiée, sérieuse, la production à bon marché ; quel que soit celui qui entraînera l'autre, les tapissiers, les fabricants de meubles doivent s'efforcer de maintenir leur supériorité en créant des écoles professionnelles de dessin, en formant et s'attachant de bons ouvriers, en suivant des exemples dont on a toujours gardé le souvenir, ceux de Henri IV, François Ier, Louis XIV créant des écoles, appelant autour d'eux tous les artistes, tous les moyens de stimuler l'esprit ardent de nos artisans. Ces exemples sont d'autant plus nécessaires à suivre qu'en plus de cette concurrence étrangère, l'artisan, l'industriel a de nos jours à lutter contre le capital, contre cette fièvre de faire un chiffre d'affaires qui puisse produire un résultat, un intérêt aux sociétaires.

Avec ce principe adopté aujourd'hui, fait de la tapisserie qui veut; inutile d'apprendre, il suffit de savoir vendre; les commissaires-priseurs vendent des marchandises neuves les ébénistes font de la tapisserie, les marchands de curiosités en fabriquent au besoin; les marchands de nouveautés eux-mêmes, sortes de grands bazars, étalent des produits d'un goût plus excentrique que satisfaisant; le public, l'acheteur, s'y prête lui-même, oubliant que ces produits de fantaisie momentanée ne constituent pas un ameublement.

Qu'il y a loin des ameublements si fantaisistes de nos jours, de ces étoffes, de ces couleurs si fades ou si bariolées, aux ameublements sérieux ou coquets, mais toujours étudiés du temps de nos pères! Ils achetaient un ameublement qui devait servir pour leur existence, qui était attaché à leur maison, dépendant de leur hôtel, de leur château; aujourd'hui leurs héritiers achètent deux ou trois ameublements au moins pendant leur carrière, aussi facilement qu'ils changent d'appartement.

L'acheteur ne tient plus à la qualité, à la bonne entente de la décoration de son intérieur; il préfère la diversité, l'originalité du moment; aussi trouve-t-il facilement des fournisseurs de toutes sortes qui répondent à ses désirs. Les marchands d'étoffes, qui ont certainement la capacité de savoir emmagasiner toutes sortes de produits nouveaux ou copiés, le servent à souhait.

Le marchand d'étoffe est presque toujours représenté par un jeune homme, beau causeur, bon vendeur, mais qui ne sait pas quelle est la différence des styles, qui confond le Louis XVI avec le seizième siècle, qui ne connaît pas l'appartement pour lequel est destinée l'étoffe demandée, qui a toujours un article soi-disant exceptionnel, flatteur sur le comptoir, mais laissant des regrets lorsqu'il est employé.

Que de tapissiers se sont trouvés obligés d'employer une étoffe complétement en désaccord avec les nécessités de l'ameublement à exécuter!

Les étoffes, comme bien d'autres articles d'ameublement, sont sujettes à une mode depuis cette habitude d'acheter à droite, à gauche; or, en ameublement il n'y a de mode à observer tout au plus que pour un boudoir; les diverses pièces d'un appartement doivent dériver d'un genre, d'un style, doivent posséder en tout ou partie un ensemble, un fond qui donne aux toilettes des visiteurs le même effet que le fond d'un tableau ou d'un décor aux personnages qui sont mis en scène par l'artiste.

Il y a depuis quelques années une espèce de jalousie, de dissentiment, de prétention de priorité entre les architectes et les tapissiers, basée sur deux causes :

La première cause est très naturelle, les jeunes architectes avides d'affaires désirent terminer complétement leur œuvre en y ajoutant l'ameublement; ils oublient que leurs études sérieuses, mathématiques, s'accordent peu avec la manipulation des étoffes, les désirs économiques de la mère de famille, la coquetterie de la jeune femme, opinions qui s'accordent peu facilement avec leur art compassé.

On cherche tant l'effet, l'imitation de l'ancien, que l'on produit des tons rompus, des effets de couleur; l'or même n'est plus qu'une couche d'ocre sur laquelle le doreur ou le peintre appliquent des hachures, des reflets, des glacis; ces moyens, qui ont l'avantage de dissimuler les imperfections des lignes et du dessin, sont bons pour les salles de fêtes ou de théâtre; ils sont moins bien appropriés pour un intérieur, un appartement sérieux, où ils obligent à employer des étoffes assorties sans valeur de ton, sans solidité, mais qui aussi cachent facilement les défauts d'ensemble et même ceux d'entretien.

A l'étranger et un peu en France, des peintres ou des tapissiers décorateurs sont chargés spécialement de la décoration intérieure : ils réussissent très-bien, non pas parce que leur capacité est supérieure à celle des architectes, loin de là, mais parce qu'ils sont plus à même de connaître les habitudes de l'intérieur de leurs clients, la qualité, l'effet des étoffes, des meubles, des proportions des siéges, etc., effets, qualités, résultats, que nos vieux architectes connaissent si bien par l'expérience.

Le deuxième dissentiment vient du règlement des mémoires, que certains, par la main d'hommes appelés vérificateurs, prétendent régler et vérifier comme on règle un mètre cube de pierre, grâce à un prix de Série établi tous les ans d'un commun accord entre la Ville et les entrepreneurs de bâtiments.

Ces vérificateurs, qui, comme les agents d'affaires, sont pour la plupart des hommes qui n'ont pas réussi dans leur première profession, peuvent souvent établir un mémoire de bâtiment pour le compte d'un entrepreneur et le régler ensuite pour le compte des clients; mais ils ne peuvent rien connaître d'un mémoire de tapisserie, qui ne peut s'appuyer sur une Série de prix, où souvent les frais d'un modèle dépassent la valeur du bénéfice et souvent même la valeur de·l'objet fabriqué.

La corporation subit l'abus de la première de ces prétentions, elle l'accepte même avec plaisir lorsque l'archi-

26

tecte dirigeant lui apporte l'appui de son talent et lui permet d'y joindre ses avis pour la réussite du travail entrepris et étudié ; quant à la deuxième, elle s'y opposera tant que la Chambre syndicale conservera sa réputation de droiture et refusera à ses membres cette facilité de faire des mémoires en demande qui pourrait permettre à des marchands ou à des concurrents de mauvaise foi de tromper les nombreux clients qui n'ont pas d'architecte, les dames qui s'occupent souvent plus de l'ameublement que les hommes, les étrangers, et enfin, il faut malheusement l'ajouter, cette classe de mineurs, qui deviendraient trop souvent les victimes de ces exploitations ou mémoires fictifs (1).

La Chambre syndicale a une double mission, la première, celle de stimuler la capacité, l'honnêteté, la confraternité, chez tous les membres de sa corporation ; la seconde, celle d'expertiser les mémoires sujets de désaccord, de concilier les parties, acheteurs et vendeurs.

La Chambre syndicale est honorée de la confiance des tribunaux, d'architectes, du public ; elle ne s'écartera jamais, comme certaines chambres syndicales, de ses Statuts ; elle n'a qu'une ambition, celle de répondre loyalement aux preuves de confiance qui lui sont données tous les jours : elle ne faillira pas à sa double mission.

---

(1) Voir critique de Mercier, dans son *Tableau de Paris* (1788) vol. IX, page 240.

— FIN. —

TABLE

PREMIÈRE PARTIE. — DOCUMENTS

LIQUIDATION DES COMMUNAUTÉS DE TAPISSIERS DE LA VILLE ET FAUBOURGS DE PARIS.

Arts et métiers.

NOTIFICATION DE LA DÉCISION DU PRÉFET DE POLICE qui approuve les modifications apportées aux statuts de la Société de secours mutuels des tapissiers dite de Saint-François (5 décembre 1868). 322

RÈGLEMENT de la Société de secours mutuels des tapissiers.

Chapitre Ier. Objet de la Société, qualités requises pour y être admis 323

Chapitre II. Des cotisations 327
— III. Composition du bureau. 327
— IV. Élections et mode d'y procéder. 328
— V. Fonctions des membres du bureau 330
— VI. Assemblées 332
— VII. Caisses et placement des fonds. 335
— VIII. Visiteurs 337
— IX. Maladies et secours 339
— X. Décès. 343
— XI. Pensions 346
— XII. Dispositions générales 347

STATUTS de la corporation des tapissiers de Paris et du département de la Seine (9 février 1848).

Titre Ier. Sociétaire, objet, siége, durée de la Société 353
— II. Assemblées générales. 354
— III. Conseil d'administration 355
— IV. Bureau. 357
— V. Dispositions générales 358

Titre additionnel (1873) relatif au fonctionnement des commissaires judiciaires. 358

STATUTS de la chambre syndicale des ouvriers tapissiers (23 et 30 août 1868).

But, admission, administration 363
Assemblées générales ; cotisation et perception 365

LOI de janvier et février 1851 sur les contrats d'apprentissage, promulguée le 4 mars suivant.

Titre Ier, section Ire. Nature et forme du contrat 369
Section II. Conditions du contrat. 370
— III. Devoirs des maitres et des apprentis. 371
— IV. Résolution du contrat 372
Titre II. De la compétence. 373

NOTIFICATION D'UN ARRÊTÉ autorisant la Société dite Comité de patronage des apprentis tapissiers. 375

STATUTS du Comité de patronage des apprentis tapissiers 377
Mission de la Commission. 378
Administration, Conseils, assemblées. 379

DEUXIÈME PARTIE. — RÉFLEXIONS DE L'AUTEUR.

AVANT-PROPOS. — A tous les membres de la corporation. 383

Apprentis. 385
Ouvriers tapissiers 388
Maitres tapissiers 395

IMPRIMERIE CENTRALE DES CHEMINS DE FER. — A. CHAIX ET Cie, 20, RUE BERGÈRE, A PARIS, PRÈS DU BOULEVARD MONTMARTRE — 718-5.

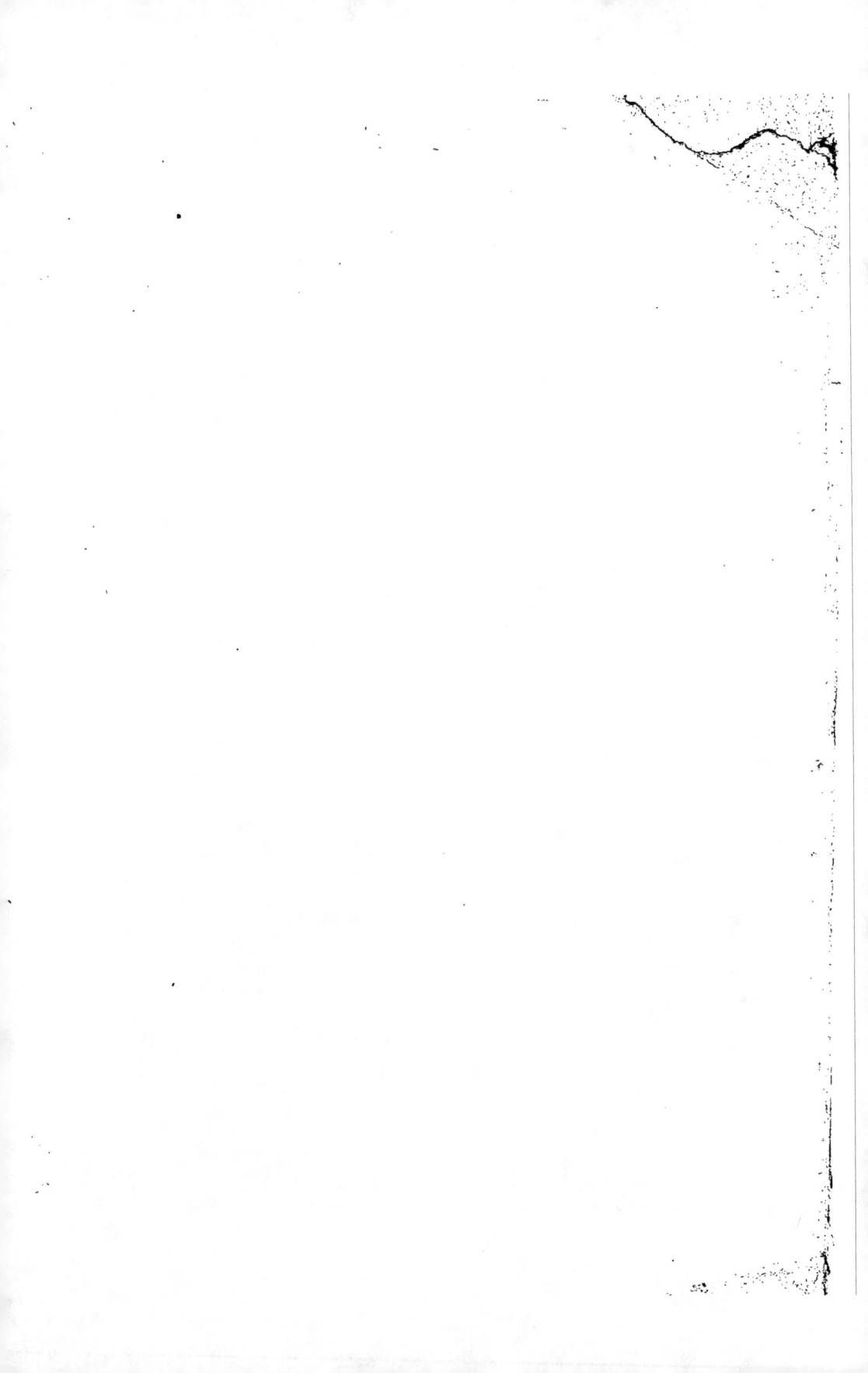

www.ingramcontent.com/pod-product-compliance
Lightning Source LLC
Chambersburg PA
CBHW060956220326

41599CB00023B/3735